分组列车运输组织建模方法与优化应用

陈崇双　唐家银　薛锋　/ 著

西南交通大学出版社
成　都

图书在版编目（CIP）数据

分组列车运输组织建模方法与优化应用 / 陈崇双，唐家银，薛锋著. —成都：西南交通大学出版社，2022.12
ISBN 978-7-5643-9052-5

Ⅰ. ①分… Ⅱ. ①陈… ②唐… ③薛… Ⅲ. ①铁路运输管理 – 组织管理 – 建立模型 – 研究 Ⅳ. ①U2

中国版本图书馆 CIP 数据核字（2022）第 236853 号

Fenzu lieche yunshu zuzhi jianmo fangfa yu youhua yingyong
分组列车运输组织建模方法与优化应用

陈崇双　唐家银　薛　锋 / 著	责任编辑 / 宋浩田
	封面设计 / 原谋书装

西南交通大学出版社出版发行
（四川省成都市金牛区二环路北一段 111 号西南交通大学创新大厦 21 楼　610031）
发行部电话：028-87600564　　　028-87600533
网址：http://www.xnjdcbs.com
印刷：成都中永印务有限责任公司

成品尺寸　170 mm×230 mm
印张　13.5　　字数　201 千
版次　2022 年 12 月第 1 版　　印次　2022 年 12 月第 1 次
书号　ISBN 978-7-5643-9052-5
定价　69.00 元

图书如有印装质量问题　本社负责退换
版权所有　盗版必究　举报电话：028-87600562

前 言

车流组织是铁路行车组织工作中的重要内容，也一直是国内外铁路行业专家以及运筹管理领域学者们研究的课题之一。由于铁路运输组织的行业特殊性以及大规模网络尺度，指导运输生产的各种计划和方案相互关联，相互影响，使得车流组织优化既非常复杂，也非常困难，至今仍未圆满地解决。分组列车作为其中的一种车流组织形式，在以美国和加拿大为代表的铁路货运发达国家非常普遍。但由于铁路管理体制的不同以及运输组织模式的差异等方面的原因，国外的研究成果难以完全应用于我国实际。而在国内，车流组织研究主要集中于单组列车，很少涉及分组列车；实际生产中分组列车的比例也非常低，目前主要在牵引定数递减情形以及集装箱五定班列中有过采用，但并不广泛。因此，分组列车的理论成果和实践经验还非常缺乏。

相比单组列车，分组列车组织较为复杂，要求编成站具有较大的改编能力和较多的调车线路等。尽管如此，仍有其有利性存在，如有利于保证列车满轴正点和不违编，远程车流在换挂站部分改编而停留时间较短，减轻沿途技术站的负担等。既然分组和单组列车各有利弊，那么二者相互配合，扬长避短，发挥各自的优势对提高运输效率和效益将很有现实意义。另外，在列车的构成上，单组列车和摘挂列车都可以视为特殊的分组列车。从这个角度来说，分组列车的内涵更大，其理论研究也更具普适性。因此，对分组列车组织的相关问题研究，具有实际应用价值和学术研究价值。

本书在分析铁路车流组织原理、总结国内外编组计划优化方面的理论和方法的基础上，运用系统工程原理以及微观机理融合宏观机制的指导思想，采用定性分析与定量测度相结合，理论推导与仿真实验相融合的方法，比较系统地研究了分组列车组织特征、集结特性、组织条件、编组方案优化等相关问题，主要包括以下几个方面的内容：

（1）现有研究成果对比分析：在总结大量相关文献的基础上，从研究对象、建模方法、求解算法三个方面分别介绍国内外编组计划的研究现状，对比并评述国内外编组计划在编制流程、构成内容和建模方法三个方面的特点。

（2）分组列车车流组织特征分析：在对车流组织的含义、内容、组织方案以及我国车流组织经验概述的基础上，分析了分组列车的基本特征，包括技术作业特点，编成站、换挂站和终到站的作业流程，货车构成，利弊分析，组织条件分析以及各种组织形式分类，并与单组列车进行了相应的对比。

（3）分组列车集结特性研究：以双组形式又尤以其中的固定重量形式分组列车为研究对象，对其集结特性进行定性分析和定量测度。将固定重量形式分组列车的总集结耗费划分为固有和附加两类，根据集结过程的动态特性和车流到达的不确定性，将到达批中的车辆数和间隔时间都视为随机变量，在独立同分布的假定下，描述固定形式分组列车在编成站和换挂站的集结过程。进一步假定到达批中的车辆数服从泊松分布以及间隔时间服从指数分布，应用随机过程知识，理论推导了集结特性的三个表现方面：集结批次、集结占用时间以及集结消耗，采用数值计算方法分析了单参数的灵敏度以及双参数的耦合影响，并给出三者均值的估计公式。

（4）分组列车组织条件研究：本书也以双组形式的固定重量分组列车为研究对象，其组织条件主要包括列车编成辆数最佳分配和开行适用条件。对于前者，将其描述为，在车流到达特征已定的条件下，如果车流量递减，通过确定基本组和补轴组重量的最佳组合，使得平均每列车的集结耗费最小或者集结占用时间最小，建立整数优化模型。模型采用分阶段逐步求解的思路，首先通过数值计算探究最佳固定重量的影响机制，然后基于挖掘的信息采用回归方法给出经验计算公式。对于后者，基于固定重量形式分组列车与单组列车集结耗费的比较分析，以分组列车相对单组列车的总净节省作为其综合效益的度量，构建了其开行适用性条件，并采用离散事件系统仿真方法进行验证。

（5）分组列车编组方案优化参数：研究了分组列车编组方案的优化参数，具体包括计划车流量，固定和非固定形式的集结参数，部分改编相对无改编通过增加时间参数，部分改编相对完全改编减少时间参数，途中改编次数，以及最大车流组号数。

（6）分组列车编组计划优化模型：以途中仅换挂一次的双组列车为研究对象，在同时采用分组和单组列车形式进行车流组织的框架下，根据编组去向在车流和列流之间的过渡和衔接角色，重构车流组织任务，定性分析综合编组方案的内容和特点。基于车流组织任务的分解和我国的实际情况，忽略列车接续子问题，进而以路网编组去向方案、编组去向接续方案以及路网列流方案为 0-1 决策变量；考虑物理方面的车站调车线数约束和改编能力约束，车流组织制度方面的车流接续归并和车流不拆散约束，以及决策变量之间的逻辑约束；以列车集结和车流改编的总耗费最小为目标函数，建立车流径路已知条件下综合编组方案优化模型 OMITFP。针对模型的特点，对其中编组去向接续子问题（CBAP），以路网编组去向方案和编组去向接续方案为 0-1 决策变量，考虑避圈约束、最大改编次数约束、决策变量之间的逻辑约束以及筛除显然不利方案，构建数学模型并设计了方案树法和回溯算法。

本书可供交通运输工程、管理科学与工程、应用统计等相关专业的研究生和高年级本科生使用，也可供从事行车组织管理、分组列车编组等领域研究、规划等方面的科研人员、工程技术人员参考。

本书的出版得到了教育部人文社会科学研究规划基金项目（20XJAZH009）"基于统计机器学习的先进轨道交通装备全寿命周期可靠性分析方法研究"，西南交通大学研究生教材专著建设、西南交通大学数学学院学科经费的资助。本书编写过程中，得到了西南交通大学数学学院领导、同事的支持和帮助，西南交通大学出版社的诸位同志做了认真的编辑工作，在此一并致谢！

由于作者水平有限，书中存在疏漏之处在所难免，欢迎专家、学者及读者批评指正。

作　者

2021 年 12 月

目 录

第 1 章 绪论 … 1
    1.1 研究背景 … 1
    1.2 研究对象和意义 … 3
    1.3 结构及研究思路 … 5

第 2 章 国内外研究现状 … 9
    2.1 国内研究现状 … 9
    2.2 国外研究现状 … 19
    2.3 国内外研究评述 … 25
    2.4 本章小结 … 28

第 3 章 分组列车组织特征分析 … 29
    3.1 车流组织概述 … 29
    3.2 分组列车基本特征分析 … 33
    3.3 本章小结 … 44

第 4 章 分组列车集结特性研究 … 46
    4.1 集结特点分析 … 46
    4.2 集结过程动态描述 … 50
    4.3 集结批次测度 … 55
    4.4 集结占用时间测度 … 62
    4.5 集结耗费测度 … 75
    4.6 本章小结 … 83

第 5 章 分组列车组织条件研究 ·············· 85

- 5.1 分组列车固定车组重量优化模型 ·············· 85
- 5.2 分组列车开行适用条件模型 ·············· 105
- 5.3 本章小结 ·············· 125

第 6 章 分组列车编组方案优化参数 ·············· 126

- 6.1 计划车流量 ·············· 126
- 6.2 集结参数 ·············· 127
- 6.3 节省时间参数 ·············· 137
- 6.4 途中改编次数 ·············· 140
- 6.5 最大编组去向数 ·············· 141
- 6.6 本章小结 ·············· 142

第 7 章 分组和单组列车编组计划综合优化模型 ·············· 143

- 7.1 综合编组方案分析 ·············· 143
- 7.2 综合编组方案优化模型构建 ·············· 155
- 7.3 模型讨论 ·············· 167
- 7.4 CBAP 构造问题 ·············· 173
- 7.5 综合编组方案算例 ·············· 180
- 7.6 本章小结 ·············· 187

第 8 章 结论与展望 ·············· 189

- 8.1 主要研究结论 ·············· 189
- 8.2 研究展望 ·············· 192

参考文献 ·············· 194

第 1 章 绪论

1.1 研究背景

交通运输是国民经济活动和社会发展的重要组成部分,在保障国民经济持续健康发展、提高人民生活水平、促进国土资源开发、助力国防建设等方面发挥着重要的作用。在五种现代交通运输方式中,铁路具有运输能力大、速度快、安全可靠、低耗环保等优势,在我国综合交通运输体系中起着骨干作用。作为国家重要的基础设施、国民经济的大动脉和大众化交通工具,铁路在构建社会主义和谐社会的历史进程中,以及在促进区域经济协调发展以及人与自然协调发展等方面,都肩负着重大责任。

1.1.1 铁路运输能力的扩大

列车速度、密度和重量是形成铁路运输能力的三大主要因素。我国铁路自 1997 年开始的六次大提速,在提高旅客运输服务质量的同时,也采取了多项措施优化货物列车运输组织,扩大货物运输能力[1-3]。例如,推行五定班列、行包行邮专列等为代表的快速货物列车,增加大宗货物始发直达列车开行数量,提高货物列车牵引重量和旅行速度,增大列车开行密度。这些措施改善了铁路运能长期不足的状况,缓解了铁路运力与需求的矛盾[4]。随着我国铁路新线建设以及快速客运网络的逐步建成,铁路主要干线将初步实现客货分流,既有线上的货物运输能力将得到释放[5,6]。另外,由于线路上列车种类减少、列车间速度差减小、货物列车旅行速度提高,铁路货运供给能力不适应运输需求的状况将会进一步得到改善。

1.1.2 运输组织理论的创新

2005 年,我国铁路实施管理体制改革,设立 18 个铁路局(公司),撤销铁路分局和部分站段,由铁路局(公司)直接管理站段。通过体制创新和布局调整[7],优化资源配置,推动内涵扩大再生产,降低运输经营管理成本,提高了全路的运输效率和效益。近年来,又通过转变传统的运输组织理念,实施和推进"一主两翼、两线三区域"、规模化、集约化运输。这些措施都在一定程度上改进了货流、车流、列流的组织方式。

"一主两翼、两线三区域"战略,是指在充分运用主要干线能力的同时,加大两翼平行线路分流力度,提高路网主要通道通过能力;确保大秦线和侯月线两条运煤通道畅通;进一步优化东北、西北和西南三个区域内的运输组织工作[8]。在主要干线能力基本饱和的情况下,挖掘两翼线路的运输潜力,统筹利用各通道,合理调整车流径路和编组计划,优化技术站间作业分工,在更大范围内实现资源优化配置和综合利用,全面提升路网整体运输能力。

规模化集约化运输,是指通过整合优化、合理布局货源和运力资源,旨在提高运输能力和运输效率,缓解运力供给与市场需求之间的矛盾[9,10]。具体地,我国铁路实施了大客户战略、战略装车点建设以及路企直通运输组织模式。

大客户战略,指通过发展铁路与运输大客户的战略合作关系,有效确保重点物资运输,培育货物运输市场,引导货源集中化,实现发货人和装车计划集中[9,10]。

战略装车点,是对全路(局)货物发送和生产具有重要影响和重大意义的装车点,一般货源基础好、吸引力强,并且具备大能力、高效率、现代化的装车条件[9,10]。战略装车点的建成,实现了集中装卸作业,减少了中间站的调车作业,压缩了机车和车辆的周转时间,极大地提高了线路区间的通过能力和行车安全。

路企直通运输,通过对传统的货源组织、调度指挥、行车组织、技术作业以及专用线管理等多方面进行创新,实现本务机车在铁路与"三厂""两矿""一港""一路"间直入直出、运输作业全过程贯通和结合部无缝衔接[9、10]。该战略的实施,简化优化了运输环节,充分发挥了路网能力,实现了路企资源共享以及货流列流间有效对接。

如之前的铁道部运输局关于我国铁路运输组织的调研[11-14]所言,铁路生产力的布局调整为编组计划优化提出了要求,而铁路运输能力的提高和运输组织理念的创新又为编组计划研究提供了现实背景。因此,车流组织理论创新以及货物列车编组计划合理编制提上日程,亟待解决。

1.2 研究对象和意义

1.2.1 研究对象

随着我国电气化铁路(新建线路和既有线改造)比重不断加大,电力机车开行规模进一步增加,长交路必然将得到普及和推广[15]。随着机车牵引距离延长,列车并非在沿途所有技术站都进行无调或者有调技术作业,而是只在其中少数几个因更换乘务组、车辆技术检查和货运检查等而停留。也即是说,列车直接通过了机车牵引交路中的某些技术站,它们仅仅起到接发、会让和越行的作用,成为名义上的中间站[16]。不同于普通的中间站,这些名义上的中间站仍有一定的技术设备,如调车机车、调车线以及简易驼峰等,还可以完成一定的技术作业。如充当分组列车的途中换挂站,挑选合适车辆并选编成组,进行少量的解编作业等。

因此,基于铁路当前发展形势以及运输组织的要求,本书的研究对象界定如下。

书中,将规模较大、技术设备较先进的中间站以及技术站(区段站,或者有直通场的编组站)作为换挂站的分组列车,称之为广义分组列车;传统意义上仅在技术站上进行换挂作业的分组列车,相对地称之为狭义分组列车。广义分组列车以技术站作为编成站,这与狭义分组列车相同,但换挂站的选取更为广泛。本书以广义分组列车为研究对象,为了叙述的方便,后文都将其简称为分组列车。

针对不同的研究内容,本书相应章节对分组列车还有进一步的限定。如第4、5章限于双组形式,列车在途中换挂次数可能不止一次;而第7章的研究对象又为仅进行一次换挂作业的双组列车。

1.2.2 研究意义

分组列车是技术站间车流组织的一种形式,是提高普通货物运输组织效率的一种重要手段。分组列车在以美国和加拿大为代表的铁路货运发达国家非常普遍,而在我国的实际生产中,目前主要是在牵引定数不统一情形[17]以及集装箱中转班列[18, 19]中有过采用,但并不广泛。究其原因,主要如下:

其一,设备条件的客观限制。分组列车的基本组和补轴组不能混编,要求选编成组,必然在解体和编组两方面都额外增加调机负荷,分解更细的车流集结还会占用更多的线路。鉴于目前我国车站改编能力紧张和分类线数普遍不足的实际路情[20],这都限制了其大规模的开行。

其二,组织要求的内在限制。分组列车要求换挂站及时准备好加挂车组,避免基本组因等待补轴组集结而产生延误,甚至因无车流补轴而提前解体。然而,目前我国大部分线路仍然是客货混跑,旅客列车密集到发将导致货物列车阶段性的不均衡。显然这不利于保证分组列车的组织秩序。

由于铁路管理体制不同以及运输组织模式差异(国外多规划型而我国偏组织型)[21]等因素,国外的研究成果难以直接应用于我国实际。因此,指导分组列车进行车流组织方面的实践经验和理论成果还非常缺乏。这也正是本书研究的动机和初衷,本书的意义从实际应用和学术研究两方面进行阐述,具体如下。

1. 实际应用价值

一方面,编组计划的现行做法是分阶段考虑,先确定单组列车编组计划,而后作为一种补充手段考虑分组列车编组计划,也即是检查最优单组列车编组方案中,代替单组列流为分组列流是否更加有利。分阶段确定编组方案,实质上将分组列车作为了单组列车的辅助或附属,同时也直接排除了其他近似最优的单组列车编组方案构成分组列流方案作为最优解的可能,这无疑缩小了分组列车编组方案的范围。在本书中,分组列车的开行并不排除单组列车,且在编组计划的编制中对二者同时考虑和综合优化,可能从而获得经济效益更佳的方案。

第 1 章 绪论

另一方面，目前我国对编组站布局进行优化调整，弱化或取消部分小编组站、强化路网性编组站[21]，资源的差别化配置将引导有调作业集中[22]。而分组列车的开行能够顺应这种趋势：以编成站集结费用的较少增加为代价换取换挂站的较多节省，从而获得综合效益。这样既能发挥大型编组站特别是路网性编组站的支点作用，还有利于减轻中小型编组站以及区段站的改编作业负担。因此，分组列车的组织能更加充分地发挥编组计划在路网作业分工和能力分配中的作用。

2．学术研究价值

在理论研究方面，目前编组计划的研究中，许多专家学者提出了较全面和有实效性的数学模型和求解算法，实践经验和理论成果为编组计划编制提供了方法指导和技术支持。但这都主要集中于单组列车而较少涉及分组列车。然而分组列车作为铁路车流组织的主要形式之一，同时分组列车编组计划也是技术站列车编组计划内容之一，却没有受到应有的重视。另外，在列车的构成上，单组列车可以视为一个车组的分组列车，摘挂列车又为组数较多的分组列车，二者都是特殊形式的分组列车①。从这个角度来讲，分组列车的内涵更大，其理论研究也更具普适性。

1.3 结构及研究思路

1.3.1 研究目标

本书在分析总结车流组织原理、借鉴国内外在编组计划优化方面的理论和方法的基础上，比较系统地研究了分组列车组织特征、集结特性、组织条件等相关问题，构建分组和单组列车编组计划优化理论与方法体系。通过揭示分组列车组织的客观规律，旨在通过发挥其优势提高我国铁路运输效率和效益，为实际生产提供理论依据，为路网车流规划和生产力布局调整提供技术支撑。

---

① 为了区别于一般意义上分组列车，本书仍将传统的单组列车称为"单组列车"；而分组列车至少包含两个车组。

1.3.2 研究内容

本书主体涉及分组列车的 3 个主题，集结特性、组织条件和编组方案，具体内容分为 8 章。结构安排为：第 1 章为绪论部分；第 2 章为国内外研究现状；第 3 章分析分组列车基本的组织特征；第 4 章研究分组列车集结特性；第 5 章研究分组列车组织条件；第 6 章研究分组列车编组方案优化参数；第 7 章研究分组列车编组计划优化。最后是总结全文的结论以及展望进一步研究的思路和方向。

图 1-1 反映了本书的章节安排和主要内容。各章节主要研究内容的简介如下。

第 2 章对比分析既有文献。在总结大量相关文献的基础上，从研究对象、建模方法、求解算法三个方面分别介绍国内外 TFP 研究现状并评述各自特点。

第 3 章分析分组列车组织特征。在概述车流组织的基础上，分析分组列车的基本特征，包括技术作业特点，编成站、换挂站和终到站的作业流程，货车构成，利弊分析，组织条件分析以及各种组织形式分类，并与单组列车进行相应的对比。

第 4 章研究分组列车集结特性。以双组形式尤以其中的固定重量形式分组列车为研究对象，对其集结特性进行定性分析和定量测度。其中，定性分析是基础，随机过程理论和数值计算方法是定量测度采用的手段，其研究内容包括集结批次、集结占用时间以及集结消耗三个方面。

第 5 章研究分组列车组织条件。也以双组形式的固定重量形式分组列车为研究对象，其组织条件包括列车编成辆数最佳分配和开行适用条件。前者在车流到达特征已定的条件下，确定最优固定重量。后者在前者基础上，以集结耗费作为评价标准，讨论固定车组重量分组列车代替单组列车的有利性，应用仿真模拟对模型进行验证。

第 6 章研究分组列车编组方案优化参数。其中重点探讨固定和非固定形式的集结参数、部分改编相对于无改编通过增加时间、相对完全改编的减少时间参数。

第1章 绪论

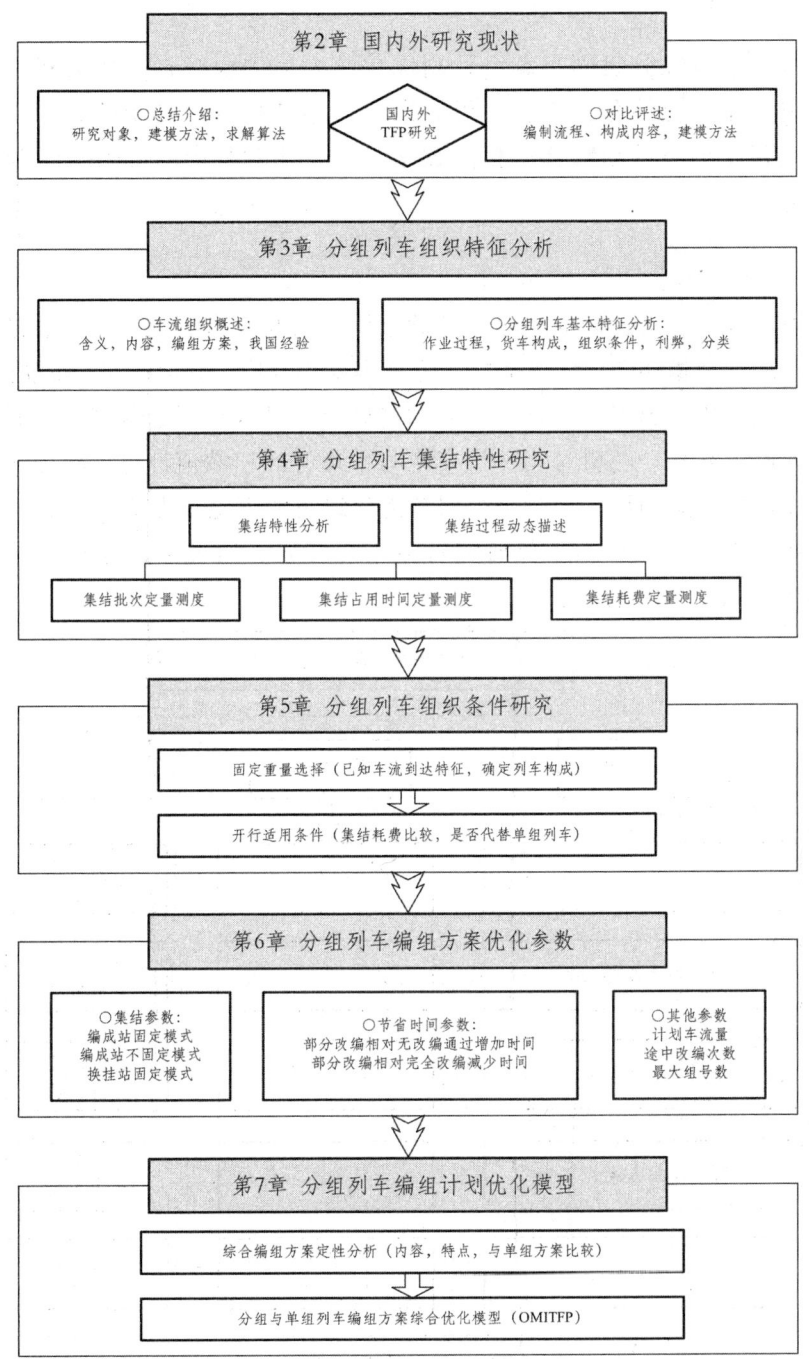

图 1-1 研究内容

第 7 章研究分组列车编组计划优化。以途中仅换挂一次的双组列车为研究对象，定性分析综合编组方案的内容和特点，基于此，建立分组和单组列车编组计划综合优化的数学模型，并对其中的 CBAP 子问题建立构造模型。

1.3.3 技术路线

为了实现本书的研究内容，遵循系统分析与定量测度相结合、微观机理与宏观机制相融合、理论推导与仿真实验相呼应，分段逐步、依次递阶、循序渐进的研究思路。在既有研究的基础上，结合交通运输规划与系统优化的理论与方法、随机过程、概率论与数理统计、数值计算、模拟仿真、组合优化等相关知识，围绕分组列车优化组织的理论与方法展开研究。

针对不同的内容，不仅研究对象略有差异，研究方法也有不同。技术路线如图 1-2 所示。

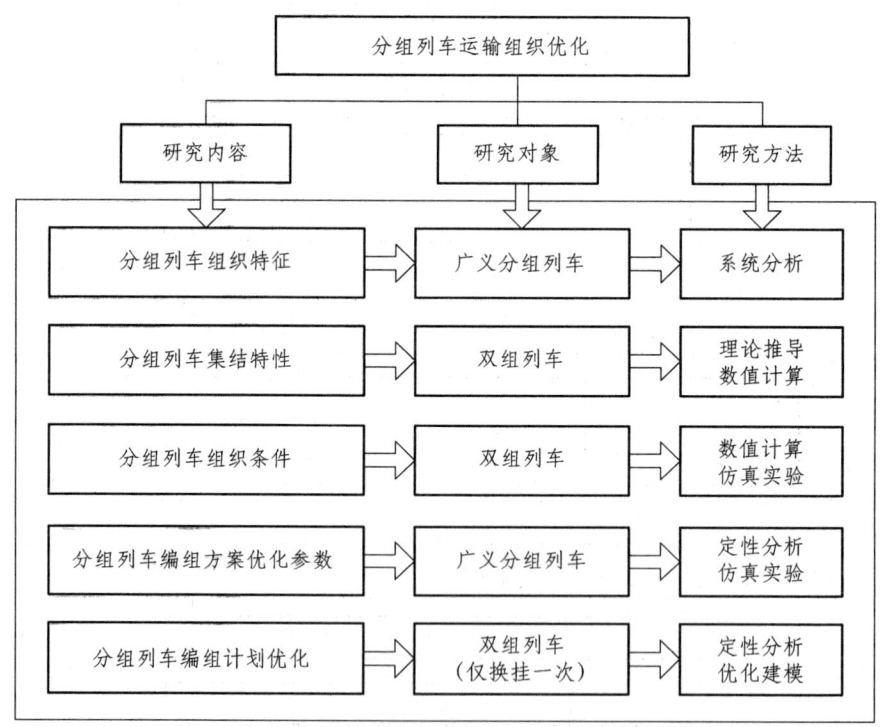

图 1-2　技术路线

第 2 章 国内外研究现状

基于系统规划在空间范围、时间期限、投资规模和决策水平等方面的差异，Assad（1980）[23]将铁路系统规划分为战略层（Strategic）、战术层（Tactical）和日常运营层（Operational），三者分别对应长期规划、中期规划和短期规划[24]。其中，战术规划处于中间层次也是核心的位置。货物列车编组计划优化问题（Train Formation Plan，TFP），也简称编组计划，与车流径路安排、车流接续改编方案、车站之间改编负荷分配、列车服务（频率）方案等优化内容，都可归属于该层次。

2.1 国内研究现状

国内许多专家学者就编组计划进行了长期大量的研究和探索。总体上讲，国内对编组计划的研究始于20世纪50年代，而大量的研究工作是在1978年以后进行的。本节从研究对象、建模方法、求解算法三个方面着重对近期的研究现状进行综述，具体成果按照其所属作者和发表时间的先后顺序进行组织。

2.1.1 按照研究对象分类

列车编组计划是铁路行车组织工作的基础性技术文件，主要包括装车地直达列车编组计划、技术站列车编组计划和区段管内列车开行计划三大部分，其中技术站列车编组计划又细分为单组列车编组计划和分组列车编组计划，是编组计划的核心[32-40]。

1. 装车地直达列车编组计划

装车地直达列车即始发直达列车，是相对于技术直达列车而言的，其主要利用自装车流来组织直达列车，很多是在中间站编组始发。按照列车产生方式的不同，可分为一站始发直达列车、阶梯直达列车、基地直达列车。始发直达车流在装卸区的组织方案有：非直达送至前方编组站、非直达送至卸车区；装车地直达、非直达送至卸车区；装车地直达、直达送至卸车区三种形式。而基地直达车流在装车区的组织方案又包括：摘挂或小运转列车送往前方技术站、到技术站解体的直达、直达卸车站的直达。组织装车地直达列车可以减轻沿途技术站的改编作业负荷，加速车辆周转，加快货物送达，有利于稳定列车运行秩序，有利于货流与车流更好地结合等。装车地直达列车虽然是一种经济合理的车流组织形式，但是必须具备一定的条件，诸如：货源充足且货流流向集中；拥有一定的装车、调车和卸车设备；装车和卸车能力足够；稳定可靠的空车供应等。该领域主要代表文献的特点如表 2-1 所示。

表 2-1 装车地直达车流组织主要文献一览表

文献作者	规划层次	模型结构	目标函数	求解方法
黄民（1990）	战术层	线性 0-1 规划	装卸、途中运行总消耗最小	直达列车到达站树
林柏梁（1995）	战术层	非线性 0-1 规划	装卸消耗和途中改编消耗总和最小	模拟退火算法
曹学明（2006）	战术层	线性 0-1 规划	装卸、途中改编消耗和用户库存成本总和最小	CPLEX
曹学明（2007）	战术层	线性 0-1 规划	装运卸储成本总和最小	CPLEX
纪丽君（2009）	战术层	线性 0-1 规划	物流系统的成本最小	LINGO
强丽霞（2009）	战术层	线性 0-1 规划	装卸、途中改编和径路运行消耗总和最小	蚁群算法
赵鹏（2009）	战术层	非线性多目标规划	耗费最小与通道流量最大	最小费用最大流算法
乐逸祥（2010）	战术层	线性 0-1 规划	装卸、途中改编和径路运行消耗总和最小	蚁群算法

第 2 章　国内外研究现状

表 2-1 表明，该领域的文献基本都从战术规划层次以总费用或者总消耗最小为目标函数，以车流组织方案为决策变量，一般考虑方案唯一性约束、装卸能力限制。曹学明等（2006，2007）[41,42]、纪丽君等（2009）[43]从更加广泛的角度考虑物流系统（铁路企业、发货方与收货方三者构成）总消耗，强丽霞（2009）[44]、乐逸祥等（2010）[45]考虑径路选择，他们都借鉴林柏梁等（1994）[46]文献中的同构变换方法建立了线性规划模型。赵鹏等（2009）[47]和林柏梁等（1995）[48]都建立了非线性规划模型，前者由于受非对流限制而引入二次项并考虑多目标；后者引入阶跃函数刻画装卸能力的必要条件。

2. 技术站列车编组计划

技术站列车编组计划指技术站所有车流的编挂方案，其车流具体包括未被装车地直达列车和空车直达列车吸收的车流、到达技术站解体的装车地直达列车中的远程车流以及本站装卸完毕的重空车。其目标是，在给定各技术站的集结时间参数、无改编节省时间参数、计划车流量以及车流径路的条件下，确定铁路运输网络上最佳的直达编组去向方案和车流的改编中转方案，满足列车的改编中转站依次限制在各自的径路上以及各技术站的改编能力和调车线数量限制。

相较于其他研究对象，该类研究成果最为丰富，又尤以林柏梁教授为主要代表，包括文献[50-59]等。张震（1979）[49]提出基于车流无改编通过支点站的最大次数以及有利性判别式，探讨技术直达列车编组计划的优化方法。文献[50][51]分别研究车流集结占用股道数与车流强度之间以及改编费用与改编作业负荷之间，都存在非线性关系情形下的编组计划优化问题。文献[52]建立有改编能力限制非线性 0-1 规划模型（TFPC）。文献[53]基于支点站、编组去向、无改编技术站三者的关联，设置改编作业时间和无调作业成本取代无改编节省参数，建立机车长交路条件下的技术站列车编组计划无调作业参数模型（NTFP）。文献[54-56]都以车流合并变量（改编变量）和编组去向方案为 0-1 决策变量，考虑方案唯一性约束、改编能力约束、调车线数量约束，构建列车编组计划和技术站作业分工优化的双层规划模型。其中上层都是确定列车始发终到站，下层基于流量平衡思想确定车流的改编方案。但在处理中略有差异，前者基于车流接续最远站法则，后两者都由优化模型计算确定，文献[56]称其为 Train Connection Service，简称为 TCS。三者都针对大规模问题设计模拟退火算法，并采用实际数据计算，其中文献[56]模型的总成本降低了 20.8%。许红等（2006）[60]综合考虑车站编组能力、解体能力、调车线容车数限制条件，构建技术站车辆集结消耗、改编消耗整体最小以及技术站改编能力均衡利用协同优化的多目标非线性 0-1 规划模型。

3. 编组计划综合优化

装车地直达列车编组计划与技术站列车编组计划，相互影响、相互制约。一方面，前者的单独优化，需要给定后者来判断其是否合理；另一方面，后者的单独优化，其车流参数又依赖于前者的确定。二者的局部优化、分阶段确定，都不能保证车流组织方案的整体最优。而这样的考虑，也是不得已而为之。因为其中任意一个问题，都是大规模组合优化方面的问题，实践证明求解是非常困难的。如果同时考虑，则车流之间的相互交织和关联，将会使问题变得更加复杂，也更难于处理。

所幸的是文献[61][62]等已在这方面进行了探索，取得了较好的成果。文献[61]最早提出系统化思想，即采用"同时计算法"优化装车地和技术站车流组织方案。该方法实质是，对每个可能的技术站车流运行方案枚举装车地列车运行方案，以确定最优方案。由于列车运行方案数将随路网规模的扩大呈指数增长，从而限制了该方法的实际应用。朱松年等（1993）[62]改造装车地直达列车编组计划的 0-1 模型和技术直达列车编组计划的 0-1 模型，建立综合优化的线性 0-1 规划模型。同时，对二者的二次 0-1 规划模型进行整合和移植，建立综合优化的二次 0-1 规划模型。两个模型各具特点，前者逻辑结构简约严谨、变量较少而约束条件较多，既有算法难以求解实际问题；后者约束条件显著减少，而变量却有一定程度的增加，既有算法一般可适应铁路网求解。

编组计划综合优化的另一个方向是，编组计划与车流径路的整体考虑。车流径路与列车编组计划是紧密相关的，这种相关性表现为车流的途中改编站必须限制在其车流径路上，以及终到站相同且在途中同一个车站改编的车流必须合并为一支车流,即车流接续归并原则。林柏梁等（1996）[57]从网络流和组合优化的角度研究车流径路和编组计划问题（Train Routing and Make up Plan Problem，TRMP）的整体优化。在车流的输送方案中融入径路选择信息作为决策变量,以技术站的集结和改编消耗、装卸消耗、径路运行消耗总和最小为目标函数,考虑方案唯一性、线路通过能力限制以及装车区的必要条件等约束,建立大规模非线性0-1规划模型及混合整数规划模型。文献[58]在其基础上又考虑了技术车流的守恒约束和不拆散限制,建立技术车流和始发车流的整体组织模型。随后文献[59]研究直达与区段列车编组计划、车流运行径路的整体优化问题。史峰等（1997）[63]以编组去向的径路为要素,根据编组去向径路合成得到车流径路这一特征,从安排编组去向径路出发描述二者的关系。纪丽君等（2011）[64]研究了车流分配和径路选择问题。

其他方向,如林柏梁等（1998）[65]建立了关于重载和非重载列车运行方案综合优化的多目标0-1规划模型；黎浩东等（2010，2011）[66、67]研究了列车编组计划与技术站布局的综合协调优化；田亚明等（2011，2012）[68、69]考虑了编组站改编扩能决策,前者引入始发直达比重（始发直达列车运输的车流量占总车流的比例）的上下界约束限定始发车流和技术车流的组织方案,后者引入车流增长系数的同时考虑了重载和非重载直达方案（编成辆数不相等）与车流改编决策,等。

4. 分组列车编组计划

分组列车是不同于单组列车的另一种车流组织形式,由两个及以上不同到站的车组构成并按去向分组选编,且在沿途技术站至少进行一次车组换挂作业。目前该领域研究成果相对较少。李夏苗等（2004）[70]分析采用分组列车组织快运货物运输（文中称之为分组快运货物列车）,考虑发车间隔时间约束、列车牵引条件和调车作业能力要求,以运输收入最大为目标,经过方案比较确定现实可行和经济有利的组织方案。梁栋等（2006）[71]从车小时节省的角度对合并式和衔接式两种分组列车形式作了分析,并与单组列车进行技术经济比较,在已知最优单组列车编组计划的条件下,提出技术站分组列车编组计划的0-1规划模型。该文围绕对单组和分组列车编组计划的整体优化进行了尝试。王志美等（2011）[17]在给定单组列车编组计划的基础上，建立了路网减重方向分组列车（换挂站进行减轴作业）编组优化模型。赵钢（2005）[18]和郭玉华等（2011）[19]分别定性分析和定量研究了中转班列开行模式。

5. 枢纽及区段管内车流组织

区段管内车流组织的任务是经济合理组织未被装车地直达列车、空车直达列车和技术直达列车吸收的车流，也即是在区段内各中间站到发的车流，其组织形式有摘挂列车、区段小运转列车等。区段管内列车为大运转列车服务，在满足大运转列车满轴正点出发以及枢纽内装卸作业、取送作业、解编作业允许的条件下，对区段管内列车的种类、开行数量、始发终到地点和时刻等进行优化。该领域主要代表文献的特点如表 2-2 所示。梁万荣（1995）[72]提出枢纽小运转列车编组方案的经济数学模型。徐行方等（2000）[73]提出直通摘挂列车的概念。严余松等（2000）[74、75]研究枢纽小运转列车的运行方案及径路选择的综合优化问题。牛惠民等（2001）[76]研究给定路网车流组织方案条件下枢纽内各编组站的车流组织优化问题，即决定编组出发列车在枢纽内各编组站之间的分配。史峰等（2003）[77]研究了区段管内列车的停站方案。

表 2-2 枢纽及区段管内车流组织主要文献一览表

文献作者	规划层次	模型结构	目标函数	求解方法
严余松（2000）	战术层	非线性 0-1 规划	径路运行和等待消耗总和最小	遗传算法与二进制组合算法
严余松（2001）	战术层	网络模型	机车消耗最少和机车数量最少	分层逐步求解
牛惠民（2001）	战术层	非线性 0-1 规划	枢纽内作业、走行、停留总耗费最小	遗传算法
史峰（2003）	战术层	线性混合整数规划	集结消耗、停留消耗和调车作业费用最小	分解算法与线性规划算法

6. 计算机系统设计

编组计划编制问题的高度复杂性以及受车流的相互影响，仅凭经验、手工计算的方法获得高质量的车流组织方案几乎不可能。而计算机编制则是其必然趋势，并为车流组织提供了现代化管理手段和技术支持，主要代表文献为[78-82]等。其系统构成一般可归结为三大类：输入信息模块，包括路网结构和系统参数，诸如改编能力及其预留、调车线数量及其预留、集结参数、去向编成辆数、无改编节省时间等；计算模块，诸如数据及参数处理、车流结构调整、专家干预、智能优化等；输出信息模块，包括编组计划文件、车流去向范围及站名、编组计划执行现状和网络接口等内容。

2.1.2 按照建模方法分类

1. 动态规划法

该类方法将TFP抽象为一个多阶段决策网络图，一个车站对应一个阶段，每个阶段的点代表后方车站通过该阶段的车流的组合情况，然后根据Bellman最优化原理求解。该方法虽能够获得全局最优解，但摆脱不了车流组合指数增长的固有缺陷。

2. 网络流方法

该类建模方法以史峰教授为主要代表，包括文献[63]，[83-86]等。该方法将各个车站视为点，各编组去向视为弧，各开行方向的集结耗费视为弧的固定耗费（每个站所有去向的集结耗费相同），改编中转额外耗费视为该弧的长度，从而将车流组织问题转化为具有固定耗费的网络流模型。文献[83]就直线方向无约束情形首次提出具有固定耗费的网络流模型，文献[84]推广到小规模路网无约束情形。在此基础上，文献[85]考虑改编能力和编组去向数目限制情形。模型求解给出贪婪算法，在当前非直达编组去向中，选择使得车小时消耗下降幅度最大的一个直达去向添加到编组去向集合，直至不能下降为止。对其求解算法，雷广萍等（1989）[87]提出基于加弧换弧和减弧换弧操作的近似算法。文献[86]基于组合式车流径路提出合并式编组方案的概念，指出同终点车流的编组方案具有树形结构，从而在给定每个站的编组去向方案集的条件下 TFP 转化为以各站为终点的普通最短路问题，并且不同的最短路具有不同的终点站。李映红等（2002）[88]将 TFP 转变为网络计算问题，其中编组网络图的节点为车站，弧为组成列车的车组，目标是使整个铁路网范围内的车流总费用最小。

3. 鲁棒优化模型

在编制编组计划的过程中，选择经济有利、现实可行的优化方案时需要确定相关参数，具体包括列车编成辆数、计划车流量、集结参数、节省时间参数。其中，列车编成辆数依赖于列车途经区段和车站所规定的牵引质量和列车长度标准，计划车流量一般以计划年度日均车流量估计，后两者可通过实际查定。实际中，由于车流变化、车站技术作业波动以及运输设施设备故障、施工、行车事故、自然灾害等因素，使得这些参数变得不确定。目前 TFP 的研究主要还集中于确定性环境下的考虑，定值常数不仅不能完全反映复杂多变的实际情况，而且优化方案在其扰动下不能保证最优性甚至不可行。

迄今为止，该领域已有一定的研究。林柏梁等（1997）[89]考虑车站改编能力和线路通过能力的软约束，建立点线能力协调的模糊非线性 0-1 规划模型。王保华等（2009）[90]利用机会约束刻画日均车流量的波动，构造车流改编方案随机优化模型。杨立兴等（2011）[91]针对列车径路选择、列车频率、流量分配的综合优化问题，建立确定性环境下为混合整数规划模型；当涉及参数（线路和车站的通过能力、列车输送能力、径路上单位流量费用等）为随机模糊变量（Random Fuzzy Variable）[91]时，应用机会测度（Chance Measure）理论[92-94]，分别建立悲观、乐观和折中三种准则下的优化模型，其中前两者分别等价于 minmin 问题和 minmax 问题，第三种为前两者的加权组合。

4. 数学规划模型

该类模型采用数学规划方法求解，该类建模方法最早可以追溯到文献[95]。根据决策变量的类型，可分为 0-1 规划模型（还可细分为线性 0-1 规划模型[96,97]和非线性 0-1 规划模型[98]）、混合整数规划模型、二次

第 2 章　国内外研究现状

0-1 规划模型。在处理含有径路选择问题时，0-1 规划模型的改编变量相当于车流在某站是否进行首次改编，这意味着技术车流量为递推形式，因此其模型的具体化将导致高次项出现。与之不同的是，混合整数规划模型以车流在途各站的改编量代替，文献[99]建立的二次 0-1 规划模型非常巧妙，将编组方案归结为车流"独立的作业方式"的组合，通过排除"非独立的作业方式"减少变量数目，建立线性紧约束，系数矩阵的元素均为 0 或 1 且分布具有稀疏性和分块对角特点。这三类模型的特点总结如表 2-3 所示。

表 2-3　编组计划数学规划建模主要文献一览表

模型	决策变量	约束条件	适用范围
0-1 规划	0-1 型车流直达方案、改编方案	方案唯一性；发站合并；到站合并	有序组合树法求解小规模，无法处理大规模问题
混合整数规划	整数型改编车流量、0-1 型直达方案	车流量平衡约束；方案关联约束	变量和约束都较少，适用于小规模问题
二次 0-1 规划	0-1 型车流直达方案、一次和多次改编变量	方案唯一性	分解成独立子问题求解，适用于直线情形

2.1.3　按照求解算法分类

对于编组计划优化问题的求解，早期的研究者们主要根据铁路运输组织的实践提出各种近似处理的方法和技术，尤以 20 世纪 70 年代的筛选法为代表；而后期的研究者们则以模型和算法并重，在对该问题模型化描述的基础上采用各种启发式算法求解。

1. 传统求解方法

传统求解方法具体包括绝对计算法、表格计算法等。其中，绝对计算法实质上是穷举法。该类方法主要原理是，筛除不利方案之后，对所有的编组方案逐一计算车小时消耗，方案值最小的即为最优方案。该方法的算法思想简单，但计算工作量很大，当支点站数目较多时，其选优难以实现。表格计算法，首先通过一定的判别条件删除或者排除部分不利方案达到精简方案，其次对保留方案采用绝对计算法比选择优。根据直达列车集结车小时消耗和无改编通过节省时间参数，提出诸如绝对条件、必要条件和充分条件。该方法直观、简便，在支点站数不多而且直线方向上，能够方便地找出最优或者接近最优的方案，应用较为普遍。

苗邦均等（1979）[100]提出可靠分析计算法，基于确定和随机两种淘汰准则近似筛选直达方案，该方法保持了绝对计算法的可靠性和分析计算法的简单性。杨明伦等（1981）[101]将最优去向组合方案选择转化为最短路问题，然后采用树结构及最短路算法求解。吴汉琳（1987）[102]提出直达列车方案树方法,根据装车条件来判断是否形成直达列车方案。何邦模等（1990）[103]对于单组技术直达列车编组计划的选择提出分析计算法。黄民等（1990）[104]依据列车到达站树确定直达车流可能组合方案。查伟雄等（1996）[105]基于车站的当前状态，以满足限定编组去向数为目标，建立寻找有利编组去向的数学模型，并针对模型的特殊结构，利用增量法设计了有效的多项式算法。随后，文献[106]将该模型推广到路网情形，基于给定路网环境参数、车流量以及车流径路，并考虑接续车流的影响，根据服务系统选址 λ-增量法算法思想建模。在将 TFP 描述为线性规划问题基础上，可采用运筹学的成熟算法，如单纯形法、分枝定界法（Branch-and-Bound）等精确求解，还有采用商业软件 CPLEX[41、42]，LINGO[43]等。

2. 现代优化算法

从数学上描述 TFP，模型的规模将因车流和路网结构的复杂性而变得非常庞大。因此，编组计划编制问题属于超大规模的组合优化问题，是 NP-hard（Nondeterministic Polynomial-hard）问题，求解非常困难，应用传统的分枝定界或者逐步寻优方法进行求解时，在精确性和可靠性方面都不能完全保证。在采用启发式算法求解 TFP 方面,有蚁群算法（Ant Colony Optimization，ACO）[44、45]、模拟退火算法（Simulation Annealing，SA）[48、50-59、98]、遗传算法（Genetic Algorithm，GA）[60、74、107]、禁忌搜索算法（Tabu Search，TS）[66]、神经网络算法（Back-propagation Neural Network，BPNN）[108]等，都为该问题的求解提供了新的思路。

2.2 国外研究现状

通过运输组织优化,特别是区域路网车流组织优化以减少运营成本和各种相关费用,提高运输效率和经济效益,一直是国外铁路系统规划与优化领域研究的热点之一。20 世纪 80—90 年代是研究的高峰期,来自美国、加拿大等铁路货运发达国家的研究者们深入研究取得许多成果,Cordeau 等(1998)[109]都对其进行了介绍。国外编组计划优化模型并不完全适合我国的实际情况,但仍有一定的借鉴作用。为了便于与国内 TFP 研究特点进行对比,现也从研究对象和范围、建模方法以及求解算法三个方面分别介绍国外相关成果。

2.2.1 按照研究对象分类

国外对 TFP 问题的研究对象和范围界定与国内有较大差别,根据其编制流程,概括起来主要包括编组去向方案优化、列车运行方案优化、列车营运方案优化三个阶段。

1. 编组去向方案优化

编组去向方案优化问题(Railroad Blocking Problem,RBP),其目标是确定每个站编组的去向以及每支车流的径路和接续方案。RBP 以车流 OD 作为考虑对象而非列车,这不同于其他研究问题。RBP 的求解结果为 Train Blocking Plan(TBP),作为车站的 Blocking Policy。TBP 确定了编组站的改编负荷和网络中车站作业分工。主要代表文献的特点如表 2-4 所示。

表 2-4 表明,该领域的文献基本都从战术层规划角度建立混合整数规划(Mixed Integer Programming,MIP)模型,其中决策变量为 0-1 型的编组去向方案和实数型的车流改编量,一般都考虑组织要求(车流平衡约束)和物理限制(车站的改编能力、调车线数量)两大类约束。此外,Bodin 等(1980)[110]还考虑了编组去向最少车数(类似于我国车流强度约束)和最多车数(类似于我国调车线长度约束)限制和车流接续归并约束,将其视为多商品网络流问题(Multi-Commodity Network Flow)。Assad(1983)[111]研究直线单方向的编组去向问题。Newton 等(1998)[112]将编组计划问题转化为服务网络设计问题(Service Network

Design），即将物理网络中的车站（相当于我国的技术站）视为节点、编组去向为弧，建立编组去向网络（Rail Blocking Network）。Ahuja 等（2007）[114]研究现实环境中的铁路编组计划优化问题，将其归结为内涵更加丰富的 Consolidation Problem，该模型具有大规模、多商品、网络流设计的特点。不同于这些文献，Yaghini 等（2011）[115]将车流归并变量视为 0-1 型，建立纯 0-1 规划模型，采用 Islamic Republic of Iran Railways 的数据计算表明，成本和计算时间都能显著减少。

表 2-4 编组去向方案优化主要文献一览表

文献作者	规划层次	模型结构	目标函数	求解方法
Bodin（1980）	战术层	非线性混合整数规划	径路运输、改编和延迟总费用最小	启发式分解
Assad（1983）	日常运营层	最短路	改编成本最小	动态规划
Newton（1998）	战术层	线性混合整数规划	径路运输费用最小	Dantzig-Wolfe 分解
Barnhart（2000）	战术层	线性混合整数规划	径路运输费用最小	Lagrangian 松弛分解
Ahuja（2007）	战术层	线性混合整数规划	改编费用和延迟费用总和最小	邻域搜索
Yaghini（2011）	战术层	线性纯 0-1 规划	径路运输费用最小	蚁群算法

2. 列车运行方案优化

列车运行方案优化问题，其研究目标是确定列车径路、开行数量以及编组去向分配方案（Block-to-Train Assignment，BTA），也即是列车的编组内容。TBP 作为该问题的输入或者给定条件。主要代表文献的特点如表 2-5 所示。

第 2 章 国内外研究现状

表 2-5 列车运行方案优化主要文献一览表

文献作者	规划层	模型结构	目标函数	求解方法
Assad（1980）	战术层	非线性混合整数规划	列车费用、延迟费用最小	Benders 分解和 Lagrangian 松弛
Crainic（1984）	战术层	非线性混合整数规划	改编、集结、列车频率和服务延迟最小	启发式分解
Haghani（1989）	日常运营层	非线性混合整数规划	径路运输和延迟费用最小	启发式分解
Keaton（1992）	战术层	线性 0-1 规划	列车费用、径路运输、改编成本总和最小	Lagrangian 松弛
Martinelli（1996）	战术层	非线性 0-1 规划	径路运输和在站作业时间消耗总和最小	神经网络算法
Marin（1996）	战术层	非线性整数规划	车辆、机车和投资费用最小	邻域搜索
Jha（2008）	战术层	线性 0-1 规划	径路运输费用最小	Lagrangian 松弛
Yaghini（2012）	战术层	线性混合整数规划	运输（变动）费用和列车（固定）费用总和最小	单纯形法、模拟退火混合（SB-SA）
Yaghini（2012）	战术层	线性混合整数规划	运输（变动）费用和列车（固定）费用总和最小	Local Branching

表 2-5 表明，该领域的研究文献，也基本都从战术规划层建模，其中决策变量为整数型的列车开行数量和实数型的车流到列车分配变量，0-1 型的列车径路弧选择或者路选择两种。一般都考虑车流平衡约束和列车输送能力限制。具体地，Assad（1980）[23]研究车流径路和列车吸收车流综合优化问题。由于文中考虑的列车仅为单组列车，也即是在途中的中转站不进行车组换挂作业，因此每个车站开行的列车变量也蕴含了该站的编组去向方案。Crainic 等（1984）[116]研究列车径路、车流径

路、编组去向方案、列车吸收车流以及改编任务分工的综合优化，依据 Canadian National Railroads 的数据测试，结果表明模型显著降低成本。Haghani（1989）[117]研究动态的列车径路、编组计划和空车分布的综合优化，将模型分解为机车分配优化（间接考虑列车数量）和重空车分配优化两个子问题进行求解。根据 Chicago Area Railroad 设置算例网络和费用参数，随机生成需求 OD，模型结果平均超出下界 9.7%，最高达到 19%。Keaton（1989，1992）[118、119]研究列车开行种类和频率、编组去向以及车流径路安排的综合优化。Martinelli 等（1996）[120]采用神经网络方法求解 TFP，其网络构成包括输入层、隐含层和输出层，其中输入层的神经元代表 OD 需求，输出层的神经元代表列车的编组内容（OD 需求组合）。作者还提出 6 种评价准则测试解的可靠性。Marin 等（1996）[121、122]以列流方案和车流分配为整数型的决策变量，考虑车站改编能力和列车输送能力约束，建立铁路货物运输设计模型。Jha 等（2008）[123]在已经确定编组去向与列车运行方案的基础上，研究将编组去向分配到列车的优化问题。基于时空网络将 BTA 问题转化为多商品流问题。模型求解采用 CPLEX、贪婪算法、朗格拉日松弛算法。根据 CSX 的数据，求解结果的 Gap（定义为上下界差与上界或者下界之比，为相对误差）为 1%~2%。Yaghini 等（2012）[124、125]研究了编组去向的编挂方案和列车频率确定问题，考虑流量守恒约束、列车输送能力约束、车站始发列车数目约束以及车站改编能力约束。采用伊朗铁路的实际数据进行计算，两种算法都能获得满意解且寻优时间较少。

3. 列车营运方案优化

编组去向方案优化和列车运行方案优化两个问题，描述了货物输送径路、列车编组内容和频率等内容，但都没有确定列车运行的出发终到时刻，这样可能会出现铺画运行图时无法安排列车运行线的情况。而列车营运方案优化问题，在前两者的基础上，还考虑了列车调度问题（时刻表），强调编组计划与列车运行图之间的协调与配合，提高了计划的可行性。该领域主要代表文献的特点如表 2-6 所示。

第 2 章 国内外研究现状

表 2-6 列车营运方案优化主要文献一览表

文献作者	规划层次	模型结构	目标函数	求解方法
Huntley（1995）	日常运营层	非线性混合整数规划	运营总成本最小	模拟退火算法
Gorman（1998）	日常运营层	非线性 0-1 规划	运营总成本最小	遗传算法

表 2-6 表明，Huntley 等（1995）[126]研究货物径路和列车运行方案的综合优化。决策变量为列车的发到站和出发时间；满足货物径路中列车发到站之间的序贯性，以及出发时间递增约束。在 166 个车组和 41 个车站的实例中，模型得到与实际相似的方案且费用更小。Gorman（1998）[127]研究列车运行方案和需求流量分配的综合优化问题。约束条件包括：所有需求必须完成、货物到达与列车出发间的时间制约（非线性形式）、列车的输送能力限制、列车开行车站和运行区间的硬性约束。决策变量为 0-1 型的列车运行方案以及反映输送径路和列车信息的双态变量。模型分解为确定列车运行方案和需求流量分配两个子问题。Godwin 等（2007）[128]研究客货共线运输网络中货物列车的径路选择和运行方案综合优化问题，单列车情形改进 Dijkstra 算法求解；多列车情形设计 Stepwise Dispatching Heuristic 算法。

2.2.2 按照建模方法分类

根据 2.2.1 节的介绍，国外针对不同的研究对象从不同的规划层次分别进行建模。同时，结合表 2-4、表 2-5、表 2-6 中研究成果特点的对比，不难发现基本上都建立确定环境下的数学规划模型，并且主要以成本费用最小为目标函数。Shafia 等（2010）[129]研究 OD 的车流量和重量存在扰动下 TFP 的鲁棒优化。另外，国外也考虑过由于输送货物而产生的效益[141]，但这样的思路不多，且在成本费用选取上亦有所区别。例如，文献[23]的列车费用包括人员开支、燃料费用、机车费用、延迟成本（运行、堵塞、交会和越行等造成）、车站成本（技术检查、改编费用以及排队或者等待造成的车站延迟）。文献[117]的费用具体包括：计划期内的重空车和机车在径路上的运行费用、物理网络中弧上的堵塞费用、车站改编费用、改编延误和等待出发的延误费用、未满足预定的空车惩罚费用（单调增的凸函数）以及期末未到达目的地的重车惩罚费用。文献[126]的费用为燃料成本、人员工资、机车成本和货车租赁费用。文献[127]的总成本包括固定成本和变动成本，其中前者主要指人员开支，与列车开行直接相关，后者通过边际成本刻画，即单位货物的各种成本，主要包括燃料消耗、机车占用时间和改编成本。

2.2.3 按照求解算法分类

编组计划优化模型都属于大规模的组合优化模型，并且问题的非线性使得求解异常困难。现代优化算法是国外常见的求解手段之一，如Martinelli等（1996）[120]采用神经网络算法，Ahuja等（2007）[114]和Marin等（1996）[121、122]采用邻域搜索算法，Huntley等（1995）[126]采用模拟退火算法，Gorman（1998）[127]采用遗传算法，Masoud等（2011）[115]采用蚁群算法等。

除此之外，还有更加巧妙的处理思路，值得借鉴。

其一是，采用Lagrangian松弛技术。松弛一些难约束并以惩罚的形式添加到目标函数，一般为能力约束或者约束数量较多的约束族，从而根据决策变量类别将原问题的目标函数和约束条件分解为规模较小的若干子问题[130、131]。如文献[113]松弛决策变量间的关联约束后将原问题分解为多商品网络流优化子问题FLOW和编组去向优化子问题BLOCK；文献[116]松弛列车输送能力约束将原题分解为确定货物需求的最优分布和列车频率两个子问题；文献[117]松弛整数型的机车分配变量从而将原问题（General Problem，GP）分解为机车分配优化的子问题GPI和重空车分配优化的子问题GPR；文献[119]采用对偶策略松弛原问题（Railroad Operating Plan Problem，RROP）的列车输送能力、编组去向数目和货物运输时限限制三类约束条件后，分解为车流分配优化子问题CAR和列车开行种类和数量优化子问题TRAIN；文献[123]松弛区间通过能力约束并按照编组去向进行分解。

其二是，对于包含两种及其以上不同性质或者类别决策变量的综合优化问题，例如同时优化车流与径路，或者车流与列流等，首先给定其中一种变量的可行方案，作为上层或者外层；然后求解原问题，从而确定另外一类变量在该条件下的最优作为下层或者内层；最后将下层的结果代入上层，并继续优化。子问题之间相互关联互为条件，分别求解集成获得原问题的下界（针对最小化问题），同时改造不可行解获得原问题的上界，以上下界作为启发式信息在子问题间依次迭代直至逼近最优解。而且，上下界也能评价满意解的质量，这也是该类处理方法可靠性的保证。如，文献[121]将铁路货物运输设计模型（Rail Freight Transportation Design Model，RFTDM）分解为径路车流量优化模型 RM（也等价于车流最优径路选择）和调整列车频率模型 GM；文献[127]将模型分解为确定列车运行方案 Train-scheduling Problem 和需求流量分配 Demand-flow Problem 两个子问题。

其三是，采用诸如 Danzig-Wolfe 分解、Bender 分解等技术，如文献[23][112]等。Danzig-Wolfe 将原问题变换为等价且具有较少约束条件的主问题（Master Problem）和若干相互独立子问题[132-134]。前者求解可采用列生成算法（Column Generation）[135]；后者对应原问题的简单约束（系数矩阵中呈分块的部分约束）且规模一般较小。Benders 分解是另一种常用分解算法，主要思想是固定原问题中的复杂变量（如整数型）得到 Auxiliary Problems；固定变量的结果来自 Master Problems，该问题仅含原问题的部分约束和决策变量，由于结构简单使得求解相对较为容易[136、137]。这两种方法，通过分解降低原问题的复杂程度，分解的子问题之间的结果相互迭代，直至通过最优性检验。

2.3 国内外研究评述

总的来说，国内外学者都以本国的铁路网系统和各自的运输组织模式为背景，对编组计划问题做了深入的研究，其思路和方法各有所长，各具特点，概括如下。

1. 编组计划的编制流程

编组计划的编制都具有分阶段特点，但是却又有区别。国外是从问题的逻辑上进行分层：一般先生成编组去向方案，确定每个车站的编组去向和每支车流的径路和接续方案。然后确定列车运行方案，包括列车的径路、开行数量以及编组去向分配方案 BTA，其中 BTA 确定了列车的编组内容。最后确定列车营运方案，以前两者为基础，安排列车运行的始发终到时刻等调度问题，实现编组计划与列车运行图之间的衔接和协调。而国内则是根据车流的性质在编组计划的内容上进行分阶段考虑：先确定装车地直达和空车直达列车编组计划，未被其吸收的直达车流向就近的技术站集中，然后编制技术站列车编组计划，最后对剩余的车流再确定区段管内列车编组计划。处理方式存在差异主要是由于管理体制的不同。国外铁路多为公司性质，而我国铁路以国家铁路为主，目前沿用国家铁路集团公司、铁路局、站段三级和区域分割的管理体制。

2. 编组计划的构成内容

国外的列车并不区分装车地直达和技术直达，列车编组内容以编组去向（车流组号）为单元，每列车允许挂有多个组号，在组号到达其终到站前，整个组号的编组内容不会发生变化，这与我国的分组列车相同。但是在模型中没有体现换挂车组（部分改编）与改编费用消耗的差别。我国的编组计划优化过程中，一般不涉及开行列车数量，而是在其内容编制完后的确定与检查阶段，根据吸收的车流量和列车编成辆数计算。另外，我国编组计划也不涉及时刻表，另由列车运行图确定。其中，编组计划中确定的列流、运行径路、行车量等信息以及相关作业时间标准都是列车运行图编制的条件和参数。

国外研究列车营运方案时，考虑了列车调度问题，以此为基础周期循环，有些类似我国的基本运行图。根据其研究时间范围，调度方案有 Daily Problem 和 Weekly Problem 之分，其中后者一般研究 1~2 周的时间，称之为 Schedule Length 或者 Planning Horizon，前者结果的简单复制是后者的特殊方案（不一定最优甚至可行），相比于前者，后者的规模更大也更复杂。同时由于时间维的引入，能够方便刻画重空状态转换以及列车接续等组织过程，使得车流和列流成为名副其实的动态流。为了

第 2 章　国内外研究现状

解决该问题，国外学者借鉴了动态交通分配中的离散时间时空网络法构建时空网络[117,123]，其中节点为扩展物理网络中的每个节点为 IN 和 OUT 的节点（分别对应接发列车）并在时间轴上复制，弧代表了列车径路运行、始发终到，以及货车在站的改编和停留（待解待编等延迟）。

列车编组条件也是铁路运营的一项内容，我国有定点发车和定编发车模式，国外分别称之 Schedule-based 与 Tonnage-based，文献[124][125]又分别称之为 Scheduled 和 Demand-driven。其中，定编策略是以规定的列车编成辆数（列车长度或者重量标准）作为车列集结结束的条件，其出发时刻以及运行线的选择允许有一定的波动；而定点策略以运行图指导车站工作[138,139]。两者在运输组织方式上的不同，决定了其在服务水平方面存在差异，定点策略由于严格执行运行图从而容易保证货物时限要求，如我国开行的五定班列就为快捷货物运输提供了准时可靠的服务。在国外研究中，Ahuja 等（2005）[140]阐述了两种策略的利弊；Ireland 等（2004）[141]介绍了 Canadian Pacific Railway 采用 Schedule-based 策略在劳动生产率、机车燃料节省和生产率、货车周转提高等方面获得比较显著的效益；Papola 等（2009）[142]基于货主需求和铁路运营成本综合权衡提出 Hierarchical Hybrids of Tonnage and Schedule-based Approaches。

3. 编组计划的建模方法

在 TFP 建模方面，国外主要是以编组去向网络为基础建立带有能力限制的多商品网络流模型（Capacitated Multicommodity Network Design，CMND）[143-146]，其中网络的节点为铁路车站（主要是技术站），可能的编组去向为弧。这也同我国的网络模型思想不谋而合。另外，国内 TFP 研究的另一大分支还以每支车流的组织方案（直达或者改编）为决策变量，设为整数型变量，更多的是设为 0-1 型变量。不过，国内外都曾出现以数学规划模型进行建模的思路，具体从目标函数和约束条件两个方面分析。

2.2 节的叙述中，国外主要以成本费用最小为目标函数。而国内的目标函数比较统一，基本都选用车流的时间消耗，以始发站的集结消耗和途中改编相对于无改编通过的额外消耗进行描述。消耗都以车小时进行度量，这与我国铁路运输能力较为紧张的实际背景有关。车小时消耗反映了在固定设备能力限制的前提条件下，移动设备的利用或者占用情况。而国外铁路以运输企业为主体，更关心成本效益。对比较明显的是，国外没有集结消耗（与车流量无关），取而代之的是延误费用，但与车流量有关，车流量越大，每车的延迟费用越少。编成一个编组去向的代价与其车流量正相关。国内外的大量文献的模型都具有非线性特点，但造成的原因却有不同。国外主要由于目标函数刻画费用，如采用二次形式的凸函数或者分段函数；国内则主要是由于车流接续归并引入的高次项造成，以及在刻画车流集结占用股道数与车流强度[50]以及改编费用与改编作业负荷[51]的关系时，都采用分段函数描述。

国外针对不同的研究对象，考虑约束条件也不全相同，但一般都要考虑编组去向能力约束（类似于我国的调车线长度约束）、编组去向数量约束（类似于我国的调车线数量约束）、车站的改编能力约束、线路通过能力约束（径路选择模型）。与我国差别比较大的是，国外研究基本上不要求车流的接续归并，目前仅发现文献[110][118]考虑这一因素，并将其称为"Pure Strategy"，具体可参见文献[110]中的相关叙述："every railcar originating or reblocked at yard i and destined for yard k must travel in a block to the same next reblocking yard"。

2.4 本章小结

本章首先从研究对象、建模方法、求解算法等方面分别介绍了国内外货物列车编组计划的研究现状。然后在此基础上，对比并评述了国内外编组计划在编制流程、构成内容和建模方法三个方面的特点。

第 3 章　分组列车组织特征分析

分组列车是相对单组列车而言的另一种车流组织形式。根据国内编组计划研究现状的分析，目前车流组织的理论研究还主要集中于单组列车，而分组列车相对较少。车流组织的实践过程中，分组列车也主要在牵引定数递减情形以及集装箱五定班列中有过采用，并不广泛。因此，在理论和实践方面，对于分组列车的介绍还不够系统，甚至还比较缺乏。本章将着重对分组列车基本组织特征进行分析，旨在揭示其一般规律。

3.1　车流组织概述

3.1.1　车流组织含义

铁路行车组织是对铁路客货运输实行的一整套运营管理方法，对运营实践起着重要的指导作用。铁路行车组织的主要内容包括客货流组织、车站及枢纽工作组织、车流组织、列车运行图、运输生产计划组织以及运输调度组织等。其中，车流组织主要是针对货物运输而言，规定了车流由产生地向目的地运送的组织制度，货物列车编组计划是其具体体现。

从货运的角度来看，铁路运输业为其货物运输需求所提供的产品是货物的位移。某地区的货物向其他地区或者某一方向的流动，形象地被称为货流[40]。货流具有多维的属性：其一是空间分布（Original-Destination，OD）属性，OD 也在一定程度上反映了货物流动的距离，还与径路有关；其二是数量属性，也被称为流量，直接影响车流量；其三是内容属性，如我国铁路货物运输按照品名共分为 28 个大类[147]，属性相同的称为同质性（Homogeneous），不同的称为异质性（Heterogeneous）；其四是服务属性，具体量化指标有货流的流时和流速，如高附加值的快捷货物和普通大宗货物就具有不同的要求，托运人对价格的承受能力也不同，需要区别对待。不同货流在这四种属性表现上具有一定的差异。在国外研究中，将每一种货流称为一件 Commodity，铁路网络上同时运输多种货物，其优化问题也就被称为 Multi-Commodity 问题。

货流的位移，必须借助货车这种载体才能实现。于是，将具有一定去向的车辆集合称为车流[40]。货物装上货车由装车站向卸车站输送形成了重车流，反之就构成了空车流。处于运用状态中的重空车都具有一定的去向，其中空车有排空方向。不同于公路运输，铁路车流必须以车列的形式进行组织输送。因此列车是铁路运输生产的基本单元。进一步地，将具有一定去向的列车集合称为列车流，简称为列流[40]。车流和列流，都是伴随货物在运输组织过程中产生的两种不同形式。

因此基于上述概念，车流组织可概括为将车流组织成列流的方法，相应地将车流组织成列流的方案被称为编组方案。

3.1.2 车流组织内容

车流组织是铁路行车组织的一项重要内容，主要包括车流运行径路的选择、编组计划的制定。值得注意的是，以车流为对象的行车组织工作还包括日常车流的推算与控制[36]，也称车流调整，是运输调度工作的内容之一。根据 Assad（1980）[23]对铁路系统规划层次的划分，车流组织可归结为战术层规划，而车流调整一般属于日常运营层规划。

车流运行径路，也简称为车流径路，是指车流由始发站运送至终到站所经由的路线。现行车流径路通常包括最短径路、特定径路和迂回径路三种。为了尽快将货物送达，一般应选择物理路程最短的径路，或运输时间最少的径路，或运输费用最小的径路，概括为最短径路。最短径路一般也意味着经济的合理。由于路网中某些线路或者区段的通过能力不足或者其他诸如冷藏车的加油加冰、超限货物特殊需要等，部分车流需经由指定的路线，也即是特定径路。迂回径路又是指由于某些线路运营条件的临时变化而采取的一些径路。三者在地位和性质上有所差别，其中最短径路作为基本部分，特定径路作为补充，二者都属于正常径路，迂回径路是非正常径路。

第 3 章　分组列车组织特征分析

货物列车编组计划，是车流组织的基础技术文件，是货物运输计划和列车运行图之间联系的桥梁。通过确定直达列车开行方案和车流改编方案，编组计划统一安排了全路重空车流的编组方案。编组计划主要包括装车地直达列车编组计划、空车直达列车编组计划、技术站列车编组计划和区段管内列车开行计划，其中技术站列车编组计划是其核心。编组计划具体规定了货运站、编组站、区段站等编组货物列车的发站、到站、列车种类、编组内容、车流编挂方式（编组要求）和车次。在编组计划的梳理下，路网上交错分布的各种车流，合理有序地组织到各种不同到站和种类的列车中去。因此，编组计划在铁路运输组织工作中具有十分重要的作用，如保证优质服务、加速车辆周转、加快货物送达、联系货运计划和运行图、疏导车流以保障畅通等。

因此，车流组织的优化内容也将涉及两个方面的内容：其一是车流径路问题优化（Car Routing Problem，CRP）；其二是货物列车编组计划优化。

3.1.3　车流组织方案

将路网上的车流组织成列流的方案很多。在众多编组方案中，有两种简单而又特殊的方案，具有一定的代表性。其一是，对所有的车流，不管其车流量大小，全都在装（卸）车站组织始发直达列车（空车直达列车）。与此相反，另一个方案是，对所有的车流，不管其流程的远近，全部都组织摘挂列车和区段列车，向前逐段推进直至终点站。第一种方案完全按照发到站编组列车，可以压缩途中的中转停留时间，但对于流量较小的车流的集结费用，将很可观，且不满足车站的调车线数约束；第二种方案的集结耗费不大，但途中逢技术站就改编会导致运输时间延长，对于大多数车站来说，其改编能力也很难满足。显然这两个极端方案都不是最佳方案甚至可行方案。

最佳方案，是指在满足物理网络（车站和线路）的各种资源（设备和能力）的约束下，使得总耗费最少的方案。最佳方案应该根据各支车流的流量和流程特征，车流之间相互配合，同时结合车站和线路条件，合理组织车流的直达方案和改编方案。

路网上编组方案数量非常庞大,从中获得最佳方案相当于求解大规模组合优化问题[40]。由于以下三方面的原因,该问题求解非常困难。

其一是,广泛分布的货流必然导致车流数目众多并且车流量大小也不一,从而具有复杂的车流结构。

其二是,以铁路车站为点、以线路或者区段为边构成的铁路网不仅规模大,而且由于线路之间纵横交错,呈现复杂的网络结构,从而车流可能的运行径路有多条。

其三是,车流和路网两个因素的耦合。各种车流以路网为媒介共同分享车站和线路的能力,不仅同一车站的各支车流在编组条件上相互联系,而且终点车流之间还存在归并接续,从而使得路网上车流组织方案呈现较强的整体关联性。

3.1.4 我国车流组织经验

尽管路网编组方案的解决异常困难,我国的车流组织工作还是富有成效的。铁路运输管理人员以及科技工作者们,根据我国铁路行车组织的实际背景,经过长期不懈的实践和探索,积累了大量宝贵的经验。这些经验主要包含编组计划和车流径路两方面[32-40],分别概述如下:

(1)在大量装车的车站或地区,尽量组织直达列车,减少技术站的改编工作量。

(2)在大量卸车的车站或地区,尽量组织空车直达列车,向装车地排空保证装车。

(3)合理确定技术直达列车、直通列车和区段列车,以及其编组要求(单组还是分组),最大限度地减少途中改编次数,合理分配各技术站的改编作业任务,从而充分发挥各个车站技术设备的效能。

(4)合理确定摘挂列车、重点摘挂列车、小运转列车和整列短途列车等各种形式,尽可能加快区段管内和枢纽地区车流的集散,加速车辆周转。

(5)根据运输距离、运输时间和运输费用等因素合理规定车流径路,充分利用各线路区段的通过能力,减轻繁忙干线的压力。

3.2 分组列车基本特征分析

3.2.1 分组列车技术作业特点

分组列车是相对单组列车而言的另一种技术站间车流组织形式。与单组列车不同，分组列车是由两个以上到站远近不同的车组所构成，其中到达列车终到站及其以远的车组称为基本车组，到达终到站以近（沿途技术站）的近程车组称为补轴车组。基本车组在现场通常也称为"基本组"，本书仍使用这一名词。同时为统一起见，将补轴车组称为"补轴组"。分组列车的编组方案以及编组内容，如表 3-1 所示。

表 3-1 分组列车编组方案

序号	编成站	换挂站	终到站	编组内容	列车种类	定期车次
1	天回镇	广通	读书铺	基本组：读书铺及其以远 补轴组：广通及其以远	石油直达	85153
2	赶水	重庆西	成都北	基本组：成都北及其以远 补轴组：重庆西及其以远	始发直达	86842
3	成都北	重庆西	江村	（a）成都北编江村及其以远 2 800 t，换长 59.0 （b）重庆西编江村及其以远 4 200 t，换长 70.0	五定班列	81407/8

注：该表摘自成都铁路局 2010 年编组计划[148]；其中第三条为牵引定数不统一情形。

在编成分组列车的车站（简称编成站），基本组和补轴组分线集结后，车列编组必须分组而不能混编。在运行途中，列车到达途中换挂车组车站（简称换挂站），到达该站的补轴组被换下，同时挂上去往前方的车组。相对基本组，分组列车换下和挂上的车组都是近程车组，分别被称为编成站的补轴组和换挂站的补轴组。换挂站摘挂两个补轴组的技术作业被称为换挂作业。在换挂站，基本组连同新挂上的补轴组构成新的车列，继续运行。分组列车在途中经过一次或者几次换挂作业之后，逐渐变为单组列车。在到达列车终到站后，列车最终解体。

需要补充的是，为了减轻终到站的解体作业负荷，也存在对车辆分组选编的单组列车。即使形式分组，但列车在途中并无换挂作业，到达终到站即行解体[32]。另外，编成站的补轴组到达换挂站后，该部分货车并不一定进行解体作业。例如，该补轴组并非终到至该换挂站，而是要换挂到其他列车（分组列车）继续运行，如图 3-1 所示。

在图 3-1 中，N_{AC}、N_{AD}、N_{BC}、N_{BD} 分别为 $A \to C$、$A \to D$、$B \to C$、$B \to D$ 的车流。在编成站 A，开行编组内容为 $N_{AC} + N_{AD}$ 的分组列车，终到 C。在编成站 B，开行编组内容为 $N_{BD} + N_{BC}$ 的分组列车，终到 D。两分组列车在 E 交叉换挂，换挂后的列车编组内容变为 $N_{AC} + N_{BC}$，$N_{BD} + N_{AD}$。换挂后两列车都成为单组列车，即将列车中的货车选编成组。显然，两个补轴组在换挂站都没有进行解体作业。

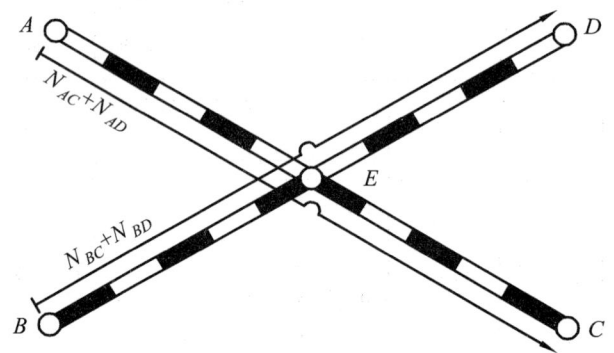

图 3-1　分组列车之间交叉换挂

3.2.2　分组列车技术作业流程

根据技术作业范畴的不同，技术站办理的货物列车一般可以分为四类，其种类、技术作业区域作业内容，详见表 3-2。表中的四种列车中，到达解体列车和自编始发列车合称为改编列车，涵盖直达、直通、区段、摘挂、小运转等种类，主要集中于编组站办理，区段站较少。无改编中转列车和部分改编中转列车合称为中转列车，主要又涵盖区段、摘挂、小运转种类[149]。

第3章 分组列车组织特征分析

表 3-2 技术站货物列车种类及主要技术作业

列车种类	技术作业内容	技术作业区域
到达解体列车	解体作业	编组站的驼峰 区段站的驼峰或牵出线
自编始发列车	编组作业	编组站的峰尾牵出线 区段站的驼峰或牵出线
无改编中转列车	到发技术作业	编组站的直通场 区段站的到发场或出发场
部分改编中转列车	变更列车重量和运行方向、换挂车组的调车作业	编组站的直通场 区段站的到发场或出发场

根据其技术作业特点分析，分组列车在编成站、换挂站、途中非换挂站和终到站的列车性质和作业流程都将有所不同。以下分别阐述之。

1. 编成站技术作业流程

分组列车的车流在编成站的技术作业主要是编组作业，故列车属于以上分类中的自编始发列车。参照后者的作业过程[40]，给出分组列车在编成站的技术作业流程，如表3-3所示。

表 3-3 分组列车编成站技术作业流程[40]

序号	作业项目	作业时间/min 0	5	10	15	20	25	30	35	40	45	50
1	检车员、车号员、货查员出动											
2	车辆技术检修							25				
3	货运检查及整理				18							
4	车号员核对现车				16							
5	列尾装置技术作业				10							
6	司机交接票据和接收列车					20						
7	挂机车和试风							7				
8	准备发车及发车							13				
	作业总占用时间							33				

2. 换挂站技术作业流程

分组列车在换挂站（可能不只一个）的技术作业，除了到达和出发作业，主要为摘挂车组作业。列车在到发线上行进行到达技术作业，调车机车摘下到达本站的补轴组同时挂上已编好车组，完成出发作业后最终离开本站。对于区段站，一般在其到发线上直接进行，而如果是含有直通场的编组站，也可方便进行。调车作业一般都采用坐编形式。根据以上列车分类结果，分组列车的性质又为部分改编中转，其技术作业流程如表 3-4 所示。由该表可知，换挂车组的调车作业可与技检以及挂机车试风两个环节同时进行。而且调车作业时间并不长，车辆技术检修占用时间最长。显然，后者才是关键环节。

表 3-4 分组列车换挂站技术作业流程[40]

序号	作业项目	作业时间/min										
		0	5	10	15	20	25	30	35	40	45	50
1	检车员、车号员、货检员出动	▬										
2	车辆技术检修(试风及摘机车)		━━━━━━━━━━━━━ 35 ━━━━━━━━━━━━━										
3	货运检查及整理		━━━━━━━ 25 ━━━━━━━										
4	车组换挂的调车作业								10				
5	司机接收票据和列车				━━━━━ 25 ━━━━━								
6	车号员核对现车			━━━ 15 ━━━									
7	列尾装置技术作业				━━ 10 ━━								
8	挂机车和试风								━━ 10 ━━				
9	准备发车及发车									━ 6 ━			
	作业总占用时间									46			

3. 途中非换挂站（技术站）技术作业流程

除了换挂站，分组列车在途经的其他技术站（如果有的话，不包括编成站和终到站），不涉及调车作业，因此列车性质为无改编中转。参照其技术作业过程[40]，给出分组列车在途中非换挂技术站的作业流程，如表 3-5 所示。对比表 3-4 和表 3-5 可发现，在非换挂站，分组

第3章 分组列车组织特征分析

列车将到达作业和出发作业结合起来进行,并且在票据交接和摘挂机车等方面作业较为简便,因而总作业时间较少;而在换挂站,分组列车增加了换挂车组作业,该环节影响了后续的挂机车及试风、准备发车及发车两个进程。因此,分组列车在换挂站的停留时间稍长于非换挂站。

表 3-5 无改编中转列车技术作业过程[40]

序号	作业项目	作业时间/min										
		0	5	10	15	20	25	30	35	40	45	50
1	检车员、车号员、货查员出动											
2	车辆技术检修(试风及摘机车)								35			
3	货运检查及整理					20						
4	交接票据和接收列车					20						
5	车号员核对现车				15							
6	列尾装置技术作业			10								
7	挂机车和试风									5		
8	准备发车及发车									6		
	作业总占用时间									41		

实际中,由于长交路的采用以及相邻技术站的间距相差悬殊[53]等原因,列车在技术站可能既不进行有调也不进行无调,而是直接从车站正线通过。在组织方法和设备作业条件允许的情况下,该方式可以简化中转作业流程,缩短中转作业时间[150]。本书将不对此深入研究。

4. 终到站技术作业流程

在终到站,分组列车上的货车完全是到达该站或者及其以远的车流,它们主要进行解体作业。因此,分组列车(已经是单组列车)又属于到达解体列车。参照其作业过程[40],给出分组列车在终到站的技术作业流程,如表 3-6 所示。

表 3-6　分组列车终到站技术作业流程[40]

序号	作业项目	作业时间/min 0	5	10	15	20	25	30	35	40	45	50
1	检车员、车号员、货查员出动	—										
2	车辆技术检修								35			
3	货运检查及整理					20						
4	车号员核对现车				15							
5	列尾装置技术作业			10								
6	司机与车号员交接票据			10								
7	准备解体							10				
	作业总占用时间								35			

综上分析，分组列车的技术作业与单组列车既有相似也有区别，总结起来如表 3-7 所示。二者主要区别表现在，在列车运行途中的任意技术站（不包括列车始发站和终到站），分组列车要么无改编通过要么部分改编中转，而单组列车都是无改编通过。

表 3-7　分组与单组形式的列车性质比较

列车形式	列车始发站	途中技术站	列车终到站
单组列车	自编始发列车	无改编中转列车	到达解体列车
分组列车	自编始发列车	无改编中转列车或部分改编中转列车	到达解体列车

3.2.3　分组列车货车构成

列车需要进行的技术作业由货车的性质所决定。概括起来，铁路货车大致可以分为无调中转车、有调中转车和货物作业车[40]三类：

（1）无调中转车：随无改编中转列车或部分改编中转列车到达，在车站的到达场或出发场或直通场进行到发技术作业后，再随原列车继续运行。

（2）有调中转车：随到达解体列车或部分改编中转列车到达，在技

第3章 分组列车组织特征分析

术站进行到达作业、解体作业、集结过程、编组作业、出发作业之后,再随自编始发列车或其他部分改编中转列车继续运行。

(3)货物作业车,也称本站作业车:随到达解体列车或部分改编中转列车到达,除要办理有调中转车的技术作业之外,还需完成货物装卸和取送作业。

根据以上分类,不同种类列车的货车性质也有所区别。

(1)到达解体列车:对于该到达站来说,都为单组列车,且随列车到达的货车都为有调中转车或货物作业车。前者仅在本站进行有调作业,后者还需要进行相应的取送和装卸作业。

(2)自编始发列车:对于该出发站来说,单组和分组列车皆有可能,且随列车出发的货车为有调中转车或货物作业车,它们来自本站的到达解体列车或部分改编中转列车(如补轴组中并非终到本站的车流)。

(3)无改编中转列车:对于该中转的技术站来说,可能是单组列车也可能是分组列车,货车全部都为该站的无调中转车。

(4)部分改编中转列车:对于换挂站来说,基本组不需要进行改编作业,编组内容不会发生变化,因此属于无调中转车。补轴组存在两种情形,如果是终到换挂站以远,那么该部分货车需要进行改编作业,例如小运转列车、摘挂列车,相应地其性质为有调中转车;否则为本站货物作业车。也即是说,分组列车的货车同时包含无调中转和有调中转两类货车;而单组列车的货车性质较为单一,只含有其中之一。因此,分组列车和单组列车的车辆构成有着显著的区别。

3.2.4 分组列车利弊分析

相比单组列车,分组列车具有如下优势。

其一是能够减少货车在编成站的集结占用时间。目前我国货物列车大多都以满轴作为集结结束的标志。因此,相比单独集结单组列流,基本组和补轴组的车流集结都不需达到列车编成辆数就能够提前结束,压缩了集结占用时间,较易实现准点。

其二是较易实现满轴。为了及时集散编组站或枢纽地区的车流以及为快运货物列车服务,摘挂列车和小运转列车常都采用定点出发策略。

相比单组列车，分组列车的车流来源更广，在满足准点的同时还容易实现满轴，不违编提高列车运送货物重量，随之也就提高了机车和线路能力利用。

其三是提高列车的旅行速度。这一条也可以认为是伴随满轴的潜在效应。在运输需求一定的条件下，分组列车有效提高了列车的牵引重量，同时这也意味着行车量的减少，对于单线情形，势必能减少列车之间交会和越行的干扰，从而提高列车旅行速度。

其四是减轻沿途技术站的调车工作负荷。相对于两支车流开行一个到达站的方案而言，也即 3.2.6 节中的衔接式分组列车，如图 3-4（b）所示，开行分组列车使得原来某些单组列车终到站变成了车组换挂站。由此，整个列车改编作业变成了仅对补轴车组进行摘挂作业（部分改编作业），调车作业内容简化，同时调车作业量也有减少。这自然也为车站工作创造了有利环境。

其五是加速远程车流的输送。如果采用单组形式，远程车流将在列车终到站进行有调中转作业；但是如果采用衔接式分组形式，远程车流到达换挂站将进行无调中转作业，停留时间就会随之大大减少。这有益于改善服务质量，提高运输的可靠性。

在两种发车模式中，定编策略能够保证满轴，列车平均牵引质量较高；定点策略能够保证正点，使得列车运行具有良好的秩序。当前关于小车流的组织过程中，不论是以单组形式的直达方案还是改编方案，定编和定点策略很难调和。通过以上分析，分组列车在某种程度上却能够兼顾定点和定编，从而获得这两方面的效益，同时也提高了编组计划的执行质量。因此，分组列车形式可为该情形的车流组织提供有益的参考。本书将在第 5.2 节对分组列车开行适用条件详细进行讨论。

尽管具有以上诸多优势，分组列车也并非百利而无一害，其不足主要表现在：分组列车的组织条件具有较高的要求，将在下一节详细论述。另外，合并式分组列车[见图 3-4（a）所示]相对于无改编通过的单组列车方案，远程车流在途中会因为进行换挂作业而停留，这会延缓货物送达时间。

值得注意的是，两种列车组织形式的利弊分析表明，相对不同的比较对象（单组列车方案），各种分组列车方案（如合并式与衔接式）的优势和劣势会有不同，甚至结论完全相反。因此，二者的比较与分析的角度有关，具有相对性。

综上分析，分组列车有利有弊，既有不足也有单组列车不可替代的优势。那么，两种形式如何相互配合扬长避短，共同为车流组织服务，就非常有研究价值。

3.2.5 分组列车组织条件分析

分组列车上述优势的实现依赖于一定的条件和因素，主要包括以下几个方面。

（1）车流条件：换挂站的补轴车流稳定可靠，以防止列车欠轴运行甚至提前解体。

（2）编成站的设备条件：相比单组列车方案，衔接式分组列车的基本组和补轴组在编成站分线集结，需要占用较多的调车线路。同时，列车编挂的车流必须分组而不能混编，必然也要求车流去向分得更细，无疑将增加解体工作量，从而在解体和编组两方面都额外增加调车机车的负荷，故编成站还需要具有较大的改编能力。因此，编成站主要选取为编组站，也可能涉及区段站，但一般不包括中间站。

（3）换挂站的设备条件：一方面，纵列式站型布置且无直通场的编组站，将不利于开展换挂作业，应尽量避免。另一方面，换挂作业虽是部分改编，但仍需要一定的技术设备，如调车机车，才能完成其必要的作业。因此，换挂站一般选取为有直通场的编组站、区段站，以及规模较大、技术设备较先进的中间站。

（4）组织要求：换挂站要及时准备好加挂车组，保证列车在站停留时间内完成换挂车组作业和其他相关技术作业。

（5）技术要求：分组列车需要准确的预确报（列车编组顺序表，也简称运统1）和良好的列车运行秩序。

由以上分析可知，分组列车对编成站和换挂站的组织条件具有各自不同的要求，这主要源自列车相关技术作业的内容决定。因此，具有较高编组质量的分组列车，能够更加充分地发挥编组计划在路网车站分工的重要作用。

3.2.6 分组列车形式分类

依据不同的角度，分组列车形式存在各种不同的分类结果。

（1）按照基本组和补轴组的重量是否固定可分为：固定车组重量分组列车和不固定车组重量分组列车，如图 3-2 所示。在本书中，固定重量都以车辆数进行描述。

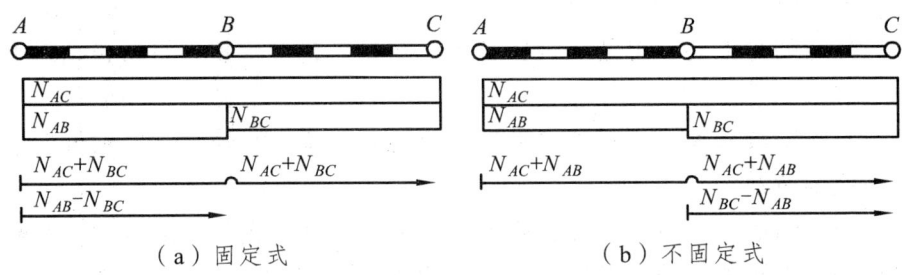

（a）固定式　　　　　　　　　（b）不固定式

图 3-2　固定式和不固定式分组列车

图 3-2（a）中，编成站的补轴车流 N_{AB} 和换挂站的补轴车流 N_{BC}，有大小关系 $N_{AB} \geqslant N_{BC}$ 时，即方向上车流量递减，采用固定式。编成站多出的补轴车流 $N_{AB} - N_{BC}$ 开行单组列车。反之，采用不固定形式，且换挂站多出的补轴车流 $N_{BC} - N_{AB}$ 也开行单组列车，如图 3-2（b）所示。

固定重量形式的采用，主要是为了避免基本组在换挂站等待补轴组集结而产生延误，或因无车流补轴而提前解体。这种分类方式，在许多介绍分组列车的资料中经常采用。本书 4.2 节中的集结过程解构模型，就是针对这种类型。

（2）按照列车中车组数目的多少可分为：双组列车及其多组（两组以上）列车。基本组和补轴组之间的等待消耗，将随着车组数的增多而增大，故分组列车的组数不宜太多。另外，由于调车线数不足等其他原因，三个组的分组列车在我国实际中很少采用。因此，如没有特别说明，本书研究的分组列车均采用两组形式。

（3）按照列车运行距离远近可分为：直达分组列车、直通分组列车、

第3章 分组列车组织特征分析

区段分组列车、小运转分组列车等。

区段分组列车如图3-3(a)所示。在编成站，车流按照换挂站(区段站)选编成组，各组的编组顺序不一定符合换挂的先后顺序。各个换挂站，摘下到达该站的补轴组，并挂上去往前方的车组，并且新挂上的各车组与列车上原有的相应车组编挂在一起。因此，编成站以及邻近编成站的换挂站，如A和B，挑选车组的工作都将非常繁重。

直通分组列车如图3-3(b)所示，在到达其最后换挂站D之前(分组列车共有3个换挂站)，列车始终保持两个组，即双组列车。其中，远程车组为到达列车终到站及其以远的车流，近程车组为到达前方区段站及其以远的车流，并且补轴组内部的车流不需要按照到站成组选编，可以混编，补轴车流的改编工作交由相应前方区段站来完成。例如，在编成站A，N_{AB}、N_{AC}和N_{AD}都充当了分组列车的补轴车流，它们要与基本组车流N_{AE}分组选编，但是这三支车流可以混编。

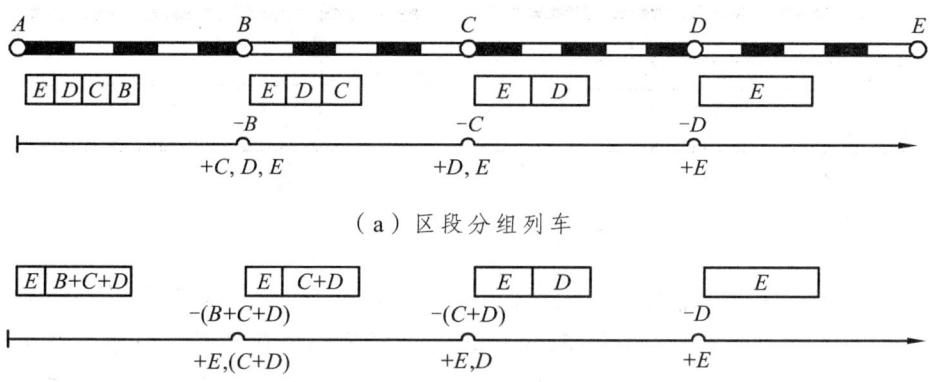

注：图中B、C、D均为区段站，A、E为编组站。

图3-3 区段分组列车和直通分组列车

根据以上区段和直通形式组织特点的介绍，后者在换挂站的技术作业相对简单，各换挂站不必为过细的车流集结划出较多的调车线，因而较易被采用。但其缺点是，直通形式的补轴车流在沿途各区段站经多次改编，因此可能延缓车流输送。如图3-3(b)中，分组列车到达换挂站B后，补轴车流摘下并解体，其中N_{AC}、N_{AD}与该站车流N_{BC}、N_{BD}一

起再构成换挂站 B 的补轴车流。换挂站 C 类似。N_{AD} 到达终点站共需 2 次改编。

（4）按照途中换挂次数多少可分为：一次换挂分组列车和多次换挂分组列车。例如，区段分组列车和直通分组列车都属于多次换挂型，在其开行区段内依次换挂，逐段补轴。显然，换挂次数与列车中的车组数目有关，但这并不是唯一因素。即使是双组列车，列车的换挂次数也并非仅仅一次，如图 3-3（b）中的直通分组列车就换挂了 3 次。对于分组列车的合理换挂次数，本书将在 6.4 节专门进行讨论。

（5）按照代替单组列车而产生的不同方式可分为：合并式分组列车和衔接式分组列车。前者合并两支或多支单组列流为一支分组列流，如图 3-4（a）所示；后者连接两支或多支单组列流为一支分组列流，图 3-4（b）所示。

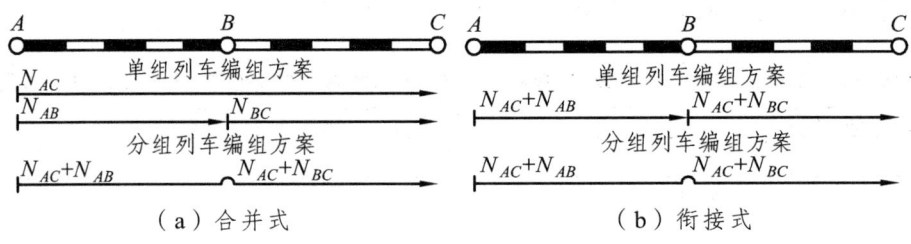

图 3-4　合并式和衔接式分组列车

当短程车流 N_{AB} 和 N_{BC} 的车流量都不大时，可以考虑合并类型；而当远程车流 $A \rightarrow C$ 的车流量较大时，又可以考虑衔接类型。在这两种情形中，分组列车代替单组列车，都能够减少原来编组方案中列车到达站数目。代替是否确实有利，应通过技术经济的比较确定。

3.3　本章小结

分组列车是我国车流组织中采用的一种列车组织形式。本章首先对车流组织的含义、内容、组织方案以及我国的车流组织经验进行概述，然后重点分析了分组列车的基本特征，包括技术作业特点，编成站、换挂站和终到站的作业流程，货车构成，利弊分析，组织条件分析以及各

第 3 章　分组列车组织特征分析

种组织形式分类。同时，也与另一种列车组织形式——单组列车进行了相应的对比。

　　通过本章的分析，分组与单组两种列车组织形式之间的主要差异，总结为如下三个方面：

　　（1）技术作业流程方面：在列车运行途中的任意一个车站（不包括列车始发站和终到站），分组列车要么无改编通过要么部分改编中转，而单组列车都无改编通过。

　　（2）货车构成方面：分组列车可以同时包含有调中转和无调中转两类性质不同的货车，而对于单组列车，要么是有调中转车和货物作业车，要么全部都为无调中转车，其货车构成相对简单。

　　（3）小车流的组织效果方面：分组列车在某种程度上能够兼顾定点和定编，同时保证正点和满轴，而对于单组列车，不论是直达方案还是改编方案，定编和定点策略很难调和。

第4章　分组列车集结特性研究

货车集结过程的占用时间构成其在站停留的主要部分，其耗费是编组计划优化的重要参数，对其规律研究具有现实意义。为了充分利用运输能力，目前我国主要采用组织型行车组织模式[151]。在该模式下，除少数列车可欠轴外，大部分列车必须达到满轴。尽管日班计划已经根据基本运行图确定了列车的出发时刻，但由于满轴要求绝对、时间要求相对[152]，从而使得列车运行秩序不稳定以及货物运到期限不能保证。因此，集结规律的研究具有重要的现实意义。

不同的列车组织形式具有各自不同的组织特征，在集结特性方面也有不同的表现。对于分组列车，不论是固定形式还是不固定形式，其车辆都不能混编而要分组选编。这就决定了分组列车的集结过程将与单组列车有所区别。为此，本章将围绕分组列车的集结特性，特别是针对其中的固定重量形式，进行定性分析和量化测度。同时这些工作也将是本书第5章分析和建模的基础。

如 3.2.5 小节和 3.2.6 小节的阐述，多组（三组及其以上）形式的分组列车需要占用编成站更多的调车线和改编能力，同时编挂多个车组也意味着要进行多次换挂，多次作业将会增加列车运行秩序的不稳定性。因此，考虑到列车编组的实际情况，以及问题的复杂性，本章及第5章所讨论的分组列车限于双组形式，但列车在途中换挂次数可能不止一次。

4.1　集结特点分析

4.1.1　集结机制分析

编组计划规定，除少数可欠轴列车外，其他均需满足列车重量达到牵引定数或列车长度达到规定换长的要求（统称满轴），才能编组开行。分组列车当然不能例外。不仅如此，对于固定重量形式，基本组和补轴

第 4 章　分组列车集结特性研究

组还必须达到分别规定的重量。不论采用何种列车组织形式，都存在先到的货车（有调中转车和货物作业车）等待后到凑齐满轴的现象。这个现象持续的过程，称为货车集结过程[40]。在这个过程中，组成该车列的所有货车在调车线上的消耗，称为车流的集结车小时[40]。根据集结开始时刻的不同，货车集结过程存在两种形式，按调车场的集结过程和按车流的集结过程[40]。本章的研究属于前者。

分组列车的基本组和补轴组相当于列车的一个"单元"。每个车组是先后成批到达的车辆累积构成。这些车辆来源于本站货物作业车以及到达解体列车，现有文献大都称之为"车组"。为了不与基本车组、补轴车组的称呼混淆，本书另将其称为"到达批"。尽管列车、车组、到达批都是车辆的集合，但是三者在包含车辆数目和现场作业生产性质两个方面却有差别。相比车组，列车更宏观，到达批更微观。基于车组的这种过渡，分组列车的组织流程可以描述为：到达批陆续到达分别累积到一定数目后各自构成车组，然后通过编组作业将它们连挂构成车列。显然，分组列车的集结过程主要也即是车组的集结过程。

集结过程具有一般排队系统的组成和特征。其中顾客为车辆，服务机构为调车线，要求服务的内容为满轴。车辆成批到达、成批服务，排队规则为先到先服务，单组列车是单队列，分组列车为多队列（双组两队列），仅有一个服务台对应一个车列集结。但也有其特性：其一是，由于集结结束（达到满轴）瞬间完成，从而服务时间为零；其二是，集结是一个滚动循环的连续过程，满轴后剩余的车辆参与下一车列集结，如此循环。故系统的状态（集结的批次、占用时间和耗费）存在更新。

分组列车基本组和补轴组两个去向相继到达的车流分线排队等候，各自构成一个子系统，其集结机制与单组列车相比，有联系更有区别。

对于其中的不固定车组重量形式，一旦两个去向累积的车辆数之和达到列车编成辆数，车列就集结完毕。对于单组列车情形，车列的车辆仅来自一个去向，一般在一条调车线上集结。当车流量超过调车线容量时，才占用多条，显然已经达到满轴要求。这两种情形的区别在于，前者将基本组和补轴组分线集结，仅使得车流分得更细。因此，不固定车组重量分组列车的集结机制与单组列车相同，都为一个成批到达、成批瞬时服务的随机服务系统。为此，可参照文献[153]对单组列车集结过程的描述进行分析，本书不再赘述，将重心放在研究车组重量固定形式上。

在固定车组重量的分组列车中，记基本组和补轴组的车辆数分别为$m_{基}$和$m_{补}$（二者之和为列车编成辆数m）。列车从编成站出发，在沿途换挂站进行车组摘挂作业，经过若干次换挂，到达终到站。因此，分组列车的集结过程包含列车编成站和换挂站两部分。在编成站，相继到达的车辆按照基本组和补轴组两个去向分别集结，当车辆数分别达到$m_{基}$和$m_{补}$时，车列才集结结束。换挂站的集结较为简单，仅有补轴车流的集结，当车辆数达到$m_{补}$时，车列就集结结束。本章将仅针对固定重量形式在编成站的集结过程重点进行讨论。

由上所述，在编成站，固定重量形式分组列车集结结束与两个去向的进程有关。尽管一个去向的车辆累计达到规定数量，仍有可能还要继续等候，除非另一个去向的车辆数也满足相应要求。因此，固定形式的集结过程构成两个相互关联的成批到达、成批瞬时服务的随机服务系统。

4.1.2 集结特性分析

根据 4.1.1 节关于固定车组重量分组列车集结机制的分析，该类型列车在编成站的集结可分解为两个去向车流积零成组过程以及车组之间整体等候过程。对于第三部分，等候的车辆数为固定重量$m_{基}$或$m_{补}$，超出部分作为下一轮车组的初始车辆；等候的时间为两个去向各自完成集结之间的时段。这一部分也是固定形式分组列车所特有。而前两部分，车组的集结过程类似单组列车的集结过程，只不过后者集结完毕的标志为累积车辆数达到编成辆数。因而差异仅体现在集结结束条件的数量方面。

集结占用时间和集结耗费是刻画集结过程的两个常见指标。其中，前者指集结过程的持续时间；后者指集结过程中到达批的车辆数和其相应排队等候时间乘积之和，单位为车小时。这两个指标是微观上的到达批不断累积形成车列的宏观统计结果。除此之外，本书再引入一个概念——集结批次，指集结一个$m_{基}$或$m_{补}$需要的到达批数量，这也将是前两者建模的基础。图 4-1 以基本组为例说明这三个指标之间的相互关系。

第 4 章 分组列车集结特性研究

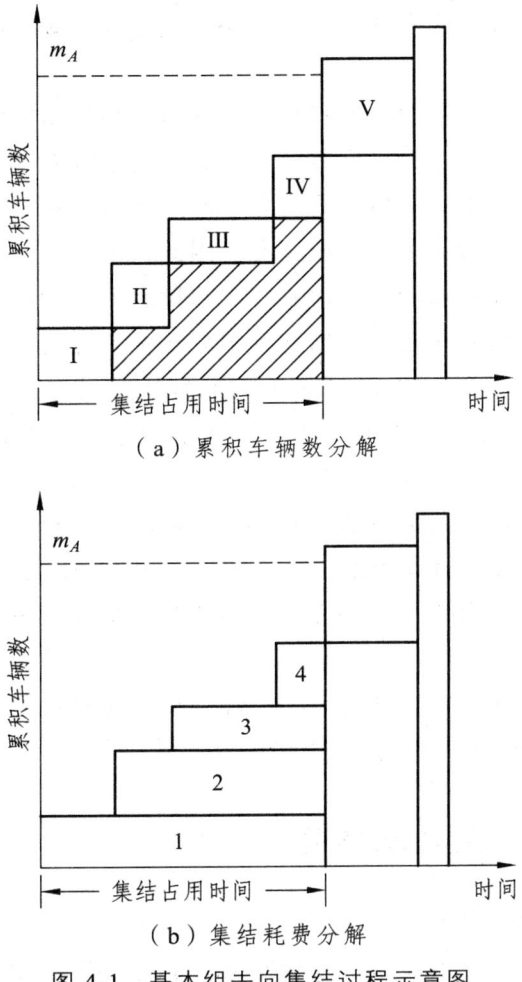

（a）累积车辆数分解

（b）集结耗费分解

图 4-1 基本组去向集结过程示意图

图 4-1（a）中，矩形 I 表示初始时刻现车，矩形 II、III、IV 和 V 都为到达批，每个矩形的高度（纵向）表示车辆数，宽度（横向）为车辆到达间隔时间。随着集结继续，累积车辆数逐渐增加，在图形上的表现为呈阶梯状上升。图中进程表明：直至第 4 批车辆（矩形 V）到达时，车辆数才累积到 $m_{基}$，即图中 5 个矩形高度之和超过 $m_{基}$。因此，基本组去向集结批次为 4，集结占用时间为前 4 个到达批的间隔时间之和。集结耗费反映了所有车辆排队等候的车小时总和，对应图 4-1（b）中 4 个

标号矩形面积之和，即图 4-1（a）中矩形 Ⅰ、Ⅱ、Ⅲ和Ⅳ以及阴影部分构成的多边形的面积。

对于固定车组重量的分组列车，基本组和补轴组在编成站的集结耗费为集结过程本身固有；尽管如此，二者之间还存在等待消耗，这是由于二者集结结束时间不一致，也应属于集结耗费。在本书中，称前者为固有集结耗费，后者为附加集结耗费。因此，固定形式在编成站的总集结耗费包括固有和附加两类，而不固定情形和单组列车仅包含前者。故固定重量形式分组列车还表现出与单组列车不一样的集结特性。

本章主要从集结批次、集结占用时间和集结耗费三个方面具体研究固定车组重量分组列车的集结特性。列车的这三项指标都与车组直接有关。

（1）列车的集结批次为基本组和补轴组两个去向集结批次之和。

（2）列车的集结时间为两个车组集结占用时间的最大者。

（3）固有耗费为两个车组排队等候花费的车小时之和，附加耗费为二者之间的相互等待的消耗。

在本节定性分析的基础上，后文将分别对这固定重量形式分组列车在编成站的集结特性进行量化。

4.2 集结过程动态描述

4.2.1 变量说明

为了方便后文关于集结过程的建模，本节将其涉及的变量集中进行说明，主要包括基本组、编成站的补轴组和换挂站的补轴组三部分。

$n_{基}^{i}$：在编成站的基本组去向，第 i 个到达批中的车辆数。

$\tau_{基}^{i}$：在编成站的基本组去向，第 i 个到达批与第 $i-1$ 个到达批之间的间隔时间，当 $i=1$ 时，$\tau_{基}^{i}$ 为从集结开始时刻至该去向第一个到达批的间隔时间。

$\sigma_{基}^{k}$：集结第 k 个 $m_{基}$ 时的初始车辆数（也称残存车），当 $k=1$ 时，$\sigma_{基}^{k}$ 为初始时刻基本组的现车数。

第 4 章 分组列车集结特性研究

$\eta_{基}^k$：集结第 k 个 $m_{基}$ 时的结束车辆数，指恰好凑满 $m_{基}$ 需要的车辆数。

$\xi_{基}^k$：集结第 k 个 $m_{基}$ 所用的集结批次。

$d_{基}^k$：集结了 k 个 $m_{基}$ 时，基本组去向的累计集结批次。

$n_{编补}^j$：在编成站的补轴组去向，第 j 个到达批中的车辆数。

$\tau_{编补}^j$：在编成站的补轴组去向，第 j 个到达批与第 $j-1$ 个到达批之间的间隔时间，当 $j=1$ 时，$\tau_{编补}^j$ 为从集结开始时刻至该去向第一个到达批的间隔时间。

$\sigma_{编补}^k$：编成站集结第 k 个 $m_{补}$ 时的初始车辆数。

$\eta_{编补}^k$：编成站集结第 k 个 $m_{补}$ 时的结束车辆数。

$\xi_{编补}^k$：编成站集结第 k 个 $m_{补}$ 所用的集结批次。

$d_{编补}^k$：编成站集结了 k 个 $m_{补}$ 时，补轴组去向的累计集结批次。

$n_{换补}^u$：在换挂站，补轴车流第 u 个到达批中的车辆数。

$\tau_{换补}^u$：在换挂站，补轴车流第 u 个到达批与第 $u-1$ 个到达批之间的间隔时间，当 $u=1$ 时，$\tau_{换补}^u$ 为从集结开始时刻至第一个到达批的间隔时间。

$\sigma_{换补}^k$：换挂站补轴车流集结第 k 个 $m_{补}$ 时的初始车辆数。

$\eta_{换补}^k$：换挂站补轴车流集结第 k 个 $m_{补}$ 时的结束车辆数。

$\xi_{换补}^k$：换挂站补轴车流集结第 k 个 $m_{补}$ 所用的集结批次。

$d_{换补}^k$：换挂站补轴车流集结了 k 个 $m_{补}$ 时，补轴组去向的累计集结批次。

在以上参数中，$\tau_{基}^j$ 和 $n_{基}^j$ 称为编成站基本组的车流特征，$n_{编补}^j$ 和 $\tau_{编补}^j$ 称为编成站补轴组的车流特征，$n_{换补}^u$ 和 $\tau_{换补}^u$ 称为换挂站补轴组的车流特征，这六个变量统称为分组列车的车流特征。

根据变量的定义，累计集结批次满足如下 3 个等式：

$$d_{基}^k = \sum_{l=1}^{k} \xi_{基}^l \qquad (4\text{-}1)$$

$$d_{编补}^k = \sum_{l=1}^{k} \xi_{编补}^l \qquad (4\text{-}2)$$

$$d_{换补}^k = \sum_{l=1}^{k} \xi_{换补}^l \qquad (4\text{-}3)$$

同时，以上变量满足如下 3 个平衡关系：

$$\eta_{基}^{k} = n_{基}^{d_{基}^{k}} - \sigma_{基}^{k+1} \tag{4-4}$$

$$\eta_{编补}^{k} = n_{编补}^{d_{编补}^{k}} - \sigma_{编补}^{k+1} \tag{4-5}$$

$$\eta_{编补}^{k} = n_{编补}^{d_{编补}^{k}} - \sigma_{编补}^{k+1} \tag{4-6}$$

4.2.2 模型假设

车流的变化、客货共线运输造成列车到达的不均衡、车站技术作业和装卸作业的波动以及作业之间接续和相互干扰[154-156]等因素，使得车辆到达具有不确定性，具体表现为到达批中的车辆数和间隔时间大小不等。针对车流到达的不确定性，假设基本组和补轴组到达批中的车辆数和间隔时间都为随机变量，且其分布分别满足如下条件：

假设① $\sigma_{基}^{1}, \tau_{基}^{1}, \tau_{基}^{2}, \cdots, n_{基}^{1}, n_{基}^{2}, \cdots, \sigma_{编补}^{1}, \tau_{编补}^{1}, \tau_{编补}^{2}, \cdots, n_{编补}^{1}, n_{编补}^{2}, \cdots, \sigma_{换补}^{1},$ $\tau_{换补}^{1}, \tau_{换补}^{2}, \cdots, n_{换补}^{1}, n_{换补}^{2}, \cdots$，相互独立。

假设② $n_{基}^{1}, n_{基}^{2}, \cdots$ 同分布且满足 $P(n_{基}^{i} = w) \geqslant 0$，$w = 1, 2, \cdots$，$\sum_{w} P(n_{基}^{i} = w) = 1$。

假设③ $n_{编补}^{1}, n_{编补}^{2}, \cdots$ 同分布且满足 $P(n_{编补}^{j} = w) \geqslant 0$，$w = 1, 2, \cdots$，$\sum_{w} P(n_{编补}^{j} = w) = 1$。

假设④ $n_{换补}^{1}, n_{换补}^{2}, \cdots$ 同分布且满足 $P(n_{换补}^{u} = w) \geqslant 0$，$w = 1, 2, \cdots$，$\sum_{w} P(n_{换补}^{u} = w) = 1$。

假设⑤ $\tau_{基}^{1}, \tau_{基}^{2}, \cdots$ 同分布，数学期望存在。

假设⑥ $\tau_{编补}^{1}, \tau_{编补}^{2}, \cdots$ 同分布，数学期望存在。

假设⑦ $\tau_{换补}^{1}, \tau_{换补}^{2}, \cdots$ 同分布，数学期望存在。

上述假设从分布方面刻画了车流的到达特点。其中，独立性在理论上和实际中都不算太苛刻。一个到达批虽具有波动性，但大量的到达批却能大致呈现某种规律性，即波动中的稳定性。只要这种稳定性没有被破坏，数学期望存在以及同分布假定与车流到达的不确定性也就不矛盾。在实际中，大量旅客列车和行包（邮）专列、五定班列、快运货物列车等运输产品的开行,以及运输设施设备故障、施工、行车事故、自然灾害等其他因素都使得列车到达呈现出阶段性的不均衡。如果根据列车到达的实际分布情况,将一昼夜划分为若干时间段,如班或者阶段,那么在每一个时间段内,可以认为列车的到达规律大致相同,从而到达批的分布近似服从相同的规律[157]。因此,本书的模型假设符合并能反映实际情况。

在文献[153]中,单组列车的集结过程被视为一个成批到达、成批瞬时服务且服务时间为零(完成集结的瞬间)的随机服务系统。固定车组重量的分组列车也有些类似。到达批的波动性和集结过程的动态性,使得基本组和补轴组两个去向的车辆集结构成了两个相互关联的标值更新过程[158],也称更新回报过程(Marked Renewal Process)。特别地,当车流特征都退化为单点分布时,即取值都分别为一个常数,意味着车流到达完全确定,对应的集结过程可用群论模型[159]来描述。

4.2.3 集结过程动态描述

在固定车组重量分组列车的集结过程中,微观上的车辆不断累积,形成宏观上的基本组和补轴组。基于这种动态特性,有以下结论。

结论一:

在序列 $\{\sigma_{基}^1, n_{基}^1, n_{基}^2, \cdots\}$ 已知的条件下,两序列 $\{d_{基}^1, d_{基}^2, \cdots\}$ 和 $\{\sigma_{基}^2, \sigma_{基}^3, \cdots\}$ 分别按式(4-7)和式(4-8)被唯一确定,而序列 $\{\xi_{基}^1, \xi_{基}^2, \cdots\}$ 由 $\{d_{基}^1, d_{基}^2, \cdots\}$ 及式(4-1)确定。

$$\sigma_{基}^1 + \sum_{i=1}^{d_{基}^k - 1} n_{基}^i < km_{基} \leq \sigma_{基}^1 + \sum_{i=1}^{d_{基}^k} n_{基}^i, \ k=1,2,\cdots \quad (4-7)$$

$$\sigma_{基}^{k+1} = \min\left\{\sigma_{基}^1 + \sum_{i=1}^{r} n_{基}^i - km_{基} \geq 0, r=1,2,\cdots\right\}, \ k=1,2,\cdots \quad (4-8)$$

结论二:

在序列 $\{\sigma_{编补}^1, n_{编补}^1, n_{编补}^2, \cdots\}$ 已知的条件下,两序列 $\{d_{编补}^1, d_{编补}^2, \cdots\}$ 和 $\{\sigma_{编补}^2, \sigma_{编补}^3, \cdots\}$ 分别按式(4-9)和式(4-10)被唯一确定,而序列 $\{\xi_{编补}^1, \xi_{编补}^2, \cdots\}$ 由 $\{d_{编补}^1, d_{编补}^2, \cdots\}$ 及式(4-2)确定。

$$\sigma_{\text{编补}}^{1} + \sum_{j=1}^{d_{\text{编补}}^{k}-1} n_{\text{编补}}^{j} < km_{\text{编补}} \leqslant \sigma_{\text{编补}}^{1} + \sum_{j=1}^{d_{\text{编补}}^{k}} n_{\text{编补}}^{j}, \quad k=1,2,\cdots \quad (4\text{-}9)$$

$$\sigma_{\text{编补}}^{k+1} = \min\left\{\sigma_{\text{编补}}^{1} + \sum_{j=1}^{r} n_{\text{编补}}^{j} - km_{\text{编补}} \geqslant 0, r=1,2,\cdots\right\}, \quad k=1,2,\cdots \quad (4\text{-}10)$$

结论三：

类似地，若已知序列 $\{\sigma_{\text{换补}}^{1}, n_{\text{换补}}^{1}, n_{\text{换补}}^{2}, \cdots\}$，则两序列 $\{d_{\text{换补}}^{1}, d_{\text{换补}}^{2}, \cdots\}$ 和 $\{\sigma_{\text{换补}}^{2}, \sigma_{\text{换补}}^{3}, \cdots\}$ 分别按式（4-11）和式（4-12）被唯一确定，而序列 $\{\xi_{\text{换补}}^{1}, \xi_{\text{换补}}^{2}, \cdots\}$ 由序列 $\{d_{\text{换补}}^{1}, d_{\text{换补}}^{2}, \cdots\}$ 及式（4-3）确定。

$$\sigma_{\text{换补}}^{1} + \sum_{u=1}^{d_{\text{换补}}^{k}-1} n_{\text{换补}}^{u} < km_{\text{换补}} \leqslant \sigma_{\text{换补}}^{1} + \sum_{u=1}^{d_{\text{换补}}^{k}} n_{\text{换补}}^{u}, \quad k=1,2,\cdots \quad (4\text{-}11)$$

$$\sigma_{\text{换补}}^{k+1} = \min\left\{\sigma_{\text{换补}}^{1} + \sum_{u=1}^{r} n_{\text{换补}}^{u} - km_{\text{换补}} \geqslant 0, r=1,2,\cdots\right\}, \quad k=1,2,\cdots$$

$$(4\text{-}12)$$

根据 4.2.2 节的假设①~⑦以及文献[153]的成果，还有如下结论。

结论四：

编成站基本组去向在集结第 k 个 $m_{\text{基}}$ 的过程中，相继到达车流的车辆数构成的序列 $\{\sigma_{\text{基}}^{k}, n_{\text{基}}^{d_{\text{基}}^{k-1}+1}, n_{\text{基}}^{d_{\text{基}}^{k-1}+2}, \cdots\}$，以及间隔时间构成的序列 $\{\tau_{\text{基}}^{d_{\text{基}}^{k-1}+1}, \tau_{\text{基}}^{d_{\text{基}}^{k-1}+2}, \cdots\}$，二者相互独立；并且 $\tau_{\text{基}}^{d_{\text{基}}^{k-1}+i} (i=1,2,\cdots)$ 与 $\tau_{\text{基}}^{1}$ 同分布；$n_{\text{基}}^{d_{\text{基}}^{k-1}+i} (i=1,2,\cdots)$ 与 $n_{\text{基}}^{1}$ 同分布。

结论五：

编成站补轴组去向在集结第 k 个 $m_{\text{补}}$ 的过程中，相继到达车流的车辆数构成的序列 $\{\sigma_{\text{编补}}^{k}, n_{\text{编补}}^{d_{\text{编补}}^{k-1}+1}, n_{\text{编补}}^{d_{\text{编补}}^{k-1}+2}, \cdots\}$，以及间隔时间构成的序列 $\{\tau_{\text{编补}}^{d_{\text{编补}}^{k-1}+1}, \tau_{\text{编补}}^{d_{\text{编补}}^{k-1}+2}, \cdots\}$，二者相互独立；并且 $\tau_{\text{编补}}^{d_{\text{编补}}^{k-1}+j} (j=1,2,\cdots)$ 与 $\tau_{\text{编补}}^{1}$ 同分布；$n_{\text{编补}}^{d_{\text{编补}}^{k-1}+j} (j=1,2,\cdots)$ 与 $n_{\text{编补}}^{1}$ 同分布。

结论六：

换挂站补轴组去向在集结第 k 个 $m_{\text{补}}$ 的过程中，相继到达车流的车辆数构成的序列 $\{\sigma_{\text{换补}}^{k}, n_{\text{换补}}^{d_{\text{换补}}^{k-1}+1}, n_{\text{换补}}^{d_{\text{换补}}^{k-1}+2}, \cdots\}$，以及间隔时间构成的序列

第 4 章 分组列车集结特性研究

$\left\{\tau_{\text{换补}}^{d_{\text{换补}}^{k-1}+1}, \tau_{\text{换补}}^{d_{\text{换补}}^{k-1}+2}, \cdots\right\}$，二者相互独立；并且 $\tau_{\text{换补}}^{d_{\text{换补}}^{k-1}+u}$ $(u=1,2,\cdots)$ 与 $\tau_{\text{换补}}^{1}$ 同分布；$n_{\text{换补}}^{d_{\text{换补}}^{k-1}+u}$ $(u=1,2,\cdots)$ 与 $n_{\text{换补}}^{1}$ 同分布。

上述结论四和结论五的实际意义为，编成站基本组的集结过程

$$\left\{\sigma_{\text{基}}^{k}, n_{\text{基}}^{d_{\text{基}}^{k-1}+1}, n_{\text{基}}^{d_{\text{基}}^{k-1}+2}, \cdots, \tau_{\text{基}}^{d_{\text{基}}^{k-1}+1}, \tau_{\text{基}}^{d_{\text{基}}^{k-1}+2}, \cdots\right\}, \quad k \in Z^{+}$$

以及编成站补轴组的集结过程

$$\left\{\sigma_{\text{编补}}^{k}, n_{\text{编补}}^{d_{\text{编补}}^{k-1}+1}, n_{\text{编补}}^{d_{\text{编补}}^{k-1}+2}, \cdots, \tau_{\text{编补}}^{d_{\text{编补}}^{k-1}+1}, \tau_{\text{编补}}^{d_{\text{编补}}^{k-1}+2}, \cdots\right\}, \quad k \in Z^{+}$$

都是相同的集结过程。因此，对于固定车组重量类型的分组列车，编成站每一车列的集结过程都相同。因此，后续关于编成站集结批次、集结占用时间以及集结耗费的测度，都以第一车列的集结过程为例进行分析。

4.3 集结批次测度

4.3.1 理论推导

在分组列车集结的过程中，车辆成批到达，要满足基本组或补轴组规定的重量，一般需要若干个到达批（成批到达的车辆集合，详见 4.1.1 小节中的定义）。虽然列车中基本组和补轴组两个去向重量固定，但是车辆到达的随机性导致了集结批次（到达车辆的批数，详见 4.1.2 小节中的定义）也具有随机性，是一种衍生的随机。在 4.2.2 小节的模型假设中，到达批中的车辆数为离散型随机变量，其分布函数没有作具体限制而具有一般性。在本节集结批次的测度中，涉及其分布函数的卷积[160]。即使 4.2.2 小节的七条假设足以刻画集结过程的动态特性，但为了得到集结批次更为确切的结论以及验证模型的有效性，编成站的分组列车的车流除了满足假设①、②和③以外，还有：

假设⑧ 在分组列车的基本组和补轴组去向，到达批中的车辆数都服从*泊松*分布（Poisson Distribution），参数分别为 $\lambda_{\text{基}}$ 和 $\lambda_{\text{编补}}$（都是非负实数）。

在本书中，将这两个参数称为车流强度参数。根据泊松分布参数的解释，$\lambda_{\text{基}}$ 和 $\lambda_{\text{编补}}$ 分别反映了在基本组和补轴组去向到达批中的平均车辆

数。但在实际中，各去向车流的到达规律一般是特定的，可根据采样数据拟合分布类型和估计其参数[160]。后续章节关于集结占用时间以及集结耗费测度，需要基本组和补轴组集结批次的分布律。为此，下文分别对其进行讨论。

一方面，当残存车数超过 $m_{基}$ 时，该轮集结已经完成无需再继续，当然也就无所谓集结占用时间和集结消耗，故 $\xi_{基}^1$ 至少为 1。另一方面，由于到达批中至少包含一辆车，故集结一个 $m_{基}$ 所用集结批次最多为 $m_{基}$。因此，集结批次 $\xi_{基}^1$ 的取值范围为 1 到 $m_{基}$ 之间的正整数。补轴组去向类似，集结批次 $\xi_{编补}^1$ 的取值范围为 1 和 $m_{补}$ 之间的正整数。

根据假设⑧，基本组去向到达批中的车辆数 $n_{基}$ 服从参数为 $\lambda_{基}$ 的泊松分布，则

$$P(n_{基}=x)=\frac{(\lambda_{基})^x}{x!}\exp(-\lambda_{基}), x=0,1,2,\cdots \qquad (4\text{-}13)$$

根据假设①和② $n_{基}^1, n_{基}^2, \cdots, n_{基}^k$ 独立同分布，由泊松分布的可加性有

$$\sum_{j=1}^{k} n_{基}^j \sim \pi(k\lambda_{基}) \qquad (4\text{-}14)$$

也即是，$\sum_{j=1}^{k} n_{基}^j$ 服从参数为 $k\lambda_{基}$ 的泊松分布。

根据集结批次的定义，从初始时刻直至第 $\xi_{基}^1$ 批车辆到达时，累积排队等候的车辆数才达到 $m_{基}$。集结过程的这种动态性满足如下关系：

$$\sigma_{基}^1 + \sum_{j=1}^{\xi_{基}^1-1} n_{基}^j < m_{基} \leq \sigma_{基}^1 + \sum_{j=1}^{\xi_{基}^1} n_{基}^j \qquad (4\text{-}15)$$

则有 $\xi_{基}^1$ 的分布律

$$P(\xi_{基}^1=k)=\sum_{D} P\left(\sum_{j=1}^{k-1} n_{基}^j=x, n_{基}^k=y\right) \qquad (4\text{-}16)$$

式中，$k=1,2,\cdots,m_{\text{基}}$；二重求和的区域具体为 $D=\{(x,y)|\sigma_{\text{基}}^1+x<m_{\text{基}}\leqslant\sigma_{\text{基}}^1+x+y\}$；$P\left(\sum_{j=1}^{k-1}n_{\text{基}}^j=x,n_{\text{基}}^k=y\right)$ 为 $\sum_{j=1}^{k-1}n_{\text{基}}^j$（一维随机变量）和 $n_{\text{基}}^k$ 的二维联合分布律，显然这两个随机变量相互独立，则

$$P\left(\sum_{j=1}^{k-1}n_{\text{基}}^j=x,n_{\text{基}}^k=y\right)=P\left(\sum_{j=1}^{k-1}n_{\text{基}}^j=x\right)P\left(n_{\text{基}}^k=y\right) \qquad (4-17)$$

结合式（4-13）~式（4-17），有基本组去向集结批次的分布律

$$P\left(\xi_{\text{基}}^1=k\right)=\sum_{x=0}^{m_{\text{基}}-\sigma_{\text{基}}^1-1}\sum_{y=m_{\text{基}}-\sigma_{\text{基}}^1-x}^{+\infty}\frac{\left((k-1)\lambda_{\text{基}}\right)^x}{x!}\frac{\left(\lambda_{\text{基}}\right)^y}{y!}e^{-k\lambda_{\text{基}}} \qquad (4-18)$$

类似地，对于补轴组去向，集结第 1 个 $m_{\text{补}}$ 所用的集结批次 $\xi_{\text{编补}}^1$ 也为随机变量，根据假设①、③和⑧，其分布律 $P\left(\xi_{\text{编补}}^1=k\right)$，$k=1,2,\cdots,m_{\text{补}}$，可以推导为

$$P\left(\xi_{\text{编补}}^1=k\right)=\sum_{x=0}^{m_{\text{补}}-\sigma_{\text{编补}}^1-1}\sum_{y=m_{\text{补}}-\sigma_{\text{编补}}^1-x}^{+\infty}\frac{\left((k-1)\lambda_{\text{编补}}\right)^x}{x!}\frac{\left(\lambda_{\text{编补}}\right)^y}{y!}e^{-k\lambda_{\text{编补}}}$$

$$(4-19)$$

4.3.2 数值计算

上一节对集结批次的分布进行了理论探讨，本节采用数值计算方法，从单参数的灵敏度以及双参数的耦合影响两个角度，对这些结论进行验证。

4.3.2.1 固定重量参数灵敏度分析

根据式（4-18），固定重量分组列车在基本组去向的集结批次的影响因素有：固定重量参数 $m_{\text{基}}$ 和车流强度参数 $\lambda_{\text{基}}$；式（4-19）表明，列车其在补轴组去向的集结批次的影响因素也包括两个：该去向的固定重量参数 $m_{\text{补}}$ 和车流强度参数 $\lambda_{\text{编补}}$。显然，基本组和补轴组两个去向集结批次的影响因素的性质都相同。既然如此，本节仅以基本组去向进行分析，补轴组去向完全类似。

当 $\lambda_{基}=2$ 时，在固定重量参数 $m_{基}$ 分别取 10，20，30，40，50 的五种情形下，采用 MATLAB 编程计算，集结批次的分布律如图 4-2 所示，相关数值特征如表 4-1 所示。

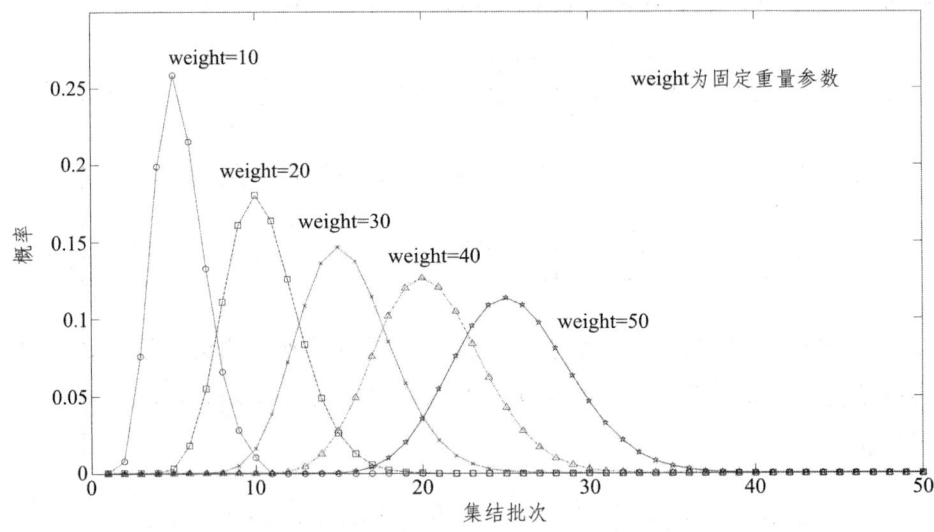

图 4-2　$m_{基}$ 对集结批次分布律的影响

表 4-1　不同 $m_{基}$ 情形下集结批次分布律的数值特征

固定重量	累积概率	均值	方差	变异系数	偏度	峰度
$m_{基}=10$	1.00	5.44	2.41	0.28	0.49	2.99
$m_{基}=20$	1.00	10.50	5.05	0.21	0.42	3.21
$m_{基}=30$	1.00	15.50	7.57	0.18	0.35	3.16
$m_{基}=40$	1.00	20.50	10.09	0.15	0.31	3.13
$m_{基}=50$	1.00	25.50	12.57	0.14	0.28	3.10

图 4-2 表明，对于同一车流强度参数 $\lambda_{基}$，随着固定重量参数 $m_{基}$ 的增大，从集结批次分布区域的位置来看，曲线都整体右移；从其分布区域的形状来看，高度降低且宽度增大，这意味着其取值越分散，这在表 4-1 中的方差指标中也有体现。

第4章 分组列车集结特性研究

在表 4-1 中，累积概率（Cumulative Probability，分布概率在全空间的求和）都非常接近 1，验证了理论推导的正确性。均值（Mean）和方差（Variation）都与 $m_{基}$ 正相关。变异系数（Coefficient of Variation）为相对变异指标，反映了单位均值的离散程度[160]。结果表明变异系数随 $m_{基}$ 增大有减小的趋势。第 6 列为偏度（Skewness），定义为三阶中心矩与标准差三次方的比值，衡量了随机变量概率分布曲线关于均值的不对称程度[161]。在图 4-2 中，分布曲线的右边尾部比左边尾部长，而偏度计算结果也都为较小的正值，表明列车集结稍微集中于低批次。第 7 列为峰度（Kurtosis），定义为四阶中心矩与标准差四次方的比值，衡量了分布曲线峰顶的平缓或陡峭的程度[161]。计算结果表明随着 $m_{基}$ 增大，峰度逐渐逼近 3，意味着分布曲线趋于标准正态分布。

4.3.2.2 车流强度参数灵敏度分析

当 $m_{基}$=30 时，在车流强度参数 $\lambda_{基}$ 分别取 1.5，2，2.5，3，3.5 的五种情形下，采用 MATLAB 编程进行数值计算，集结批次分布律如图 4-3 所示，相关数值特征如表 4-2 所示。

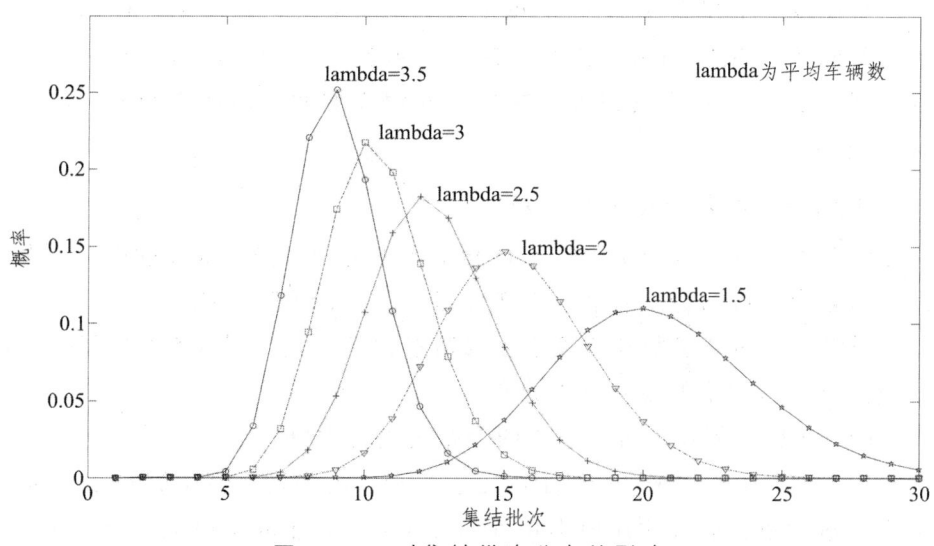

图 4-3 $\lambda_{基}$ 对集结批次分布的影响

图 4-3 表明，对于同一固定重量参数 $m_{基}$，随着车流强度参数 $\lambda_{基}$ 的

增大，从集结批次分布区域的位置来看，曲线都整体左移；从其分布区域的形状来看，高度增大且宽度减小，这又意味着其取值越集中，这在表 4-2 中的方差指标中也有体现。

表 4-2 不同 $\lambda_\text{基}$ 情形下集结批次分布律的数值特征

车流强度	累积概率	均值	方差	变异系数	偏度	峰度
$\lambda_\text{基} = 1.5$	0.99	20.26	55.76	0.37	0.03	0.14
$\lambda_\text{基} = 2.0$	1.00	15.50	30.27	0.36	0.04	0.20
$\lambda_\text{基} = 2.5$	1.00	12.50	13.88	0.30	0.07	0.39
$\lambda_\text{基} = 3.0$	1.00	10.50	7.41	0.26	0.11	0.67
$\lambda_\text{基} = 3.5$	1.00	9.07	4.56	0.24	0.14	0.96

表 4-2 中，累积概率都非常接近 1；均值、方差以及变异系数都与 $\lambda_\text{基}$ 负相关；偏度和峰度都比较小，且都与 $\lambda_\text{基}$ 呈正相关，表明 $\lambda_\text{基}$ 越小，分布曲线的峰顶越平缓。

对比表 4-1 和表 4-2，固定重量参数 $m_\text{基}$ 和车流强度参数 $\lambda_\text{基}$ 都对平均集结批次产生影响，但作用机制有所差别。在影响的方向性方面，前者正相关，而后者负相关；在影响的程度方面，后者更剧烈，灵敏程度更高。

4.3.2.3 参数耦合影响分析

前两小节分别分析了固定重量和车流强度两个参数的灵敏度，本节从参数耦合角度讨论二者联合对集结批次分布的共同影响。

设定固定重量参数和车流强度参数成比例变化。图 4-4 给出了 3 组比例共 9 种情形下的集结批次分布律。

图 4-4 反映的规律可从以下两个角度进行解释。

一方面，从整体来看，对于固定重量和车流强度比值相等的分布族，分布区域大致相同。而比值不相等的分布族，比值相差越大分布区域重合越少，且比值越大的分布族，集结批次越离散。例如，比例 10 和 20 的两个分布族，分别集中于 5~15 和 10~30。显然后者的分布区域更

第4章 分组列车集结特性研究

广,跨度也更大。

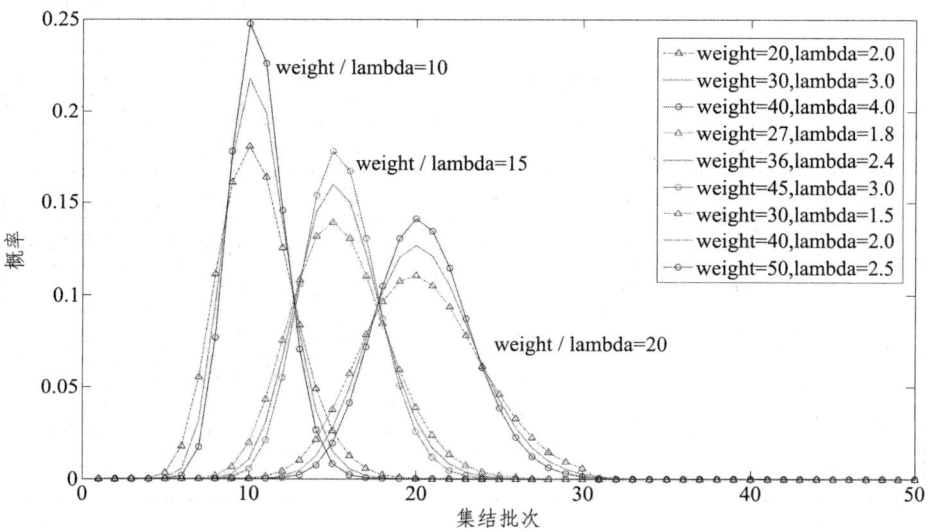

图 4-4 $m_{基}$ 和 $\lambda_{基}$ 耦合对集结批次分布的影响

另一方面,从局部来看,同一分布族(比值相等的参数组合情形)的固定重量参数越大(或者车流强度越大)的分布,集结批次取值越集中。另外,对比这两个参数的灵敏度分析(固定重量 $m_{基}$ 越大集结批次越分散,而车流强度 $\lambda_{基}$ 越大却越集中),二者叠加的效果也表明车流强度的灵敏程度更高。

在集结批次的影响因素中,参数 $\lambda_{基}$ 为一个到达批中的平均车辆数,参数 $m_{基}$ 为一次集结规定的总车辆数。因此,$m_{基}/\lambda_{基}$ 也在一定程度上度量了平均集结批次的大小。为了验证估计的可靠性,按照下式计算:

$$\varepsilon\left(\xi_{基}^1\right)=\frac{\left|m_{基}/\lambda_{基}-E\left(\xi_{基}^1\right)\right|}{E\left(\xi_{基}^1\right)}\times100\% \qquad (4\text{-}20)$$

式中 $E\left(\xi_{基}^1\right)$ 为平均集结批次的理论值,可由式(4-18)求期望计算得到。

表 4-3 给出了以上 9 种情形的计算结果。结果表明,$\varepsilon\left(\xi_{基}^1\right)$ 指标全部都小于 5%。因此,$E\left(\xi_{基}^1\right)$ 可以由 $m_{基}/\lambda_{基}$ 近似估计,且估计的相对误差为 $\varepsilon\left(\xi_{基}^1\right)$。

表 4-3 不同 $m_{基}$ 和 $\lambda_{基}$ 组合情形下集结批次估计结果

参数组合	估计均值	理论均值	理论方差	均值估计绝对误差	均值估计相对误差
$m_{基}$=20, $\lambda_{基}$=2.0	10	10.50	5.08	0.50	4.73%
$m_{基}$=30, $\lambda_{基}$=3.0	10	10.50	3.42	0.50	4.76%
$m_{基}$=40, $\lambda_{基}$=4.0	10	10.50	2.58	0.50	4.76%
$m_{基}$=27, $\lambda_{基}$=1.8	15	15.49	8.44	0.49	3.17%
$m_{基}$=36, $\lambda_{基}$=2.4	15	15.50	6.33	0.50	3.23%
$m_{基}$=45, $\lambda_{基}$=3.0	15	15.50	5.08	0.50	3.23%
$m_{基}$=30, $\lambda_{基}$=1.5	20	20.26	15.43	0.26	1.30%
$m_{基}$=40, $\lambda_{基}$=2.0	20	20.50	10.08	0.50	2.44%
$m_{基}$=50, $\lambda_{基}$=2.5	20	20.50	8.08	0.50	2.44%

综上集结批次的数值计算，结论总结如下：

（1）集结批次分布特征方面：当车流强度参数 $\lambda_{基}$ 不变时，随着固定重量 $m_{基}$ 增大，分布曲线位置整体右移，集结批次取值普遍偏大且越分散；当 $m_{基}$ 不变时，随着 $\lambda_{基}$ 增大，分布曲线位置整体左移，集结批次取值普遍偏小且越集中；$m_{基}$ 和 $\lambda_{基}$ 之比相等的分布族，分布区域大致相同，二者比值越大则分布越离散。

（2）集结批次平均值方面：单参数的灵敏度分析表明，平均集结批次与 $m_{基}$ 正相关，与 $\lambda_{基}$ 负相关，且后者的灵敏程度更高；双参数的耦合分析表明，平均集结批次可由 $m_{基}/\lambda_{基}$ 近似估计。

4.4 集结占用时间测度

在固定车组重量分组列车的集结过程中，车辆到达的随机性也导致了集结过程的占用时间具有随机性，也属于衍生的随机。在 4.2.2 小节的模型假设中，到达批之间的时间间隔为普通的连续型随机变量，其分布函数也没有作具体限制而具有一般性。在本节中，为了得到集结占用时间更为确切的结论以及验证模型的有效性，到达批的间隔时间除了满足 4.2.2 小节的假设①、⑤和⑥以外，还有：

假设⑨　在分组列车的基本组和补轴组去向，到达批之间的间隔时间都服从指数分布（Exponential Distribution），参数分别为 $\theta_{基}$ 和 $\theta_{编补}$（都是非负实数）。

根据指数分布中参数的解释，$\theta_{基}$ 和 $\theta_{编补}$ 分别反映了在基本组和补轴组去向到达批之间的平均间隔时间。在实际中，也可根据采样数据拟合分布类型和估计参数。

在本书中将这两个参数统称为间隔时间参数。由于强度和到达间隔时间描述了车流的特征，车流强度参数和间隔时间参数统称为车流特征参数。

4.4.1　理论推导

基本组去向，从初始时刻到第 $\xi_{基}^1$ 批车辆到达的持续时间，为基本组去向集结第一个 $m_{基}$ 占用的时间，即

$$t_{基占} = \sum_{i=1}^{\xi_{基}^1} \tau_{基}^i \qquad (4\text{-}21)$$

由式（4-21）可知，在车流到达间隔时间 $\tau_{基}$ 和集结批次 $\xi_{基}^1$ 的双重随机作用下，集结占用时间也是随机的。由于分布函数完整描述了随机变量的统计规律，以下具体进行探讨。

根据全概率公式，有集结占用时间的分布函数

$$P(t_{基占} \leqslant x) = \sum_{k=1}^{m_{基}} \left[P\left(\sum_{i=1}^{k} \tau_{基}^i \leqslant x\right) P(\xi_{基}^1 = k) \right], \quad x \geqslant 0 \qquad (4\text{-}22)$$

式中，$P(\xi_{基}^1 = k)$ 为基本组去向集结批次的分布律，具体如式（4-18）所示。$P\left(\sum_{i=1}^{k} \tau_{基}^i \leqslant x\right)$ 的求解涉及到间隔时间 $\tau_{基}$ 分布函数的卷积。根据假设⑨，在基本组去向，由于随机变量 $\tau_{基}$ 服从参数为 $\theta_{基}$ 的指数分布，也即

$$f_{\tau_{基}}(t) = \frac{1}{\theta_{基}} \exp\left(-\frac{1}{\theta_{基}} t\right), \quad t > 0 \qquad (4\text{-}23)$$

其特征函数[158]为

$$E(\exp(it\tau_{基})) = \frac{1}{1-it\theta_{基}} \quad (4\text{-}24)$$

式中，t 为特征函数的自变量；i 为虚数单位。

由假设①和⑤有，随机变量 $\tau_{基}^1, \tau_{基}^2, \cdots, \tau_{基}^k$ 独立同分布（Independent and Identically Distributed）。由特征函数的性质，有

$$E\left[\exp\left(it\sum_{j=1}^{k}\tau_{基}^j\right)\right] = \prod_{j=1}^{k} E\left[\exp(it\tau_{基}^j)\right] \quad (4\text{-}25)$$

结合式（4-24）和式（4-25）有

$$E\left[\exp\left(it\sum_{j=1}^{k}\tau_{基}^j\right)\right] = \left[\frac{1}{1-it\theta_{基}}\right]^k \quad (4\text{-}26)$$

根据唯一性定理[158]，$\sum_{j=1}^{k}\tau_{基}^j$ 服从 Gamma 分布，其中形状参数（Shape Parameter）为 k，尺度参数（Scale Parameter）为 $1/\theta_{基}$，即有密度函数

$$f_{\sum_{j=1}^{k}\tau_{基}^j}(t) = \frac{t^{k-1}}{(\theta_{基})^k(k-1)!}\exp\left(-\frac{t}{\theta_{基}}\right), \quad t > 0 \quad (4\text{-}27)$$

根据连续型随机变量的概率分布函数的定义，有

$$P\left(\sum_{i=1}^{k}\tau_{基}^j \leqslant x\right) = \int_{0}^{x} f_{\sum_{j=1}^{k}\tau_{基}^j}(t)\mathrm{d}t, \quad x \geqslant 0 \quad (4\text{-}28)$$

将式（4-28）代入式（4-22），可以确定基本组集结占用时间的分布函数，同时也可确定其概率密度函数

$$f_{t_{基占}}(t) = \sum_{k=1}^{m_{基}} \frac{t^{k-1}}{(\theta_{基})^k(k-1)!}\exp\left(-\frac{t}{\theta_{基}}\right) P(\xi_{基}^1 = k), \quad t > 0 \quad (4\text{-}29)$$

因此，基于上式可以计算基本组集结占用时间的均值

$$E(t_{基占}) = \int_{0}^{+\infty} t f_{t_{基占}}(t)\mathrm{d}t \quad (4\text{-}30)$$

类似地，在补轴组去向，集结第 1 个补轴组占用的时间为

$$t_{补占} = \sum_{j=1}^{\xi_{补}^1} \tau_{编补}^j \quad (4\text{-}31)$$

第 4 章　分组列车集结特性研究

也为一个随机变量。根据全概率公式，有

$$P(t_{补占} \leq y) = \sum_{k}^{m_{补}} \left[P\left(\sum_{j=1}^{k} \tau_{编补}^{j} \leq y \right) P(\xi_{编补}^{1} = k) \right], \quad y \geq 0 \quad (4\text{-}32)$$

式中，$P(\xi_{编补}^{1} = k)$ 为补轴组去向集结批次的分布律，具体如式（4-19）所示。

$$P\left(\sum_{j=1}^{k} \tau_{编补}^{j} \leq y \right) = \int_{0}^{y} \frac{t^{k-1}}{(\theta_{编补})^{k}(k-1)!} \exp\left(-\frac{t}{\theta_{编补}} \right) dt, \quad y \geq 0 \quad (4\text{-}33)$$

同时，补轴组集结占用时间的概率密度函数为

$$f_{t_{补占}}(t) = \sum_{k=1}^{m_{补}} \frac{t^{k-1}}{(\theta_{编补})^{k}(k-1)!} \exp\left(-\frac{t}{\theta_{编补}} \right) P(\xi_{编补}^{1} = k), \quad t > 0 \quad (4\text{-}34)$$

综上所述，将式（4-18）和式（4-28）代入式（4-22）可确定第一个基本组集结占用时间的分布函数；将式（4-19）和式（4-33）代入式（4-32），即可确定第一个补轴组集结占用时间的分布函数。

由于基本组和补轴组两个去向上车辆到达随机，二者集结完毕后等待对方的情况都有可能发生，当然这种不确定性也是由车流的随机性衍生出来的。根据变量的定义，基本组等待补轴组的概率 $P_{等}$ 可以表示为 $P(t_{基占} \leq t_{补占})$。下面是计算公式。

$$P_{等} = P(t_{基占} \leq t_{补占}) = \iint_{D} dP(t_{基占} \leq x, t_{补占} \leq y) \quad (4\text{-}35)$$

式中积分区域为

$$D = \{(x, y) \in [0, +\infty) \times [0, +\infty) | x \leq y\}$$

根据假设①，显然 $t_{基}$，$t_{补}$ 相互独立，则

$$P(t_{基占} \leq x, \ t_{补占} \leq y) = P(t_{基占} \leq x) P(t_{补占} \leq y) \quad (4\text{-}36)$$

将式（4-36）代入式（4-35），可将以上重积分可改写成累次积分形式

$$P(t_{基占} \leq t_{补占}) = \int_{0}^{+\infty} \int_{0}^{y} dP(t_{基占} \leq x) dP(t_{补占} \leq y) \quad (4\text{-}37)$$

类似地，也可以计算补轴组的等待概率。在理论上，这两个概率之和应为 1。

基于基本组和补轴组集结占用时间的分布函数，还可以确定列车的集结占用时间。根据固定车组重量分组列车集结的特点，只有基本组和补轴组两个去向都集结达到规定的重量，整个车列才集结结束。因此，第一列车的集结占用时间为

$$t_{分占} = \max(t_{基占}, t_{补占}) \tag{4-38}$$

式（4-38）求其期望得分组列车的平均集结占用时间

$$E(t_{分占}) = \iint_{D_1} x \mathrm{d}P(t_{基占} \leqslant x, t_{补占} \leqslant y) + \iint_{D_2} y \mathrm{d}P(t_{基占} \leqslant x, t_{补占} \leqslant y) \tag{4-39}$$

式中积分区域

$$D_1 = \{(x,y) \in [0,+\infty) \times [0,+\infty) | x \geqslant y\}$$

$$D_2 = \{(x,y) \in [0,+\infty) \times [0,+\infty) | x < y\}$$

将式（4-36）代入式（4-39），得到累次积分形式

$$E(t_{分占}) = \int_0^{+\infty} \left[\int_0^x f_{t_{补占}}(y)\mathrm{d}y \right] x f_{t_{基占}}(x)\mathrm{d}x + \int_0^{+\infty} \left[\int_0^y f_{t_{基占}}(x)\mathrm{d}x \right] y f_{t_{补占}}(y)\mathrm{d}y \tag{4-40}$$

式中，$f_{t_{基占}}(x)$ 和 $f_{t_{补占}}(y)$ 分别为基本组和补轴组集结占用时间的概率密度函数，具体为式（4-29）和式（4-34）。

以上求解过程是从随机变量的函数的数学期望公式[160]进行推导。另外，分组列车平均集结占用时间还可以直接根据期望定义[160]进行推导，即

$$E(t_{分占}) = \int_0^{+\infty} z \mathrm{d}P(t_{分占} \leqslant z) \tag{4-41}$$

式中，$P(t_{分占} \leqslant z)$ 为分组列车集结占用时间的分布函数，由式（4-38）的定义可得

$$P(t_{分占} \leqslant z) = P(t_{基占} \leqslant z) P(t_{补占} \leqslant z) \tag{4-42}$$

显然，列车集结占用时间取值比两个去向的集结占用时间都大。为了数值计算的方便，本书采用第一种方案。

第 4 章　分组列车集结特性研究

4.4.2 数值计算

4.4.2.1 固定重量参数灵敏度分析

根据式（4-18）和（4-28），固定车组重量分组列车在基本组去向的集结占用时间受到固定重量参数 $m_{基}$、车流强度参数 $\lambda_{基}$ 和平均间隔时间参数 $\theta_{基}$ 的共同影响。式（4-19）和式（4-33）表明，在补轴组去向，固定重量分组列车集结占用时间的影响因素也有三个：该去向的固定重量参数 $m_{补}$、车流强度 $\lambda_{编补}$ 以及平均间隔时间数 $\theta_{编补}$。显然，两个去向集结占用时间影响因素的性质也都相同。本小节也仅以基本组去向进行分析，补轴组去向完全类似。

当 $\lambda_{基}=2$，$\theta_{基}=20$ 时，在固定重量参数 $m_{基}$ 分别取 10，20，30，40，50 时，采用 MATLAB 编程计算，集结占用时间的概率密度曲线如图 4-5 所示，相关数值特征如表 4-4 所示。

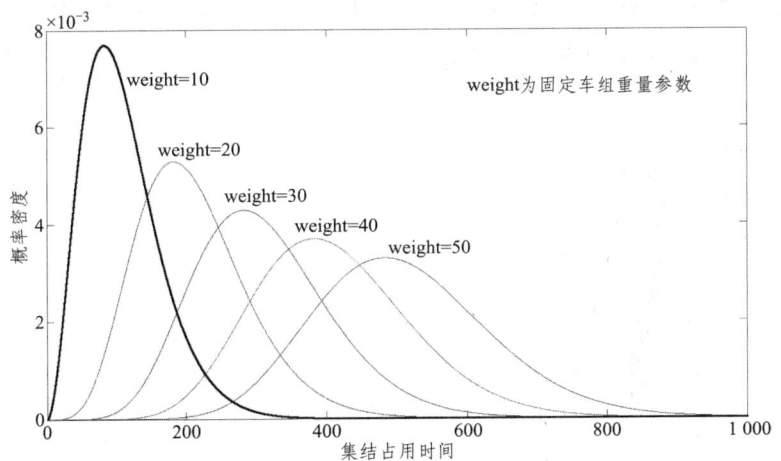

图 4-5　$m_{基}$ 对集结占用时间分布的影响

表 4-4　不同 $m_{基}$ 情形下集结占用时间分布的数值特征

固定重量	累积概率	均值	方差	变异系数	偏度	峰度
$m_{基}=10$	1.00	108.86	3 198.46	0.52	0.87	4.08
$m_{基}=20$	1.00	209.85	6 239.54	0.38	0.66	3.63
$m_{基}=30$	1.00	309.95	9 236.06	0.31	0.55	3.44
$m_{基}=40$	1.00	410.04	12 213.39	0.27	0.48	3.30
$m_{基}=50$	1.00	509.39	15 236.34	0.24	0.36	3.25

图 4-5 表明，当车流强度参数 $\lambda_{基}$ 和间隔时间参数 $\theta_{基}$ 不变时，也即是当基本组去向的车流特征参数不变时，随着固定重量 $m_{基}$ 的增大，从分布区域的位置来看，集结占用时间的概率密度曲线整体右移；从分布区域的形状来看，高度降低且宽度增大，这又意味着其取值越分散，这在表 4-4 中的方差指标也有体现。

表 4-4 中，累积概率（概率密度函数在全空间的积分）都非常接近 1；均值和方差都与 $m_{基}$ 呈正相关关系；变异系数与 $m_{基}$ 呈负相关关系；偏度都是较小的正值，峰度都接近 3，且二者都与 $m_{基}$ 呈负相关关系，表明 $m_{基}$ 越大，分布曲线的峰顶越平缓。

4.4.2.2 车流强度参数灵敏度分析

当 $\theta_{基}=20$，$m_{基}=30$ 时，车流强度参数 $\lambda_{基}$ 分别取 1.5，2，2.5，3，3.5 时，采用 MATLAB 编程计算，集结占用时间的概率函数曲线如图 4-6 所示，相关数值特征如表 4-5 所示。

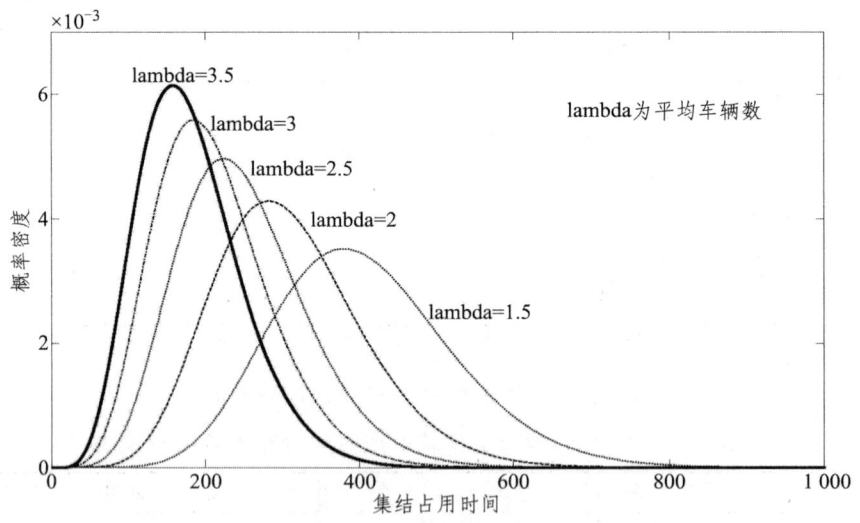

图 4-6 $\lambda_{基}$ 对集结占用时间分布的影响

图 4-6 表明，当间隔时间参数 $\theta_{基}$ 以及固定重量参数 $m_{基}$ 保持不变时，随着车流强度 $\lambda_{基}$ 的增大，从分布区域的位置来看，集结占用时间的概率密度曲线整体左移；从分布区域的形状来看，高度增大且宽度减小，这

第 4 章　分组列车集结特性研究

又意味着其取值越集中，这在表 4-5 中的方差指标中也有体现。

表 4-5　不同 $\lambda_\text{基}$ 情形下集结占用时间分布的数值特征

车流强度	累积概率	均值	方差	变异系数	偏度	峰度
$\lambda_\text{基}=1.5$	0.99	405.31	14 253.61	0.29	0.19	3.74
$\lambda_\text{基}=2.0$	1.00	309.95	9 236.06	0.31	0.55	3.44
$\lambda_\text{基}=2.5$	1.00	250.03	6 948.36	0.33	0.60	3.51
$\lambda_\text{基}=3.0$	1.00	209.98	5 568.48	0.36	0.64	3.60
$\lambda_\text{基}=3.5$	1.00	181.35	4 649.38	0.38	0.68	3.68

表 4-5 中，累积概率也都非常接近 1；均值和方差都与 $\lambda_\text{基}$ 呈负相关关系，而变异系数和偏度都与 $\lambda_\text{基}$ 呈正相关关系；峰度都大于 3，分布曲线的峰顶都较为陡峭。

4.4.2.3　间隔时间参数灵敏度分析

当 $\lambda_\text{基}=2$，$m_\text{基}=30$ 时，在间隔时间参数 $\theta_\text{基}$ 分别取 10，20，30，40，50 时，采用 MATLAB 编程计算，集结占用时间的概率密度曲线如图 4-7 所示，相关数值特征如表 4-6 所示。

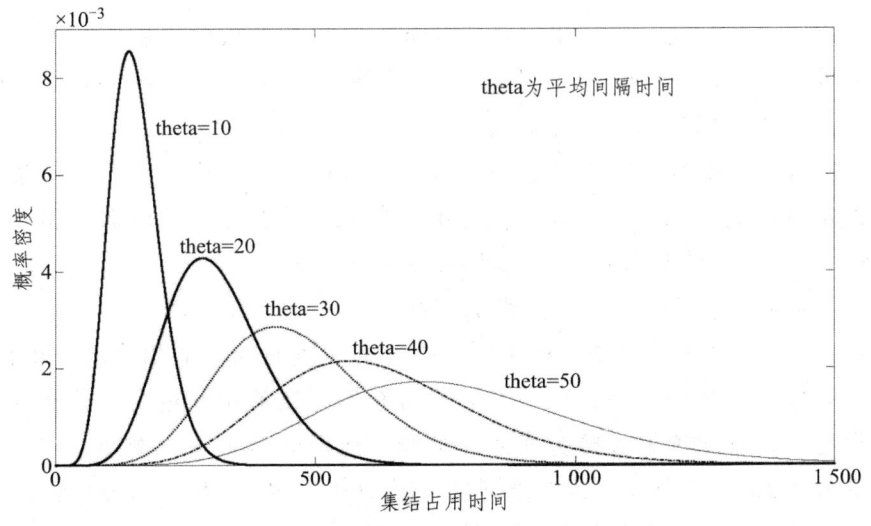

图 4-7　$\theta_\text{基}$ 对集结占用时间分布的影响

图 4-7 表明，当固定重量参数 $m_\text{基}$ 和车流强度参数 $\lambda_\text{基}$ 不变时，也即是基本组去向集结批次的分布律不变，随着间隔时间参数 $\theta_\text{基}$ 的增大，从分布区域的位置来看，集结占用时间的密度曲线整体右移；从分布区域的形状来看，高度降低且宽度增大，这又意味着其取值越离散，这在表 4-6 中的方差指标中也有体现。

表 4-6 不同 $\theta_\text{基}$ 情形下集结占用时间分布的数值特征

间隔时间	累积概率	均值	方差	变异系数	偏度	峰度
$\theta_\text{基}=10$	1.00	154.98	2 309.05	0.31	0.55	3.44
$\theta_\text{基}=20$	1.00	309.95	9 236.20	0.31	0.55	3.44
$\theta_\text{基}=30$	1.00	464.93	20 781.13	0.31	0.55	3.44
$\theta_\text{基}=40$	1.00	619.58	36 830.65	0.31	0.52	3.35
$\theta_\text{基}=50$	0.99	765.75	56 953.51	0.31	0.22	3.19

表 4-6 中，累积概率都非常接近 1；均值和方差都与 $\theta_\text{基}$ 呈正相关关系，变异系数变化不明显；密度曲线随 $\theta_\text{基}$ 增大由右偏变为左偏；峰度与 $\theta_\text{基}$ 呈负相关，表明 $\theta_\text{基}$ 越大，分布曲线的顶峰越平缓。

4.4.2.4 参数耦合影响分析

前三小节分别分析了集结占用时间三个影响参数的灵敏度。本小节从参数耦合角度，具体地，通过保持一个参数不变，另外两个同时变化，来讨论集结占用时间的变化规律。

保持固定重量参数不变，车流强度和间隔时间成比例变化，该条件的设定可以视为 4.4.2.1 节中固定重量参数灵敏度分析的对偶试验。图 4-8 给出了固定重量参数 $m_\text{基}=30$ 时的概率密度曲线。

图 4-8 反映了以下两个方面的规律：

一方面，从整体来看，对于车流强度和间隔时间比值相等的分布族，分布区域大致相同。而比值不相等的分布族，比值相差越大，分布区域重合越少，且比值越大的分布族，集结占用时间越集中。例如，比例为 1/10 和 1/30 的两个分布族，分别集中于 100～500 和 400～1 600 两个区域。显然后者的分布区域更广，跨度也更大。

第4章 分组列车集结特性研究

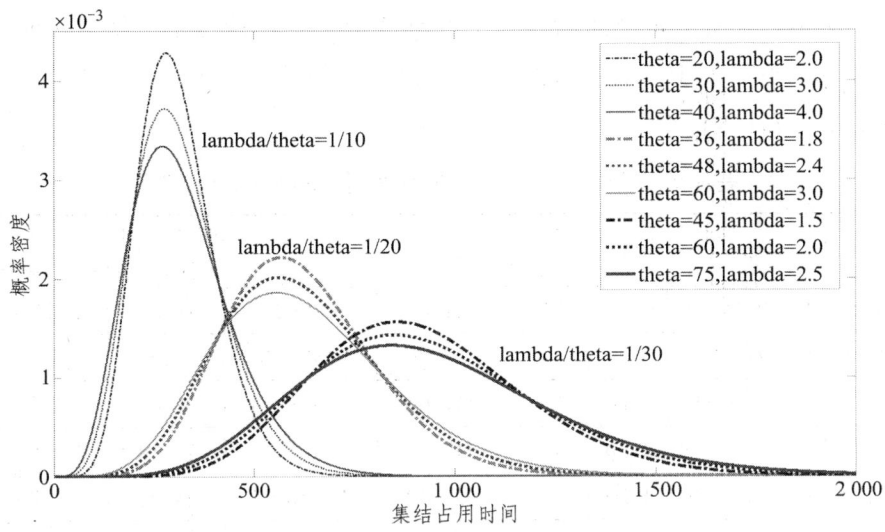

图 4-8 $\lambda_{基}$ 和 $\theta_{基}$ 对集结占用时间的耦合影响

另一方面，从局部来看，$\lambda_{基}/\theta_{基}$ 相等的分布族的间隔时间参数越大（或者车流强度越大）的分布，其集结占用时间取值越离散。对比集结占用时间关于这两个参数的灵敏度分析（间隔时间越大集结占用时间越离散，而车流强度越大却越集中），二者叠加的效果表明间隔时间参数的灵敏程度更高。

在集结占用时间的影响因素中，参数 $\lambda_{基}$ 为一个到达批中的平均车辆数，参数 $\theta_{基}$ 为到达批之间的平均间隔时间。基于这两个参数，定义

$$\rho_{基}=\lambda_{基}/\theta_{基} \qquad (4\text{-}43)$$

在本书中称 $\rho_{基}$ 为车流到达频率，简称车流频率，反映了单位时间平均到达的车辆数。车流频率不同于车流强度，后者与时间无关，相当于绝对指标；而前者与时间有关，相当于相对指标。

由于参数 $m_{基}$ 为一次集结规定的总车辆数，则 $m_{基}/\rho_{基}$ 也在一定程度上度量了平均的集结占用时间。为了验证估计的可靠性，按照下式计算：

$$\varepsilon\left(t_{基占}\right)=\frac{\left|m_{基}/\rho_{基}-E\left(t_{基占}\right)\right|}{E\left(t_{基占}\right)}\times100\% \qquad (4\text{-}44)$$

式中，$E\left(t_{基占}\right)$ 为平均集结占用时间的理论值，可由式（4-28）求期望得到。

表 4-7 给出了 $m_{基}$=30 时，以上九种情形下的估计结果。结果表明，$\varepsilon(t_{基占})$ 几乎都小于 5%。因此 $\mathrm{E}(t_{基占})$ 可由 $m_{基}/\rho_{基}$ 近似估计，且估计的相对误差为 $\varepsilon(t_{基占})$。

表 4-7　$\theta_{基}$ 和 $\lambda_{基}$ 组合情形下集结占用时间估计结果

参数组合	$\rho_{基}$	估计均值	理论均值	理论方差	均值估计绝对误差	均值估计相对误差
$\lambda_{基}=2.0$，$\theta_{基}=20$	1/10	300	310.00	9233.20	10.00	3.22%
$\lambda_{基}=3.0$，$\theta_{基}=30$	1/10	300	315.00	12525.00	15.00	4.76%
$\lambda_{基}=4.0$，$\theta_{基}=40$	1/10	300	320.00	15933.33	20.00	6.25%
$\lambda_{基}=1.8$，$\theta_{基}=36$	1/20	600	617.84	34365.33	17.84	2.89%
$\lambda_{基}=2.4$，$\theta_{基}=48$	1/20	600	624.00	42140.84	24.00	3.85%
$\lambda_{基}=3.0$，$\theta_{基}=60$	1/20	600	629.98	50080.69	29.98	4.76%
$\lambda_{基}=1.5$，$\theta_{基}=45$	1/30	900	911.25	72103.38	11.25	1.23%
$\lambda_{基}=2.0$，$\theta_{基}=60$	1/30	900	927.00	82252.47	27.00	2.91%
$\lambda_{基}=2.5$，$\theta_{基}=75$	1/30	900	931.11	95894.27	31.11	3.34%

关于间隔时间参数 $\theta_{基}$ 保持不变，固定重量 $m_{基}$ 和车流强度 $\lambda_{基}$ 两个参数成比例变化的情形，图 4-9 给出了 $\theta_{基}$=20 时集结占用时间的概率密度曲线。

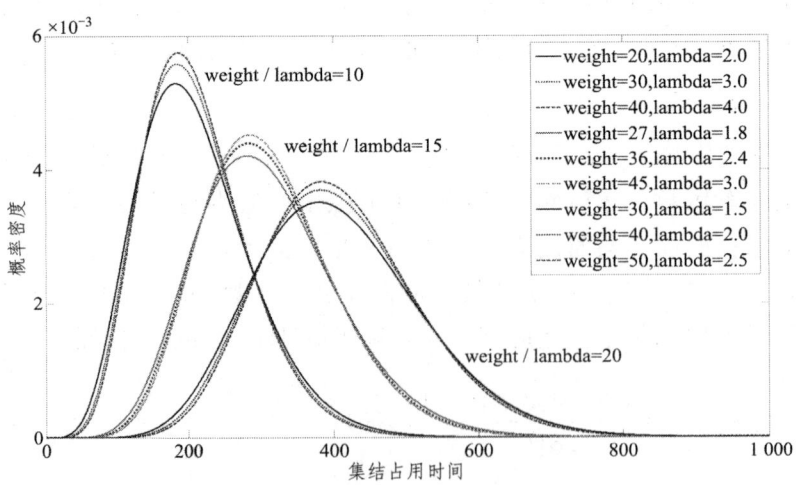

图 4-9　$m_{基}$ 和 $\lambda_{基}$ 对集结占用时间的耦合影响

第4章 分组列车集结特性研究

图4-9中曲线分布的特点与图4-8相似，变现在：

其一，分布曲线也呈现聚类现象。$m_{基}/\lambda_{基}$相等的分布族，集结占用时间分布区域大致相同，且$m_{基}/\lambda_{基}$越大的分布族，集结占用时间越长且越离散。

其二，$m_{基}/\lambda_{基}$相等的分布族的固定重量参数越大（或者车流强度越大）的分布，其集结占用时间取值越集中。对比集结占用时间关于这两个参数的灵敏度分析（固定重量越大集结占用时间越离散，而车流强度越大却越集中），二者叠加的效果又表明间隔车流强度的灵敏程度更高。这与集结批次关于这两个参数的灵敏度结论一致。

进一步地，对比图4-8和图4-9可以发现，集结占用时间的三个影响参数的灵敏度从强到弱依次是：间隔时间>车流强度>固定重量。

结合式（4-20）和式（4-44），得下式：

$$\varepsilon'\left(t_{基占}\right)=\frac{\left|E\left(\xi_{基}^{1}\right)\theta_{基}-E\left(t_{基占}\right)\right|}{E\left(t_{基占}\right)}\times100\% \qquad (4\text{-}45)$$

式中，$E\left(t_{基占}\right)$为平均集结占用时间的理论值；$E\left(\xi_{基}^{1}\right)$为平均集结批次的理论值。

表4-8给出了在$\theta_{基}=20$时的九种情形，按照式（4-45）估计的结果。结果表明，$\varepsilon'\left(t_{基占}\right)$都小于5%。因此，$E\left(t_{基占}\right)$也可由$E\left(\xi_{基}^{1}\right)\theta_{基}$近似估计，且估计的相对误差为$\varepsilon'\left(t_{基占}\right)$。

表4-8 $m_{基}$和$\lambda_{基}$组合情形下集结占用时间估计结果

参数组合	$\dfrac{m_{基}}{\lambda_{基}}$	估计均值	理论均值	理论方差	均值估计绝对误差	均值估计相对误差
$m_{基}=20$，$\lambda_{基}=2.0$	10	200	209.92	6 231.04	9.92	4.73%
$m_{基}=30$，$\lambda_{基}=3.0$	10	200	210.00	5 566.67	10.00	4.76%
$m_{基}=40$，$\lambda_{基}=4.0$	10	200	210.00	5 233.33	10.00	4.76%
$m_{基}=27$，$\lambda_{基}=1.8$	15	300	309.84	9 570.67	9.84	3.17%
$m_{基}=36$，$\lambda_{基}=2.4$	15	300	310.00	8 733.25	10.00	3.23%
$m_{基}=45$，$\lambda_{基}=3.0$	15	300	310.00	8 233.29	10.00	3.23%
$m_{基}=30$，$\lambda_{基}=1.5$	20	400	405.26	14 272.08	5.26	1.30%
$m_{基}=40$，$\lambda_{基}=2.0$	20	400	409.98	12 227.85	9.98	2.43%
$m_{基}=50$，$\lambda_{基}=2.5$	20	400	409.99	11 430.21	9.99	2.44%

类似地，当车流强度参数 $\lambda_{基}$ 保持不变，固定重量 $m_{基}$ 和间隔时间 $\theta_{基}$ 两个参数同时变化的情形，图 4-10 给出了 $\lambda_{基}=2$ 时集结占用时间的概率密度曲线。在这些分布族中，$m_{基} \times \theta_{基}$ 相等的分布族，也即是二者成反比例的情形，集结占用时间分布区域也大致相同，且 $m_{基} \times \theta_{基}$ 越大的分布族，集结占用时间越长且越离散。

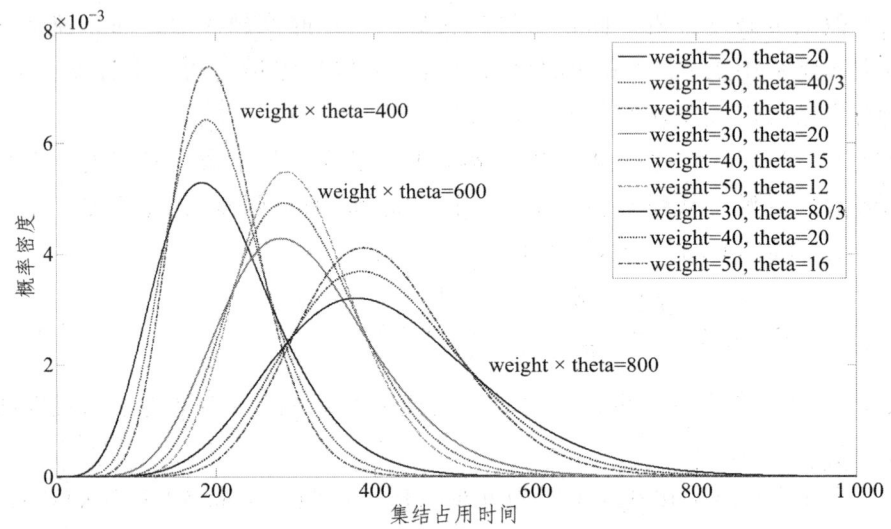

图 4-10 $m_{基}$ 和 $\theta_{基}$ 对集结占用时间的耦合影响

综上集结占用时间相关的数值计算，结果如下：

（1）集结占用时间分布特征方面。

当车流强度参数 $\lambda_{基}$ 和间隔时间参数 $\theta_{基}$ 不变时，随着固定重量 $m_{基}$ 增大，概率密度曲线位置整体右移，集结占用时间取值普遍偏大且越分散；当 $m_{基}$ 和 $\lambda_{基}$ 不变时，集结占用时间随 $\theta_{基}$ 增大呈现出类似的规律；当 $\theta_{基}$ 和 $m_{基}$ 不变时，随着 $\lambda_{基}$ 增大，概率密度曲线位置整体左移，集结占用时间取值普遍偏小且越集中。$\lambda_{基}$ 和 $\theta_{基}$ 之比相等的分布族，分布区域大致相同，二者比值越大则分布越集中。$m_{基}$ 和 $\lambda_{基}$ 成正比例变化以及 $m_{基}$ 和 $\theta_{基}$ 成反比例变化，分布族都呈现聚类成族的特点。

（2）集结占用时间平均值方面。

单参数的灵敏度分析表明，平均集结占用时间都与 $m_{基}$ 和 $\theta_{基}$ 正相关而与 $\lambda_{基}$ 负相关，且 $\lambda_{基}$ 的灵敏程度最高；双参数的耦合分析表明，平均

集结占用时间可由 $m_{\text{基}}/\rho_{\text{基}}$ 或者 $E(\xi_{\text{基}}^1)\theta_{\text{基}}$ 近似估计。

4.5 集结耗费测度

4.5.1 集结耗费特点分析

在文献[153]中，单组列车的集结过程被视为一个成批到达、成批瞬时服务且服务时间为零（完成集结的瞬间）的随机服务系统，从而将排队等待服务的平均队长（集结过程中车列的平均队长）换算得到集结耗费。根据 4.1.1 小节的分析，固定车组重量分组列车基本组和补轴组两个去向的集结，构成两个相互关联的成批到达、成批瞬时服务的随机服务系统。因此，固有集结耗费相当于这两个系统的排队等待服务队长之和。稍有不同的是，附加集结耗费与基本组和补轴组两个去向的集结进程有关。

在以上分析中，固定重量的分组列车的总集结消耗包括三项：基本组的固有集结耗费、补轴组的固有集结耗费以及附加集结耗费。在集结过程中，车流到达的随机性导致各部分耗费也是随机的，本小节以数学期望作为其估计，具体的量化过程如下。

4.5.2 固有集结耗费测度

第一个基本组的固有集结消耗包括两部分，其一是初始时刻现车的车小时消耗，对应图 4-1（b）中矩形 1 的面积；其二是集结过程中，各到达批的车辆数与相应等候时间乘积之和，对应图 4-1（b）中矩形 2、3 和 4 的面积。因此有

$$T_{\text{基分}} = \sigma_{\text{基}}^1 \sum_{i=1}^{\xi_{\text{基}}^1} \tau_{\text{基}}^i + \sum_{j=1}^{\xi_{\text{基}}^1-1} n_{\text{基}}^j \sum_{i=j+1}^{\xi_{\text{基}}^1} \tau_{\text{基}}^i \quad (4\text{-}46)$$

根据全期望公式，有

$$E(T_{\text{基分}}) = \sum_{k=1}^{m_{\text{基}}} E\left(\sigma_{\text{基}}^1 \sum_{i=1}^{\xi_{\text{基}}^1} \tau_{\text{基}}^i + \sum_{j=1}^{\xi_{\text{基}}^1-1} n_{\text{基}}^j \sum_{i=j+1}^{\xi_{\text{基}}^1} \tau_{\text{基}}^i \middle| \xi_{\text{基}}^1 = k \right) P(\xi_{\text{基}}^1 = k)$$

式中，$P(\xi_{\text{基}}^1 = k)$ 为集结批次 $\xi_{\text{基}}^1$ 的分布律，具体如式（4-18）。

进一步地，

$$E(T_{\text{基分}}) = \sum_{k=1}^{m_{\text{基}}} E\left(\sigma_{\text{基}}^1 \middle| \xi_{\text{基}}^1 = k\right) E\left(\sum_{i=1}^{\xi_{\text{基}}^1} \tau_{\text{基}}^i \middle| \xi_{\text{基}}^1 = k\right) P\left(\xi_{\text{基}}^1 = k\right) +$$

$$\sum_{k=1}^{m_{\text{基}}} E\left(\sum_{j=1}^{\xi_{\text{基}}^1 - 1} n_{\text{基}}^j \middle| \xi_{\text{基}}^1 = k\right) E\left(\sum_{i=j+1}^{\xi_{\text{基}}^1} \tau_{\text{基}}^i \middle| \xi_{\text{基}}^1 = k\right) P\left(\xi_{\text{基}}^1 = k\right) \quad (4\text{-}47)$$

根据假设①、②和④，式（4-47）可以整理为

$$E(T_{\text{基分}}) = \sum_{k=1}^{m_{\text{基}}} k E\left(\tau_{\text{基}}^1\right) E\left(\sigma_{\text{基}}^1 \middle| \xi_{\text{基}}^1 = k\right) P\left(\xi_{\text{基}}^1 = k\right) +$$

$$\sum_{k=1}^{m_{\text{基}}} \frac{1}{2} k(k-1) E\left(\tau_{\text{基}}^1\right) E\left(n_{\text{基}}^1 \middle| \xi_{\text{基}}^1 = k\right) P\left(\xi_{\text{基}}^1 = k\right)$$

$$= \frac{1}{2} E\left(\tau_{\text{基}}^1\right) \sum_{k=1}^{m_{\text{基}}} \left[2k E\left(\sigma_{\text{基}}^1 \middle| \xi_{\text{基}}^1 = k\right) + \right.$$

$$\left. k(k-1) E\left(n_{\text{基}}^1 \middle| \xi_{\text{基}}^1 = k\right) \right] P\left(\xi_{\text{基}}^1 = k\right)$$

$$= \frac{1}{2} E\left(\tau_{\text{基}}^1\right) \sum_{k=1}^{m_{\text{基}}} E\left(2k\sigma_{\text{基}}^1 + k(k-1) n_{\text{基}}^1 \middle| \xi_{\text{基}}^1 = k\right) P\left(\xi_{\text{基}}^1 = k\right)$$

也即是

$$E(T_{\text{基分}}) = \frac{1}{2} E\left(\tau_{\text{基}}^1\right) E\left(2\xi_{\text{基}}^1 \sigma_{\text{基}}^1 + \xi_{\text{基}}^1 (\xi_{\text{基}}^1 - 1) n_{\text{基}}^1\right) \quad (4\text{-}48)$$

式中第二个因式中后一项的期望，可继续整理为如下形式：

$$E\left(\xi_{\text{基}}^1 (\xi_{\text{基}}^1 - 1) n_{\text{基}}^1\right) = \sum_{k=1}^{m_{\text{基}}} E\left(\xi_{\text{基}}^1 (\xi_{\text{基}}^1 - 1) n_{\text{基}}^1 \middle| \xi_{\text{基}}^1 = k\right) P\left(\xi_{\text{基}}^1 = k\right)$$

$$= \sum_{k=1}^{m_{\text{基}}} E\left(k(k-1) n_{\text{基}}^1 \middle| \xi_{\text{基}}^1 = k\right) P\left(\xi_{\text{基}}^1 = k\right)$$

$$= \sum_{k=1}^{m_{\text{基}}} k(k-1) E\left(n_{\text{基}}^1 \middle| \xi_{\text{基}}^1 = k\right) P\left(\xi_{\text{基}}^1 = k\right)$$

$$= \sum_{k=1}^{m_{\text{基}}} k \sum_{j=1}^{k-1} E\left(n_{\text{基}}^j \middle| \xi_{\text{基}}^1 = k\right) P\left(\xi_{\text{基}}^1 = k\right)$$

$$= \sum_{k=1}^{m_{\text{基}}} E\left(k \sum_{j=1}^{k-1} n_{\text{基}}^j \middle| \xi_{\text{基}}^1 = k\right) P\left(\xi_{\text{基}}^1 = k\right)$$

即有如下关系：

第4章 分组列车集结特性研究

$$E\left(\xi_{\underline{基}}^1(\xi_{\underline{基}}^1-1)n_{\underline{基}}^1\right) = E\left(\xi_{\underline{基}}^1 \sum_{j=1}^{\xi_{\underline{基}}^1-1} n_{\underline{基}}^j\right) \tag{4-49}$$

另外，由于参数之间满足如下平衡关系：

$$\sum_{j=1}^{\xi_{\underline{基}}^1-1} n_{\underline{基}}^j = m_{\underline{基}} - \sigma_{\underline{基}}^1 - \eta_{\underline{基}}^1 \tag{4-50}$$

将式（4-49）和式（4-50）代入式（4-48）有，基本组去向集结第一个基本组的平均固有集结耗费为

$$E(T_{\underline{基分}}) = \frac{1}{2} E\left(\tau_{\underline{基}}^1\right) E\left(\xi_{\underline{基}}^1(m_{\underline{基}} + \sigma_{\underline{基}}^1 - \eta_{\underline{基}}^1)\right) \tag{4-51}$$

根据协方差的定义[160]，式（4-51）可整理为

$$E(T_{\underline{基分}}) = \frac{1}{2} E\left(\tau_{\underline{基}}^1\right) \Big[E\left(\xi_{\underline{基}}^1\right) E\left(m_{\underline{基}} + \sigma_{\underline{基}}^1 - \eta_{\underline{基}}^1\right) + cov\left(\xi_{\underline{基}}^1, m_{\underline{基}} + \sigma_{\underline{基}}^1 - \eta_{\underline{基}}^1\right) \Big] \tag{4-52}$$

式中，$cov(\ )$ 为协方差函数。进一步地，式（4-52）可变形为

$$E(T_{\underline{基分}}) = \frac{1}{2} E\left(\tau_{\underline{基}}^1\right) E\left(\xi_{\underline{基}}^1\right) \left[E\left(m_{\underline{基}} + \sigma_{\underline{基}}^1 - \eta_{\underline{基}}^1\right) + \frac{cov\left(\xi_{\underline{基}}^1, m_{\underline{基}} + \sigma_{\underline{基}}^1 - \eta_{\underline{基}}^1\right)}{E\left(\xi_{\underline{基}}^1\right)} \right] \tag{4-53}$$

在式（4-53）中，除了 $m_{\underline{基}}$ 和平均间隔时间 $E\left(\tau_{\underline{基}}^1\right)$ 之外，还涉及三个参数：初始时刻现车数 $\sigma_{\underline{基}}^1$、结束车辆数 $\eta_{\underline{基}}^1$ 以及集结批次 $\xi_{\underline{基}}^1$。

类似文献[153]和[162]的分析，序列 $\{\sigma_{\underline{基}}^1, \sigma_{\underline{基}}^2, \cdots\}$ 反映了基本组去向集结残存车辆的信息，能够体现编成站的组织水平，如超重（超过 $m_{\underline{基}}$）或者欠重（不足 $m_{\underline{基}}$）等。如果可以超重，$\sigma_{\underline{基}}^k$ 应为一理论上的负值；如果可以欠重，$\sigma_{\underline{基}}^k$ 应为一理论上的正值。然而，固定重量形式分组列车的车组重量固定，不允许超重和欠重。因此，实际中该值变化较小，不会对式（4-53）的结果产生较大的影响。另外，集结批次构成的序列 $\{\xi_{\underline{基}}^1, \xi_{\underline{基}}^2, \cdots\}$，其离散程度不大[153]。因此，式（4-53）方括号中的最后一项的数值将非常小，仅仅对结果进行修正。

基于以上分析，式（4-53）可以简化为

$$E(\tilde{T}_{基分}) = \frac{1}{2} E(\tau_{基}^1) E(\xi_{基}^1) E(m_{基} + \sigma_{基}^1 - \eta_{基}^1) \qquad (4\text{-}54)$$

根据模型假设，$E(\tau_{基}^1) = \theta_{基}$，$E(n_{基}) = \lambda_{基}$，以及平衡关系 $\eta_{基}^1 = n_{基}^{d_{基}^1} - \sigma_{基}^2$，有

$$E(\tilde{T}_{基分}) = \frac{1}{2} \theta_{基} \left(m_{基} + 2\sigma_{基}^1 - \lambda_{基}\right) E(\xi_{基}^1) \qquad (4\text{-}55)$$

特别地，当 $m_{基} = m$ 时，式（4-55）退化为平均每列单组列车的集结耗费，即

$$E(\tilde{T}_{基单}) = \frac{1}{2} \theta \left(m + 2\sigma^1 - \lambda\right) E(\xi^1) \qquad (4\text{-}56)$$

式中，σ^1 为单组列车集结初始时刻的现车数，$E(\xi^1)$ 为单组列车的平均集结批次，λ 和 θ 分别为相应的车流强度参数和间隔时间参数。

上式与文献[153]中关于单组列车集结耗费的结论是一致的。这恰好也说明了单组列车是分组列车的特例。

式（4-55）中的 $E(\xi_{基}^1)$ 可由集结批次分布律求期望得到

$$E(\xi_{基}^1) = \sum_{k=1}^{m_{基}} k P(\xi_{基}^1 = k) \qquad (4\text{-}57)$$

根据 4.3 节的分析，平均集结批次也可按照下式估计

$$\hat{E}(\xi_{基}^1) = \frac{m_{基}}{\lambda_{基}} \qquad (4\text{-}58)$$

将式（4-58）代入式（4-55），即可估计基本组的平均固有集结耗费为

$$\hat{E}(T_{基分}) = \frac{1}{2} \theta_{基} \left[\left(m_{基} + 2\sigma_{基}^1\right) \frac{m_{基}}{\lambda_{基}} - m_{基} \right] \qquad (4\text{-}59)$$

由式（4-59）可知，平均固有集结耗费与间隔时间参数 $\theta_{基}$ 正相关，且为线性关系；是固定重量参数 $m_{基}$ 的二次函数，其中开口向上，且当 $m_{基} = \dfrac{\lambda_{基} - 2\sigma_{基}^1}{2}$ 时，$\hat{E}(T_{基分})$ 达到最小值；与车流强度参数 $\lambda_{基}$ 呈负相关关系，且为非线性形式。

类似分析,平均每列分组列车在补轴组去向的固有集结耗费的期望,可估计为

$$\hat{E}(T_{补分}) = \frac{1}{2}\theta_{编补}\left[\left(m_{补} + 2\sigma_{编补}^1\right)\frac{m_{补}}{\lambda_{编补}} - m_{补}\right] \quad (4\text{-}60)$$

4.5.3 附加集结耗费测度

基本组和补轴组之间的等待消耗是由于二者集结完毕时刻不一致造成的,存在两种情况:基本组集结的车辆数先达到 $m_{基}$,而补轴组车辆数尚未达到 $m_{补}$,产生基本组等待补轴组的车小时消耗;反之,产生补轴组等待基本组的车小时消耗。

根据式(4-21)和式(4-31)中集结第一个基本组和补轴组占用时间的定义,第一列分组列车的等待车小时为

$$T_{等} = \begin{cases} m_{补}(t_{基占} - t_{补占}), t_{基占} \geq t_{补占} \\ m_{基}(t_{补占} - t_{基占}), t_{基占} < t_{补占} \end{cases} \quad (4\text{-}61)$$

式(4-61)通过求其期望得到分组列车的平均等待消耗,即平均附加集结耗费为

$$\begin{aligned}E(T_{等}) = &\iint_{D_1} m_{补}(x-y)\mathrm{d}P\left(t_{基占} \leq x, t_{补占} \leq y\right) + \\ &\iint_{D_2} m_{基}(y-x)\mathrm{d}P\left(t_{基占} \leq x, t_{补占} \leq y\right)\end{aligned} \quad (4\text{-}62)$$

式中两个积分区域分别为

$$D_1 = \{(x,y) \in [0,+\infty) \times [0,+\infty) | x \geq y\}$$

$$D_2 = \{(x,y) \in [0,+\infty) \times [0,+\infty) | x < y\}$$

根据式(4-36),上式可以改写成累次积分形式:

$$\begin{aligned}E(T_{等}) = &\int_0^{+\infty}\left[\int_0^x m_{补}(x-y)\mathrm{d}P\left(t_{补占} \leq y\right)\right]\mathrm{d}P\left(t_{基占} \leq x\right) + \\ &\int_0^{+\infty}\left[\int_0^y m_{基}(y-x)\mathrm{d}P\left(t_{基占} \leq x\right)\right]\mathrm{d}P\left(t_{补占} \leq y\right)\end{aligned} \quad (4\text{-}63)$$

式中,$P(t_{基占} \leq x)$ 和 $P(t_{补占} \leq y)$ 分别为基本组和补轴组集结占用时间的

概率分布函数，具体为式（4-28）和式（4-33）。该式还可以表示为密度函数的形式

$$E(T_{等}) = \int_0^{+\infty} \left[\int_0^x m_{补}(x-y) f_{t_{基占}}(x) f_{t_{补占}}(y) \mathrm{d}y \right] \mathrm{d}x +$$
$$\int_0^{+\infty} \left[\int_0^y m_{基}(y-x) f_{t_{基占}}(x) f_{t_{补占}}(y) \mathrm{d}x \right] \mathrm{d}y \quad (4\text{-}64)$$

式中，$f_{t_{基占}}(x)$ 和 $f_{t_{补占}}(y)$ 分别为基本组和补轴组集结占用时间的概率密度函数，具体为式（4-29）和式（4-34）。

以上求解过程也是从随机变量的函数的数学期望公式[160]进行推导。另外，分组列车平均附加集结耗费还可以直接根据期望的定义[160]进行计算，即

$$E(T_{等}) = \int_0^{+\infty} z \mathrm{d}P(T_{等} \leqslant z) \quad (4\text{-}65)$$

式中，$P(T_{等} \leqslant z)$ 为分组列车附加集结耗费的分布函数。由式（4-61）的定义有

$$P(T_{等} \leqslant z) = P(m_{补}(t_{基占} - t_{补占}) \leqslant z) P(m_{基}(t_{补占} - t_{基占}) \leqslant z) \quad (4\text{-}66)$$

显然，附加集结耗费可能取值比两个去向的集结占用时间大得多。基于数值计算的方便性和可靠性的考虑，本书采用第一种方案。

综上分析，平均一列固定车组重量的分组列车的总集结消耗为

$$E(T_{分集}) = E(T_{基分}) + E(T_{补分}) + E(T_{等}) \quad (4\text{-}67)$$

4.5.4 数值计算

根据式（4-62），固定车组重量分组列车的附加集结耗费的影响因素有：固定重量参数 $m_{基}$，$m_{补}$；车流强度参数 $\lambda_{基}$，$\lambda_{编补}$；间隔时间参数 $\theta_{基}$，$\theta_{编补}$。这六个因素的综合作用使得附加耗费变化规律非常复杂，因此有必要对参数组合进行有效的设计。

虽然附加耗费较为复杂，但仍有规律可循。一方面，附加集结耗费与两个去向集结占用时间有关且呈现对称结构，如式（4-62）所示；另一方面，4.4.1 小节理论推导表明同类性质参数（共三类）对集结占用时间的作用机制相同，4.4.2 小节双参数耦合分析还表明，集结占用时间分

第4章 分组列车集结特性研究

布关于车流频率（车流强度参数与间隔时间参数的比值，详见 4.4.2.4 小节的定义）聚类成族。

基于以上考虑，将基本组作为参照，每组试验的环境设定为：

（1）固定重量参数 $m_{基}$=30（单位：车），$m_{补}$=20（单位：车）；

（2）基本组去向车流特征参数 $\theta_{基}$=40（单位：分钟），$\lambda_{基}$=3（单位：车）；

（3）补轴组去向车流频率 $\rho_{编补}$（$\lambda_{编补}/\theta_{编补}$，单位为车/分钟），分别为 1/15，1/20，1/25（单位为车/分钟）对应 3 组试验，在每组试验内又取 5 种组合情形。

3 组试验共 15 种组合情形的计算结果，如表 4-9~表 4-11 所示，其中集结占用时间的单位为小时，集结耗费的单位为车小时。

表 4-9　$\rho_{编补}$ = 1/15 时 5 种组合情形下的集结耗费

参数组合	$E(t_{补占})$	$P_{等}$	$E(T_{补分})$	$E(T_{等})$	$E(T_{分集})$	$\dfrac{E(T_{等})}{E(T_{分集})}$
$\lambda_{编补}$=2, $\theta_{编补}$=30	5.25	0.29	45.00	62.71	197.71	31.72%
$\lambda_{编补}$=3, $\theta_{编补}$=45	5.38	0.31	42.50	66.42	198.92	33.39%
$\lambda_{编补}$=4, $\theta_{编补}$=60	5.50	0.33	40.00	70.17	200.17	35.05%
$\lambda_{编补}$=5, $\theta_{编补}$=75	5.62	0.34	37.50	73.93	201.43	36.70%
$\lambda_{编补}$=6, $\theta_{编补}$=90	5.75	0.35	35.00	77.68	202.68	38.32%

表 4-10　$\rho_{编补}$ = 1/20 时 5 种组合情形下的集结耗费

参数组合	$E(t_{补占})$	$P_{等}$	$E(T_{补分})$	$E(T_{等})$	$E(T_{分集})$	$\dfrac{E(T_{等})}{E(T_{分集})}$
$\lambda_{编补}$=2, $\theta_{编补}$=40	7.00	0.50	60.00	71.25	221.25	32.20%
$\lambda_{编补}$=3, $\theta_{编补}$=60	7.17	0.50	56.67	78.46	225.13	34.85%
$\lambda_{编补}$=4, $\theta_{编补}$=80	7.33	0.51	53.33	85.23	228.57	37.29%
$\lambda_{编补}$=5, $\theta_{编补}$=100	7.50	0.51	50.00	91.53	231.53	39.53%
$\lambda_{编补}$=6, $\theta_{编补}$=120	7.66	0.52	46.67	97.26	233.93	41.58%

表 4-11 $\rho_{编补}=1/25$ 时 5 种组合情形下的集结耗费

参数组合	$E(t_{补占})$	$P_{等}$	$E(T_{补分})$	$E(T_{等})$	$E(T_{分集})$	$\dfrac{E(T_{等})}{E(T_{分集})}$
$\lambda_{编补}=2$, $\theta_{编补}=50$	8.75	0.66	75.00	96.29	261.29	36.85%
$\lambda_{编补}=3$, $\theta_{编补}=75$	8.96	0.65	70.83	105.51	266.34	39.61%
$\lambda_{编补}=4$, $\theta_{编补}=100$	9.16	0.65	66.67	113.34	270.01	41.98%
$\lambda_{编补}=5$, $\theta_{编补}=125$	9.36	0.65	62.50	119.79	272.29	43.99%
$\lambda_{编补}=6$, $\theta_{编补}=150$	9.54	0.64	58.33	124.94	273.28	45.72%

根据 4.4.2 小节的结论，基本组平均集结占用时间可估计为 6.67 h（理论值为 7 h），3 组试验中补轴组平均集结占用时间分别估计为 5 h、6.67 h 和 8.33 h。

在以上 3 组试验中，在补轴组车流频率相等和不等两种情形下，基本组的等待概率表现出不同的规律，具体阐释如下。

（1）在每组试验中，补轴组去向车流频率相等，具体又细分两种情形。当补轴组平均集结占用时间小于基本组时，如表 4-9 所示，随着补轴组间隔时间参数 $\theta_{编补}$ 的增大（或车流强度 $\lambda_{编补}$ 的增大），基本组等待补轴组的概率 $P_{等}$ 也稍稍增大；但当补轴组平均集结占用时间大于基本组时，$P_{等}$ 随着 $\theta_{编补}$ 增大反而减小，如表 4-11 所示。该结论可通过图 4-11 解释。

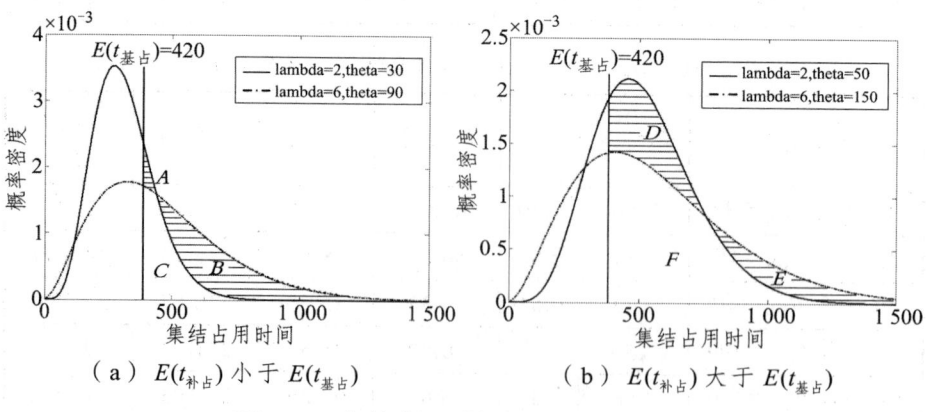

（a）$E(t_{补占})$ 小于 $E(t_{基占})$ （b）$E(t_{补占})$ 大于 $E(t_{基占})$

图 4-11 集结占用时间与等待概率关系

在图 4-11（a）中，当 $\lambda_{编补}/\theta_{编补}=1/15$ 时，$E(t_{补占})$ 都小于 $E(t_{基占})$，在 $\lambda_{编补}=2$，$\theta_{编补}=30$ 和 $\lambda_{编补}=6$，$\theta_{编补}=90$ 两种情形下，基本组等待补轴组的概率分别对应图中区域 $A+C$，$B+C$ 的面积。显然 $A<B$，因此后者的等待概率更大。这主要是由于 $t_{补占}$ 的离散程度随 $\theta_{编补}$ 增大而增大，从而其概率密度曲线向右偏离 $E(t_{基占})$ 的区域也更大。

在图 4-11（b）中，当 $\lambda_{编补}/\theta_{编补}=1/25$ 时，$E(t_{补占})$ 都大于 $E(t_{基占})$，在 $\lambda_{编补}=2$，$\theta_{编补}=50$ 和 $\lambda_{编补}=6$，$\theta_{编补}=150$ 两种情形下，$P_{等}$ 又分别对应图中区域 $D+F$，$E+F$ 的面积。显然 $D>E$，因此前者的等待概率更大。这也是由于 $t_{补占}$ 离散分布造成。因为前者整体都倾向于超过 $E(t_{基占})$。

综合以上这两方面的分析，集结占用时间的离散分布对基本组等待概率的影响是双向的。

（2）对比三组试验，补轴组去向车流频率不相等。若 $E(t_{补占})$ 小于 $E(t_{基占})$，则基本组等待补轴组的概率都小于 0.5，如表 4-9 所示；若 $E(t_{补占})$ 小于 $E(t_{基占})$，则前者等待后者的概率都大于 0.5，如表 4-11 所示；否则二者等待对方的概率都接近于 0.5，如表 4-10 所示。

在以上三组试验中，在补轴组车流频率相等和不等两种情形下，集结耗费也表现出不同的规律，具体阐释如下。

（1）在每组试验中，随着补轴组平均间隔时间的增大（或车流强度增大），去向上的固有集结耗费减小，附加集结耗费和总集结耗费都增大，且附加耗费所占的比例也增大。

（2）对比三组试验，补轴组的集结占用时间越长，附加集结耗费就越大且占总耗费的比例也越大。如以上三组车流频率下，附加集结耗费的平均比例分别为 35.04%、37.09%、41.63%。

4.6 本章小结

货车集结过程的占用时间构成其在站停留的主要部分，其耗费是编组计划优化的重要参数。在这一过程中，经过必要的调车作业，重车按去向、空车按车种分解到不同调车线上，累积达到一定数目后按编组计划要求编组成车列，继而根据列车运行图组流上线。

分组列车根据车组重量是否固定存在两种类型，其中不固定重量形式的集结机制与单组列车相同，而固定重量形式虽与单组列车有联系但仍然表现出不同的集结特性。本章以固定重量形式分组列车的集结特性重点进行研究。

本章的主要工作如下：

（1）集结特点分析。不固定重量形式分组列车在编成站的集结过程，构成了一个成批到达、成批瞬时服务的随机服务系统，其集结机制和集结特性与单组列车相同。而在固定形式下，基本组和补轴组构成两个相互关联的成批到达、成批瞬时服务的随机服务系统，表现出与单组列车不一样的集结特性。集结耗费也有差别，本书将固定重量形式分组列车的总集结耗费划分为固有和附加两类，其中前者指基本组和补轴组在编成站的集结耗费，后者指二者之间的等待消耗。而不固定形式和单组列车都仅包含前者。

（2）集结过程的动态描述。根据集结过程的动态特性和车流到达的不确定性，将到达批（成批到达的车辆集合）中的车辆数和间隔时间都视为随机变量，在独立同分布的假定下，描述固定形式分组列车在编成站和换挂站的集结过程。

（3）集结过程的定量分析。在集结过程动态描述的基础上，进一步假定到达批中的车辆数服从泊松分布以及间隔时间服从指数分布，应用随机过程知识，理论推导了集结批次、集结占用时间以及集结消耗，采用数值计算的方法分析了单参数灵敏度以及双参数耦合影响，并给出三者均值的估计公式。

第 5 章　分组列车组织条件研究

不同的列车组织形式具有各自不同的组织特征，除此之外，组织条件也有不同。列车组织条件研究，属于车流组织理论中的基础性工作。本章将围绕固定车组重量类型分组列车的固定重量参数和开行适用条件两个方面展开研究，也是对其客观规律的进一步探索。其中，分组列车编成辆数最佳分配（基本组和补轴组的固定重量确定）为其进一步探讨适用条件提供了条件，是组织条件研究的基础。在和其他章节联系方面，这两个问题的建模都是基于第 4 章中集结过程的解构模型进行刻画；另外，本章的成果也可为第 7 章建模所用。

5.1　分组列车固定车组重量优化模型

5.1.1　问题分析

列车编成辆数，是编制货物列车编组计划的重要参数之一，其确定受到技术参数（如机车牵引质量，沿途通过线路的坡度、曲率半径、区段内各车站到发线长度）以及车流参数（如货流、车种构成、重空车比例）等因素影响[35]。在编制编组计划时，除了快运列车、固定车底循环运用的煤炭专列和石油专列等少数作专门规定之外，其他列车都应按到站和种类分别查定其平均编成辆数。一般地，重车列车编成辆数应达到运行图规定的列车重量标准；空车列车应达到运行图规定的列车长度标准；而重空合编列车，最有利的编成辆数应同时达到这两个标准[35、36、38、40]。

为了充分利用运输能力，目前我国主要采用组织型行车组织模式[151]。在该模式下，除少数欠轴列车（如摘挂列车、小运转列车、快运货物列车、五定班列等）外，编组计划对各类列车的重量和长度都进行了限制（统称为满轴），具体体现为列车编成辆数的规定。分组列车根据基本组和补轴组的重量是否固定存在两种类型。其中，不固定形式列车的编成辆数规定类似于单组列车；而固定形式除了列车编成辆数限制之外，还规定了基本组和补轴组两个去向的重量标准（可换算为车辆数），主要应用于车流量递减的情形，其目的在于避免因等待补轴组集结而产生延误甚至提前解体[32-40]。

迄今为止，既有研究中专门讨论编成辆数的文献较少。对于单组列车形式，文献[162][163]分析了集装箱班列（单层或者双层）的编成箱数，文献[164][165]研究了定点发车模式中最小编成辆数；对于固定重量形式分组列车，其固定重量一般都根据均衡原则进行确定[32-40]。分组列车中车组重量确定问题，属于其组织条件考虑的内容，对其的研究是很有必要的。

货车集结是按照不同的编组去向分别进行的，其刻画指标有两个：其一是集结耗费，反映了某编组去向的车辆在调车线上平均一昼夜的耗费，以车小时进行测度，为复合单位。其二是集结占用时间，反映了集结过程的持续时间，单位为小时。通过第4章的分析可知，一列固定重量形式分组列车的平均集结耗费和平均集结占用时间，都受到基本组和补轴组两个去向的固定重量以及车流特征的共同影响。对于给定的两支车流，其到达特征（由车流强度参数和平均间隔时间参数进行表征）是一定的，显然集结耗费越小或者集结占用时间越短的固定重量组合，才越有利。

基于以上分析，分组列车的基本组和补轴组两个去向固定重量的最佳匹配问题，可以描述为：在车流到达特征已定的条件下，如果方向上车流量递减，基本组和补轴组重量以何种比例分配，才使得平均每列车的集结耗费最小或者集结占用时间最小。

本节基于4.2节中集结过程的解构模型，以平均每列分组列车在编成站的集结耗费最小和集结占用时间最小分别建立优化模型，采用数值计算和回归分析方法，研究了固定重量形式分组列车的车组重量确定问题。

5.1.2 模型假设

根据问题分析，固定重量参数的建模涉及集结耗费和集结占用时间的计算。在第4章中，集结耗费和集结占用时间都是以集结过程的解构模型为基础,也即是以微观上的车辆集成宏观上的车列,相关变量可参照 4.2.1 小节的说明,此处不再赘述。车流到达具有不确定性,其分布参数假定与 4.2.2 小节有些类似。由于本节仅针对编成站的集结,因此模型假设中不再涉及换挂站。另外,为了得到更为确切的结论以及验证模型的有效性,罗列本模型的假设为如下五条:

假设① $\sigma_{基}^1, \tau_{基}^1, \tau_{基}^2, \cdots, n_{基}^1, n_{基}^2, \cdots, \sigma_{编补}^1, \tau_{编补}^1, \tau_{编补}^2, \cdots, n_{编补}^1, n_{编补}^2, \cdots$ 相互独立。

假设② $n_{基}^1, n_{基}^2, \cdots$ 同泊松分布,参数为 $\lambda_{基}$。

假设③ $n_{编补}^1, n_{编补}^2, \cdots$ 同泊松分布,参数为 $\lambda_{编补}$。

假设④ $\tau_{基}^1, \tau_{基}^2, \cdots$ 同指数分布,参数为 $\theta_{基}$。

假设⑤ $\tau_{编补}^1, \tau_{编补}^2, \cdots$ 同指数分布,参数为 $\theta_{编补}$。

5.1.3 模型建立

根据问题分析,从集结耗费角度建立固定重量参数的优化模型 **M.1**。

M.1 $\quad \min \ E(T_{集})$ (5-1)

s.t. $m_{基} + m_{补} = m$ (5-2)

$m_{基} \geq 1, m_{基} \in Z^+$ (5-3)

$m_{补} \geq 1, m_{补} \in Z^+$ (5-4)

在以上模型中,式(5-1)为最小化一列固定重量分组列车在编成站的平均集结耗费,具体参见式(4-67)。式(5-2)为满轴约束,固定重量之和达到列车编成辆数(已知的常数)。式(5-3)和式(5-4)为决策变量的取值范围约束。该模型具有非线性的目标函数和线性的约束条件,因此属于非线性的整数规划模型。

另外,从集结占用时间角度也可建立固定重量参数的优化模型 **M.2**。

M.2 $\quad \min \ E(t_{分占})$ (5-5)

s.t. $m_{基} + m_{补} = m$ (5-6)

$m_{基} \geq 1, m_{基} \in Z^+$ (5-7)

$m_{补} \geq 1, m_{补} \in Z^+$ (5-8)

该模型的目标函数为最小化一列固定重量分组列车在编成站的平均集结占用时间，具体参见式（4-39）或式（4-40）。

由上述分析可知，这两个优化模型的目标函数只利用了分组列车在编成站的信息（集结耗费和集结占用时间）。而实际中分组列车开行涉及很多因素，如编成站和换挂站的作业条件、组织效果（车小时消耗与单组列车进行对比）等。但这两者并不矛盾。因为前者的确定仅是后者研究的其中一个步骤。如本书5.2节将以分组列车在编成站和换股站集结耗费的总净节省（与固定重量参数有关）作为综合效益的度量，构建其开行适用条件；本书第7章将在分组列车编组计划优化中考虑换挂站的节省时间参数。直观地，在确定最优固定重量参数的基础上，而后考虑分组列流代替单组的有利性。也唯有这样，才能充分发挥分组列车的优势。另外，即使目标函数的形式较为单一，但其求解仍然不易。下一节专门对此进行探讨。

5.1.4 数值计算

根据第4章的分析，固定重量形式分组列车的集结耗费和集结占用时间的影响因素都比较多：在参数来源方面，有基本组和补轴组之分；在参数性质方面，有车列构成参数、车流强度参数以及平均间隔时间参数之别。两个优化模型的目标函数都较为复杂，这主要表现在：一方面，在集结耗费中，虽然固有集结耗费由于基本组和补轴组各自集结而互不影响，但是附加集结耗费却与两个去向集结进程有关；另一方面，分组列车的集结占用时间也与两个去向相互关联。因此，在多种影响因素和非线性结构的双重作用下，采用解析方法或者直接优化求解获得最佳固定重量无疑将非常困难。

为此，本书分两个阶段逐步解决。首先采用数值计算方法探究最佳固定重量的影响机制，然后基于挖掘的信息采用回归方法给出经验计算公式。数值计算的内容包括附加集结耗费、总集结耗费、列车集结占用时间以及等待概率。其中，附加集结耗费以及等待概率的计算，分别是为了进一步挖掘集结耗费和集结占用时间的变化规律。

基于第4章的相关结论，附加集结耗费和列车集结占用时间都与基

第5章 分组列车组织条件研究

本组和补轴组两个去向的参数有关,并且同性质参数(共三种)对二者的作用机制相同。从这个角度上讲,基本组和补轴组地位相当。因此,基于优化模型的对称结构设定试验环境为:列车编成辆数为50,保持基本组车流特征参数不变,变动补轴组车流特征参数组合。

另外,在各种试验环境中,不同车流频率(车流强度与平均间隔时间的比值)组合情形、计算结果表现出较大差别。因此,本模型的试验方案设计为:基本组和补轴组的车流频率不相等,车流特征参数完全相同,车流频率由不相等演变为完全相同的动态过程三个方面。

5.1.4.1 车流频率不相等

试验需要设定基本组和补轴组的车流特征参数,本方案共设计4组试验。每组试验的基本组车流特征参数都相同,具体如表5-1所示;每组试验的补轴组车流特征参数又包含9种组合,其车流特征参数又如表5-2所示。各种基本组和补轴组车流特征参数组合情形下,平均每列分组列车的附加集结耗费、总集结耗费、列车集结占用时间以及等待概率,4项指标关于固定重量的计算结果,分别如图5-1~图5-4所示。这4幅图中各曲线与车流特征参数的对应关系如表5-2所示,图中都不再给出图例。

表5-1 试验方案一中基本组去向车流特征参数

组号	车流强度/车	间隔时间/分钟	车流频率/(车/分钟)
1	5	25	1/5
2	5	75	1/15
3	5	135	1/25
4	5	175	1/35

表5-2 试验方案一中补轴组去向车流特征参数及图例

序号	车流强度/车	间隔时间/分钟	车流频率/(车/分钟)	图例
1	2	20	1/10	点划线
2	2	40	1/20	点划线+"×"
3	2	60	1/30	点划线+"◇"

续表

序号	车流强度/车	间隔时间/分钟	车流频率/（车/分钟）	图例
4	4	40	1/10	虚线
5	4	80	1/20	虚线+"x"
6	4	120	1/30	虚线+"◇"
7	6	60	1/10	实线
8	6	120	1/20	实线+"x"
9	6	180	1/30	实线+"◇"

1. 附加集结耗费

对于基本组和补轴组各种车流特征参数组合情形，图 5-1 给出了平均每列分组列车的附加集结耗费与基本组固定重量 $m_{基}$ 的关系，其中纵坐标的单位为车小时。

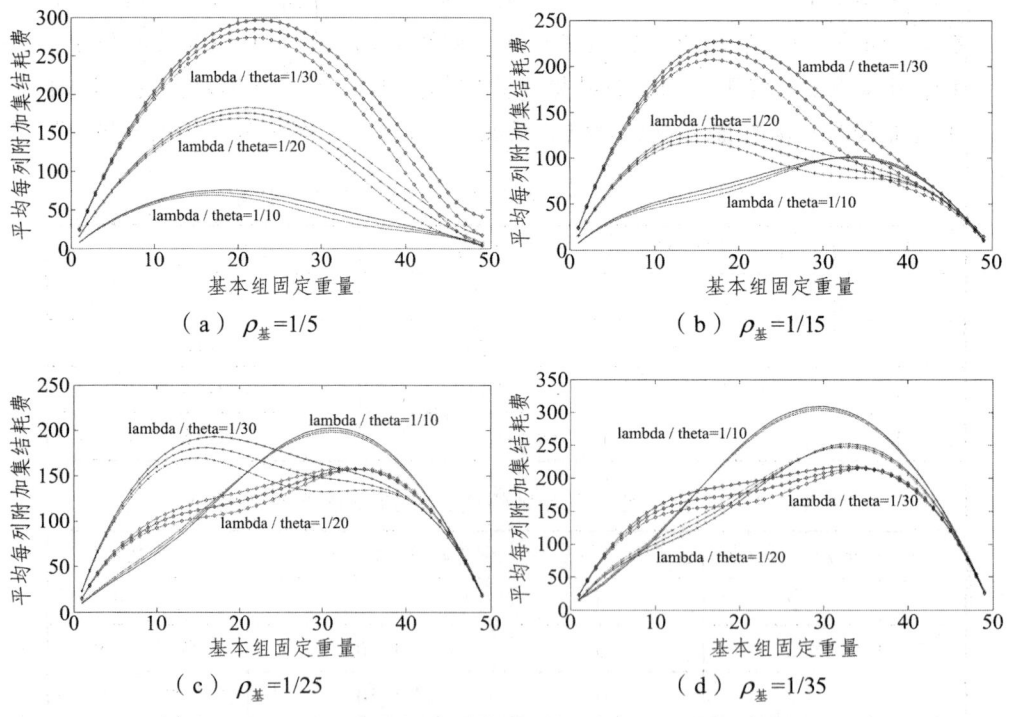

图 5-1 $\rho_{编补} \neq \rho_{基}$ 时固定重量对附加集结耗费的影响

第5章 分组列车组织条件研究

该图表现出以下三个方面的特征。

其一，在四组试验中，不论基本组和补轴组的车流频率如何，随着 $m_{基}$ 的增加，平均每列分组列车的附加集结耗费在整体上都表现为先增加后再减少。其主要原因是，附加集结耗费不仅与等待时间有关，还与固定重量有关。当基本组（补轴组）单个去向的固定重量越小，即使等待时间延长，但是等待车辆的基数较少，仍然可能使得附加耗费较小。特别地，当基本组或补轴组的固定重量为 0 时，分组列车也就退化为单组列车，当然也就无所谓附加耗费。

其二，在每组试验中，附加集结耗费曲线呈现聚类分族的特点。补轴组车流频率相等情形的曲线变化特征相似，而不同频率的情形却具有不同的趋势。

其三，对比四组试验，基本组与补轴组两个去向的车流频率越接近，附加耗费取值普遍就越小，在曲线上表现为几乎整体都处于下方位置，如图 5-1（a）所示，$\rho_{基}$=1/5 和 $\rho_{补}$=1/10 的三种组合情形；反之几乎整体都处于上方，如图 5-1（d）所示，$\rho_{基}$=1/35 和 $\rho_{补}$=1/10 的三种组合情形。

2. 总集结耗费

图 5-2 给出了基本组和补轴组各种车流频率组合情形下，平均每列分组列车的总集结耗费与基本组固定重量 $m_{基}$ 的关系，其中纵坐标的单位为车小时。

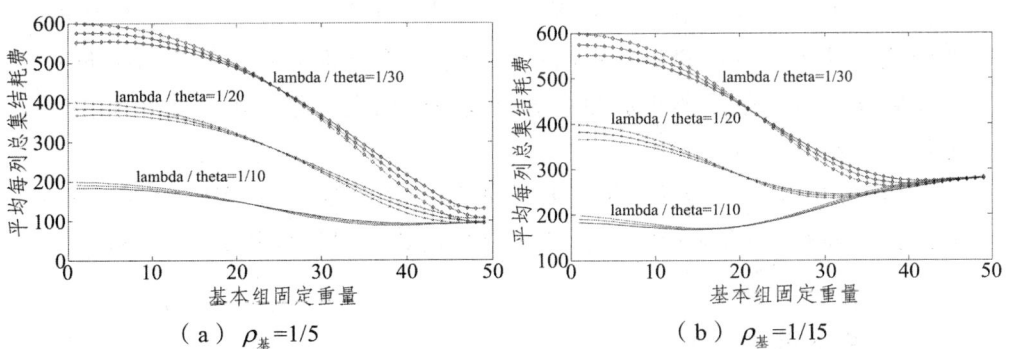

（a）$\rho_{基}$=1/5　　　　　　　（b）$\rho_{基}$=1/15

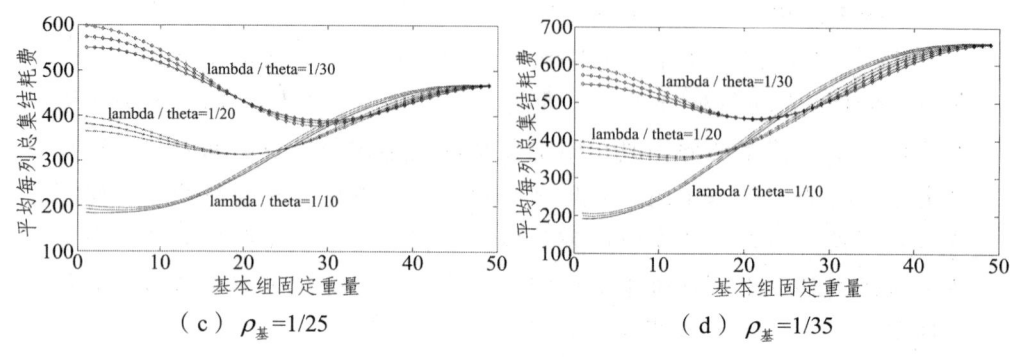

（c）$\rho_{基}=1/25$　　　　　　（d）$\rho_{基}=1/35$

图 5-2　$\rho_{编补} \neq \rho_{基}$ 时固定重量对集结耗费的影响

图 5-2 具有以下四个方面的特征。

其一，在每组试验中，随着 $m_{基}$ 增加，平均每列车的集结耗费都先减小后再增大，该特点在车流频率较小时更为明显，如图 5-2（c）和（d）中 $\rho_{补}=1/30$ 的情形。其主要原因是，基本组和补轴组集结过程平行进行，当两个去向的车流频率相当时，二者的固定重量越接近，则它们集结结束时刻就越接近，车列总集结耗费也就越小。

其二，在每组试验中，集结耗费曲线也呈现聚类的特点，补轴组车流频率相等情形的曲线变化特征相似，而不同频率的情形却具有不同的趋势。

其三，在 4 组试验中，当补轴组车流频率较小时，$m_{基}$ 越小、$m_{补}$ 越大的固定重量方案对应的集结耗费越大，反之越小。如在图 5-2 中，$\rho_{编补}=1/30$ 的曲线族在图中左端都处于其他情形的上方位置，$\rho_{编补}=1/10$ 的曲线族都处于下方位置。这也间接说明了，合理的固定重量应与去向上车流频率相当，较小的车流频率对应较小的固定重量，集结耗费才有可能比较有利。

其四，在 4 组试验中，所有曲线都有收敛趋势，并且车流频率越小，收敛速度越快。图 5-2 中，4 组试验的收敛位置依次约为 50、40、30 和 25。

3．集结占用时间

图 5-3 给出了基本组和补轴组各种车流频率组合情形下，平均每列

第5章　分组列车组织条件研究

分组列车的集结占用时间与基本组固定重量 $m_{基}$ 的关系，其中纵坐标的单位为小时。

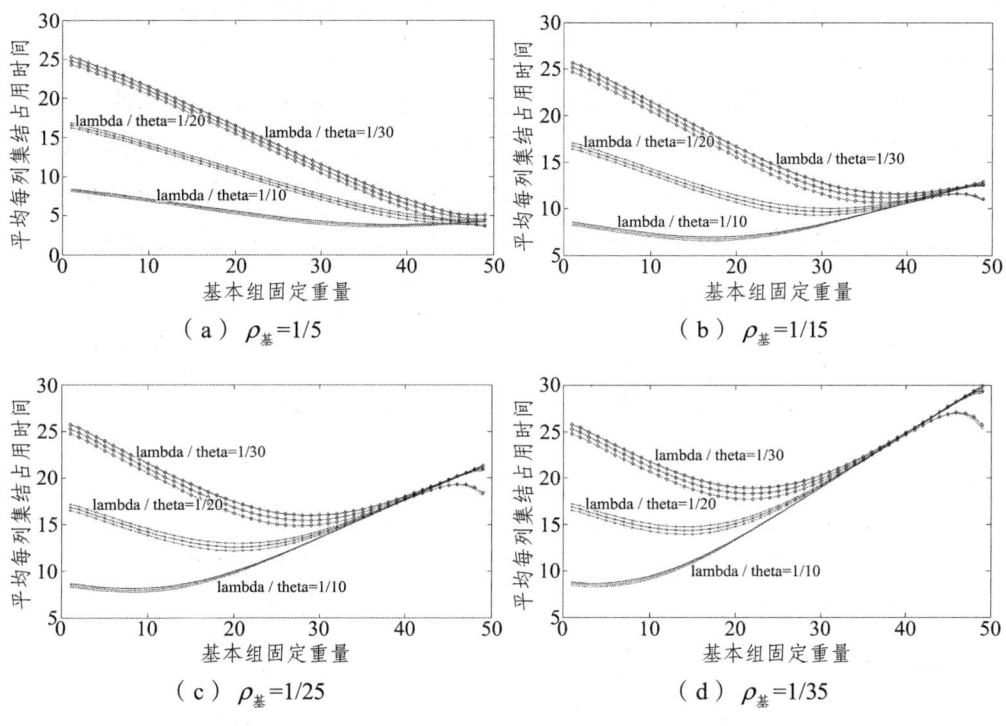

图 5-3　$\rho_{编补} \neq \rho_{基}$ 时固定重量对集结占用时间的影响

图 5-3 表现出与图 5-2 相似的特征。这主要是由于：集结耗费和集结占用时间都与基本组和补轴组两个去向的集结进程有关，当某个去向的集结占用时间越长，车列的集结占用时间也越长，同时附加集结耗费对总集结耗费的贡献也越大。因此，二者的变化趋势较为一致。图 5-4 从基本组等待补轴组的概率角度，对两去向集结进程的相互关系进行了补充说明。

4. 基本组等待补轴组的概率

基本组等待补轴组的概率，如图 5-4 所示，该图表现出以下两个方面的特征。

其一，在 4 组试验中，不论基本组和补轴组的车流频率如何，随着 $m_\text{基}$ 的增加，基本组等待补轴组的概率都从 1 减小至 0。这是显然的。因为，基本组固定重量越小，越容易完成集结，等待的可能性也就越大；反之，可能性越小。

其二，在每组试验中，补轴组车流频率越小的情形，等待概率曲线几乎整体都处于上方位置，反之处于下方位置。这在 4.5 节中已有分析，对于任意的列车重量分配方案，当补轴组车流频率越小，其集结占用时间也就越长，由此被基本组等待的可能性也就越大；反之，可能性就越小。

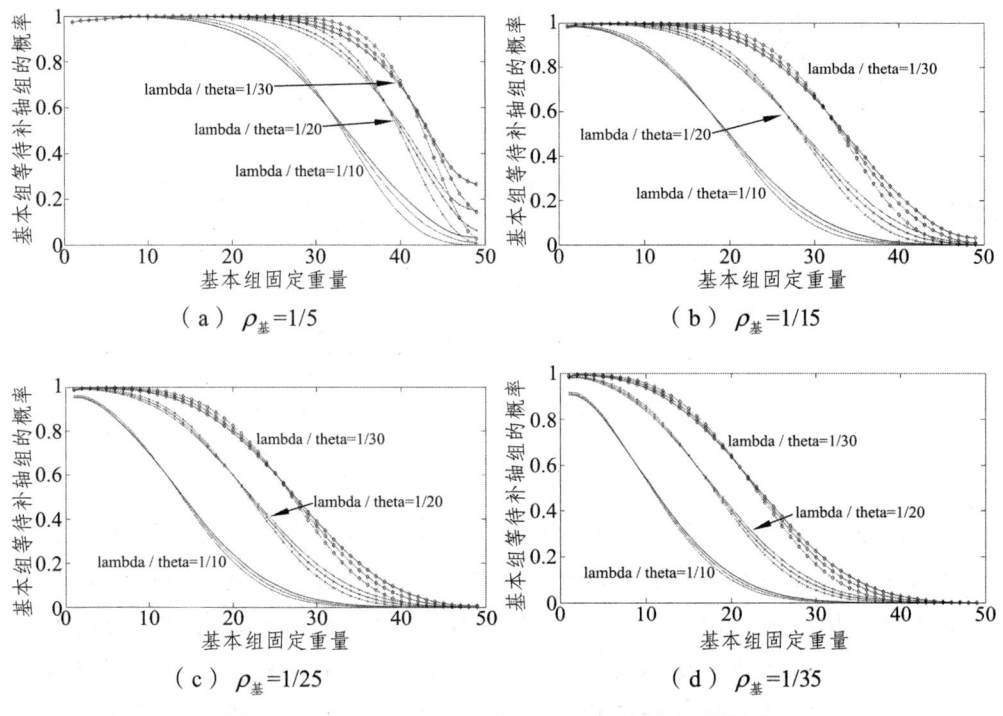

图 5-4　$\rho_\text{编补} \neq \rho_\text{基}$ 时固定重量对等待概率的影响

5.1.4.2　车流特征参数完全相同

在本试验方案中，基本组与补轴组的车流特征参数完全相同，也采取了 9 种组合。图 5-5 ~ 图 5-7 分别给出了该方案下平均每列分组列车的附加集结耗费（单位：车小时）、总集结耗费（单位：车小时）和列车集

第 5 章 分组列车组织条件研究

结占用时间（单位：小时）的计算结果，这三个图中各曲线与车流特征参数组合的对应关系如表 5-3 所示，图中也都不再给出图例。

表 5-3 试验方案二中车流特征参数及图例

序号	车流强度/车	间隔时间/分钟	车流频率/（车/分钟）	图例
1	$\lambda_{基}=\lambda_{编补}=2$	$\theta_{基}=\theta_{编补}=20$	$\rho_{基}=\rho_{编补}=1/10$	点划线
2	$\lambda_{基}=\lambda_{编补}=2$	$\theta_{基}=\theta_{编补}=40$	$\rho_{基}=\rho_{编补}=1/20$	点划线+"x"
3	$\lambda_{基}=\lambda_{编补}=2$	$\theta_{基}=\theta_{编补}=60$	$\rho_{基}=\rho_{编补}=1/30$	点划线+"◇"
4	$\lambda_{基}=\lambda_{编补}=4$	$\theta_{基}=\theta_{编补}=40$	$\rho_{基}=\rho_{编补}=1/10$	虚线
5	$\lambda_{基}=\lambda_{编补}=4$	$\theta_{基}=\theta_{编补}=80$	$\rho_{基}=\rho_{编补}=1/20$	虚线+"x"
6	$\lambda_{基}=\lambda_{编补}=4$	$\theta_{基}=\theta_{编补}=120$	$\rho_{基}=\rho_{编补}=1/30$	虚线+"◇"
7	$\lambda_{基}=\lambda_{编补}=6$	$\theta_{基}=\theta_{编补}=60$	$\rho_{基}=\rho_{编补}=1/10$	实线
8	$\lambda_{基}=\lambda_{编补}=6$	$\theta_{基}=\theta_{编补}=120$	$\rho_{基}=\rho_{编补}=1/20$	实线+"x"
9	$\lambda_{基}=\lambda_{编补}=6$	$\theta_{基}=\theta_{编补}=180$	$\rho_{基}=\rho_{编补}=1/30$	实线+"◇"

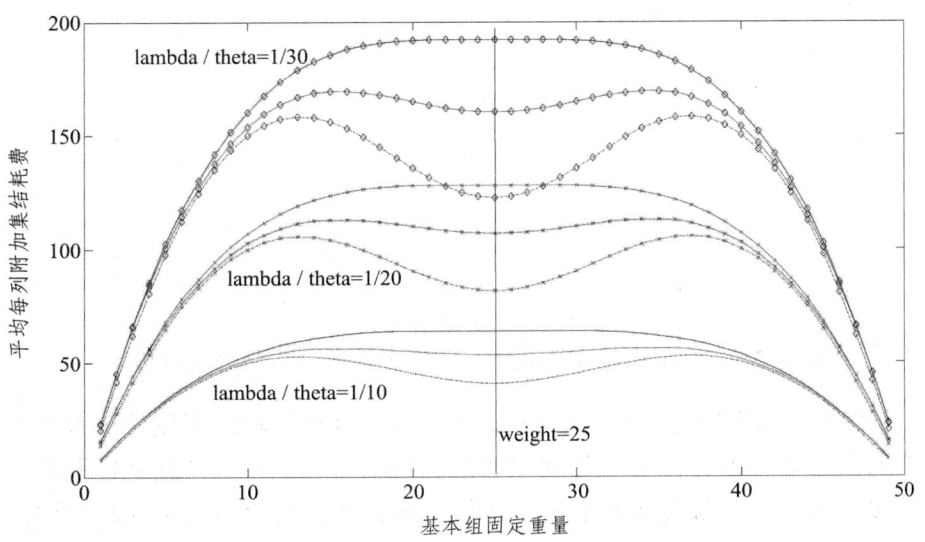

图 5-5 车流特征参数相同时固定重量对附加集结耗费的影响

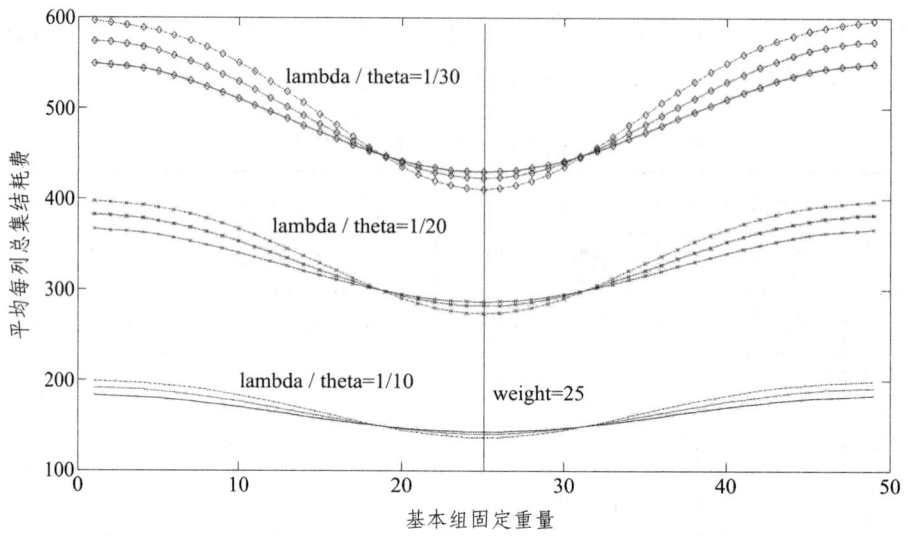

图 5-6　车流特征参数相同时固定重量对集结耗费的影响

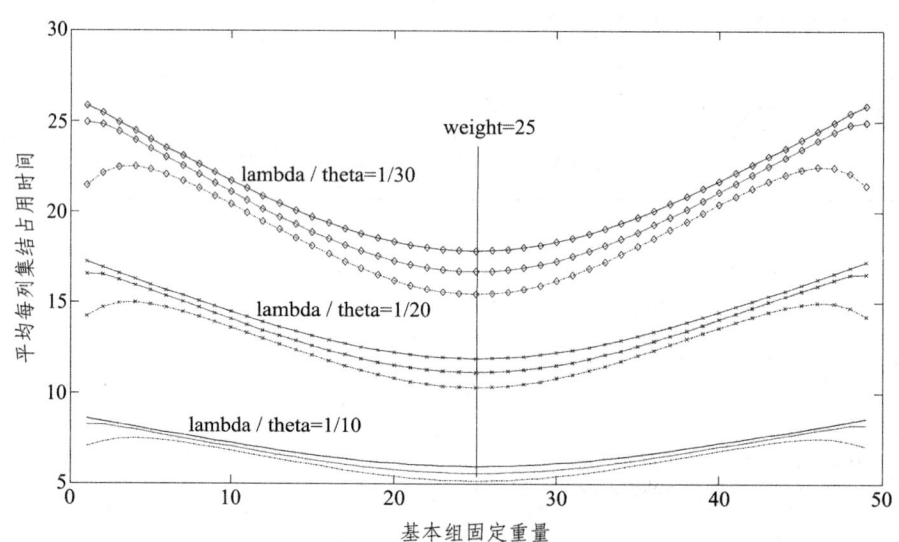

图 5-7　车流特征参数相同时固定重量对集结占用时间的影响

图 5-5、图 5-6 和图 5-7 表明，对于基本组和补轴组车流特征参数完全相同的各种组合，平均每列车的附加集结耗费、总集结耗费以及集结占用时间，三类曲线都关于 $m_{基}=25$ 轴对称，且后两者都在 $m_{基}=25$ 时到达最小值。究其原因，当两个去向的车流特征相同时，若固定重量相等都

第 5 章 分组列车组织条件研究

为 25 辆车时,那么二者是相同的随机服务系统,集结进程也就完全一致。图 5-8 中的等待概率也佐证了这个结论。

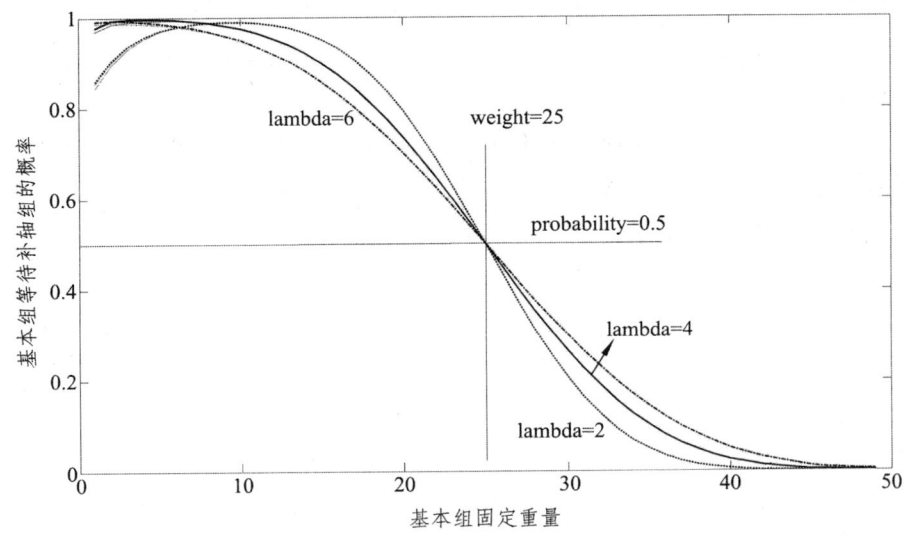

图 5-8 车流特征参数相同时固定重量对等待概率的影响

对于表 5-3 中的 9 种车流特征参数组合,其等待概率的计算结果如图 5-8 所示。当 $m_{基}$=25 时,基本组等待补轴组的概率为 0.5,即二者相互等待的概率相等。图 5-8 还表明,车流强度参数相等的三种情形,等待概率曲线高度重合,聚类效果更为明显。

显然,在基本组和补轴组的车流频率相等以及不等条件下,集结耗费和集结占用时间趋势特点都呈现出较大的差异。这也是本书进行试验方案设计的动机。

5.1.4.3 车流频率动态变化

前两个试验方案,分别从基本组和补轴组两个去向车流频率不等和特征参数完全相同的角度,分别研究了分组列车的附加集结耗费、总集结耗费、集结占用时间以及等待概率关于固定重量的变化规律。本小节设计的试验方案主要探讨的内容为:补轴组车流频率先接近基本组车流频率然后再偏离的动态演化过程中,这 4 项指标的变化规律。

在本试验方案中,基本组车流特征参数固定为 $\lambda_{基}$=2,$\theta_{基}$=50(车流频率为 1/25），补轴组车流强度参数都设定为 $\lambda_{编补}=2$，间隔时间参数有 9 种情形，分别对应 9 种车流频率。其中，大于 1/25 共有 4 种情形，对应图中的虚线；小于 1/25 也有 4 种情形，对应图中的实线；还有一种为等于 1/25。车流强度参数的单位为车，平均间隔时间参数的单位为分钟，车流频率的单位为车/分钟。

图 5-9 ~ 图 5-12 分别给出了附加集结耗费（单位：车小时）、总集结耗费（单位：车小时）、集结占用时间（单位：小时）以及基本组等待概率关于基本组固定重量的动态变化特征。

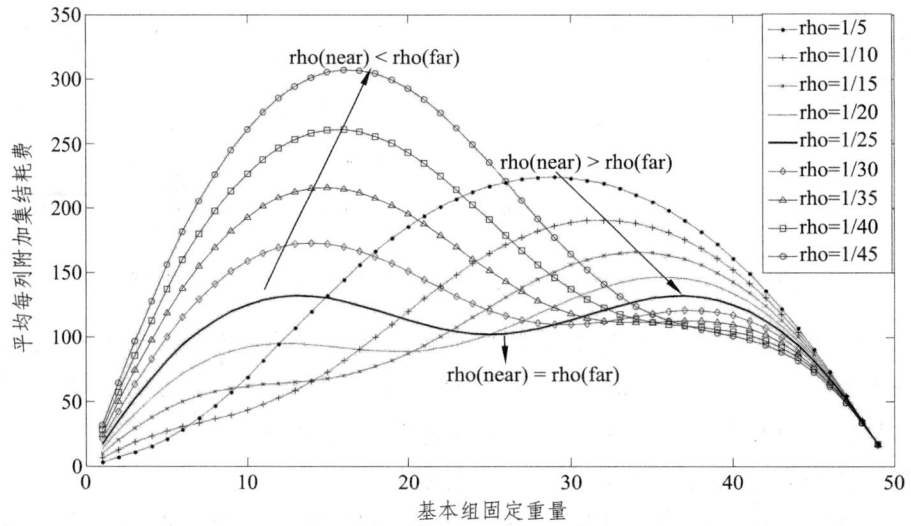

图 5-9　车流频率变化时固定重量对附加集结耗费的影响

图 5-9 表明，当补轴组的车流频率 $\rho_{编补}$ 大于基本组 $\rho_{基}$ 时，相应的 4 种组合情形在附加集结耗费到达最大值时，相应的 $m_{基}$ 都大于 25，并且随着 $\rho_{编补}$ 减小至数值 $\rho_{基}$，这 4 条曲线都逐渐过渡到对称状态；反之，其余 4 种组合情形在附加集结耗费到达最大值时，相应的 $m_{基}$ 又都小于 25，并且随着 $\rho_{编补}$ 从数值 $\rho_{基}$ 开始增大，这 4 条曲线又偏离对称状态。这两种变化趋势如图 5-10 中的箭头方向所示。

图 5-10、图 5-11 和图 5-12 表明，集结耗费、集结占用时间以及基本组等待补轴组的概率都呈现相似的变化规律。

第 5 章 分组列车组织条件研究

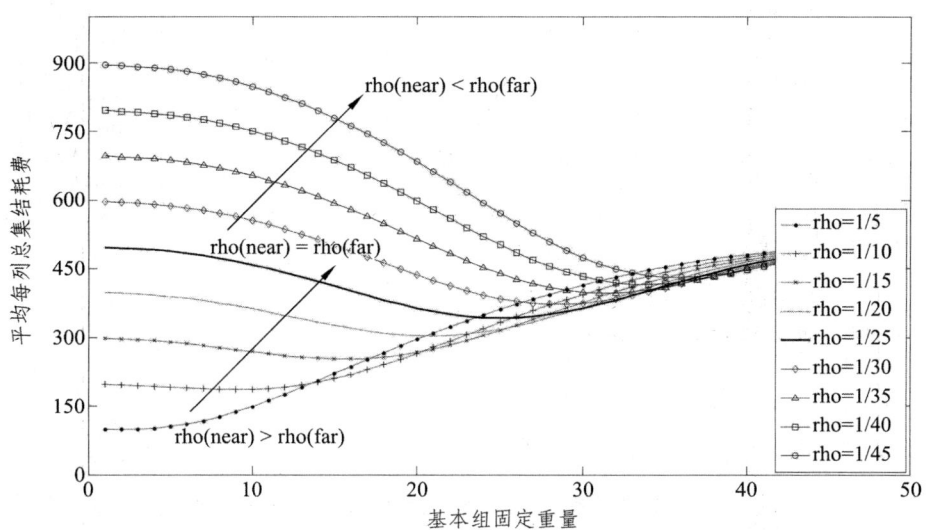

图 5-10 车流频率变化时固定重量对集结耗费的影响

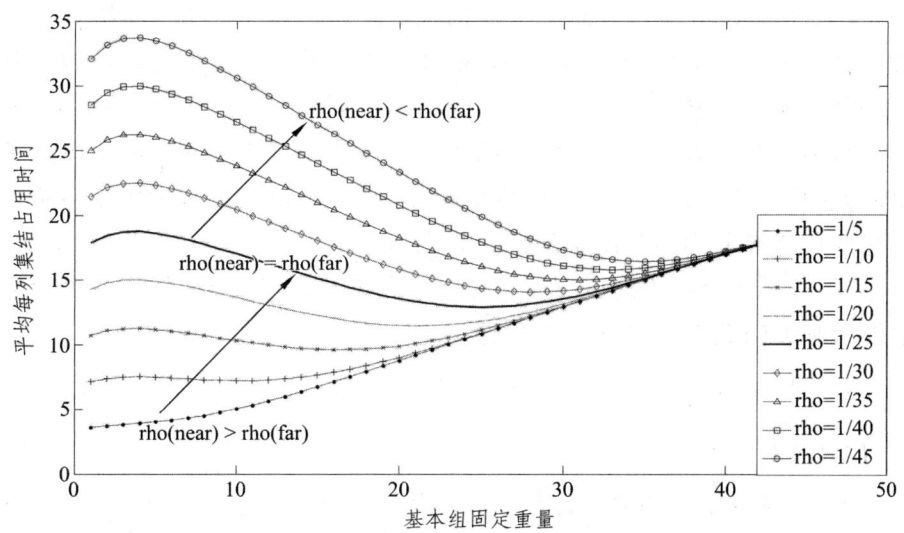

图 5-11 车流频率变化时固定重量对集结占用时间的影响

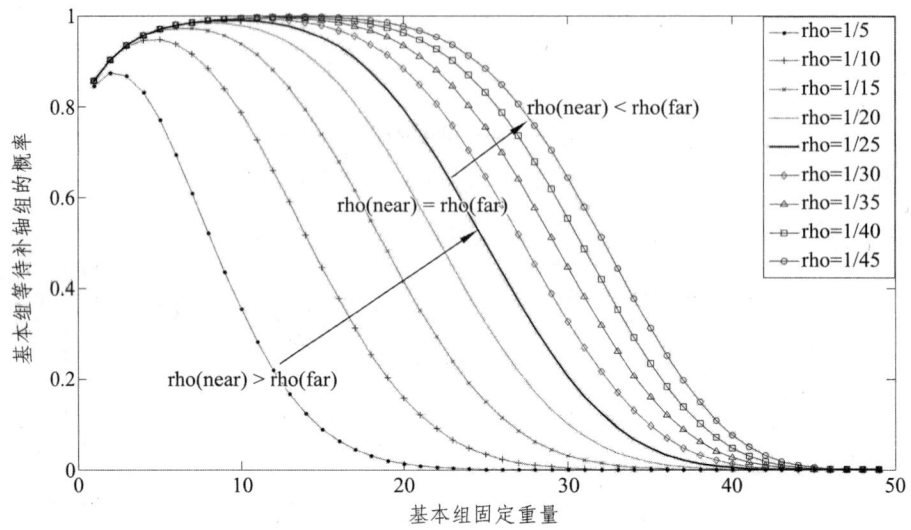

图 5-12 车流频率变化时固定重量对等待概率的影响

其一，曲线的分布区域方面：当补轴组车流频率 $\rho_{编补}$ 大于基本组 $\rho_{基}$ 时，总集结耗费、集结占用时间和等待概率曲线都处于 $\rho_{编补}=\rho_{基}$ 组合情形的下方；反之，都位于另一侧方。

其二，状态的演化方面：当补轴组车流频率 $\rho_{编补}$ 大于基本组 $\rho_{基}$ 时，随着 $\rho_{编补}$ 减小至数值 $\rho_{基}$，集结耗费和集结占用时间曲线都逐渐过渡到 $m_{基}=25$ 的轴对称状态，等待概率曲线逐渐过渡到关于 $m_{基}=25$，$P_{等}=0.5$ 的中心对称状态；反之，当补轴组的车流频率小于基本组时，随着 $\rho_{编补}$ 从数值 $\rho_{基}$ 开始减小，这三类曲线都偏离对称状态（轴对称或者中心对称）。这些变化趋势分别如各图中的箭头方向所示。

其三，曲线的收敛性方面：随着 $m_{基}$ 的增大，这三类曲线在各种组合情形中都逐渐重合，呈现出收敛性。

5.1.5 模型求解

5.1.5.1 模型一求解

根据 5.1.4 小节的数值计算，第一个试验方案包括 4 组试验，共设计了 36 种车流特征参数组合，每种组合情形下的最小集结耗费如表 5-4 所示，相应的车流频率和最佳基本组固定重量如表 5-5 所示。

第5章 分组列车组织条件研究

表 5-4 车辆特征参数组合下的最小集结耗费　　　　单位：车小时

参数组合	$\lambda_{基}=5,\theta_{基}=25$	$\lambda_{基}=5,\theta_{基}=75$	$\lambda_{基}=5,\theta_{基}=125$	$\lambda_{基}=5,\theta_{基}=175$
$\lambda_{编补}=2,\theta_{编补}=20$	87.21	169.65	195.69	204.97
$\lambda_{编补}=4,\theta_{编补}=40$	89.41	168.65	190.04	198.17
$\lambda_{编补}=6,\theta_{编补}=60$	91.51	167.13	183.62	191.31
$\lambda_{编补}=2,\theta_{编补}=40$	92.68	235.48	314.20	358.19
$\lambda_{编补}=4,\theta_{编补}=80$	96.49	239.87	314.66	353.69
$\lambda_{编补}=6,\theta_{编补}=120$	105.00	243.90	314.40	348.10
$\lambda_{编补}=2,\theta_{编补}=60$	93.75	261.64	378.13	456.29
$\lambda_{编补}=4,\theta_{编补}=120$	105.80	268.24	384.00	458.10
$\lambda_{编补}=6,\theta_{编补}=180$	128.85	274.64	389.47	458.88

表 5-5 集结耗费最小原则下最佳基本组重量　　　　单位：车

车流频率组合	$\rho_{基}=1/5$	$\rho_{基}=1/15$	$\rho_{基}=1/25$	$\rho_{基}=1/35$
$\rho_{编补}=1/10$	39	16	6	2
$\rho_{编补}=1/10$	40	16	4	2
$\rho_{编补}=1/10$	42	15	3	2
$\rho_{编补}=1/20$	48	31	20	13
$\rho_{编补}=1/20$	49	32	20	12
$\rho_{编补}=1/20$	48	32	19	11
$\rho_{编补}=1/30$	49	39	29	22
$\rho_{编补}=1/30$	49	40	29	21
$\rho_{编补}=1/30$	48	42	30	21

对于表 5-4 和表 5-5 所反映的规律，我们从两个方面进行分析。纵向来看，在基本组车流频率相同的条件下，随着补轴组车流频率减小，平均每列车的集结耗费增大，在集结耗费最小原则下的最佳 $m_{基}$ 也增大，$m_{补}$ 反而减小。横向来看，在补轴组车流频率相同的条件下，随着基本组车流频率的减小，平均每列车的集结耗费也增大，最佳 $m_{基}$ 减小，相应的最佳 $m_{补}$ 增大。因此，只有当基本组和补轴组两个去向的车流频率

都较大时，平均每列车的集结耗费才比较小，如表 5-4 的左上角区域。

表 5-5 还表明，当基本组和补轴组的车流频率相差越大，编成辆数最优分配方案中 $m_{基}$ 和 $m_{补}$ 也越不均衡。如当 $\rho_{基}=1/35$ 和 $\rho_{编补}=1/10$ 时，列车重量最佳分配为 $m_{基}=2$，$m_{补}=48$，二者相差悬殊；但当 $\rho_{基}=1/5$ 和 $\rho_{编补}=1/30$ 时，$m_{基}$ 又非常接近列车编成辆数。反之，两个去向车流频率相当时，$m_{基}$ 和 $m_{补}$ 分配越均衡。如当 $\rho_{基}=1/35$ 和 $\rho_{编补}=1/30$ 时，$m_{基}$ 与 $m_{补}$ 相差就较小。

基于以上数值计算结果的分析，基本组和补轴组最优重量分配与两去向的车流频率之间存在关联关系。若记最优固定重量比 $K_w = m_{基}/m_{补}$，车流频率比 $K_\rho = \rho_{基}/\rho_{补}$。对前两个试验方案共 45 组数据，其中第一个方案 36 组，第二个方案 9 组，分别计算这两组比例，然后进行回归分析。经 SPSS 计算，回归方程为

$$K_w = 0.105 K_\rho + 0.912 \tag{5-9}$$

其中，回归的拟合优度（Goodness of Fit）为 0.910，比较接近 1。进一步地，回归模型的方差分析如表 5-6 所示，F 值为 206.692，远大于理论值 $F_{0.01}(1,43) = 7.26$。结果表明，回归方程的效果很好。

表 5-6　最佳固定重量回归模型—方差分析

误差来源	平方和	自由度	均方	F 值	显著性水平
回归	81.919	1	81.919	206.692	0.000
残差	17.042	43	0.396	—	—
总和	98.961	44	—	—	—

经计算，一次项系数的 t 值为 14.377，大于理论值 $t_{0.01}(45-2) = 2.01$，故根据 t 检验的原理，线性回归效果显著。

5.1.5.2　模型二求解

根据 5.1.4 小节的数值计算，第一个试验方案的 36 种车流特征参数组合情形，最小集结占用时间如表 5-7 所示，相应的基本组最佳固定重量如表 5-8 所示。

表 5-7　车流特征参数组合下的最小集结占用时间　　单位：小时

参数组合	$\lambda_{基}=5, \theta_{基}=25$	$\lambda_{基}=5, \theta_{基}=75$	$\lambda_{基}=5, \theta_{基}=125$	$\lambda_{基}=5, \theta_{基}=175$
$\lambda_{编补}=2, \theta_{编补}=20$	3.56	6.58	7.76	8.29
$\lambda_{编补}=4, \theta_{编补}=40$	3.72	6.78	7.96	8.48
$\lambda_{编补}=6, \theta_{编补}=60$	3.86	6.98	8.15	8.66
$\lambda_{编补}=2, \theta_{编补}=40$	3.67	9.32	12.18	13.94
$\lambda_{编补}=4, \theta_{编补}=80$	4.27	9.68	12.59	14.35
$\lambda_{编补}=6, \theta_{编补}=120$	4.48	10.03	12.98	14.75
$\lambda_{编补}=2, \theta_{编补}=60$	3.71	10.69	14.86	17.71
$\lambda_{编补}=4, \theta_{编补}=120$	4.49	11.17	15.43	18.31
$\lambda_{编补}=6, \theta_{编补}=180$	5.05	11.59	15.97	18.89

表 5-8　集结占用时间最小原则下最佳基本组重量　　单位：车

车流频率组合	$\rho_{基}=1/5$	$\rho_{基}=1/15$	$\rho_{基}=1/25$	$\rho_{基}=1/35$
$\rho_{编补}=1/10$	37	17	8	4
$\rho_{编补}=1/10$	38	17	8	4
$\rho_{编补}=1/10$	39	17	8	4
$\rho_{编补}=1/20$	49	30	20	14
$\rho_{编补}=1/20$	49	30	20	14
$\rho_{编补}=1/20$	47	31	21	14
$\rho_{编补}=1/30$	49	37	28	21
$\rho_{编补}=1/30$	49	38	28	22
$\rho_{编补}=1/30$	48	39	29	22

表 5-7 所呈现的变化规律与表 5-4 非常类似，表 5-8 中的最佳分配方案也与表 5-5 很接近，此处不再赘述。这也说明了，集结耗费最小原则和集结占用时间最小原则可以兼得，也正如 5.1.4.1 小节中关于固定重量变化特点的阐释。这主要是由于集结耗费和占用时间都与两个去向的集结进程相关，以至于二者同步变化。

类似模型一的求解思路，在集结占用时间最小的原则下，针对前两个试验方案的 45 组数据求得回归方程为

$$K_w = 0.695K_\rho + 0.562 \qquad (5\text{-}10)$$

其中，回归的拟合优度为 0.872，回归模型的方差分析如表 5-9 所示，F 值为 136.427，远大于理论值 $F_{0.01}(1,34) = 7.44$。结果表明，该回归方程的效果也较好。

表 5-9 最佳固定重量回归模型二方差分析

误差来源	平方和	自由度	均方	F 值	显著性水平
回归	75.246	1	75.246	136.427	0.000
残差	23.716	43	0.552		
总和	98.962	44			

另经计算，一次项系数的 t 值为 11.680，也大于理论值 $t_{0.01}(45-2) = 2.01$，故回归模型的效果也比较显著。

5.1.5.3 车组重量最优分配

综上分析，不论是集结耗费最小原则还是集结占用时间最小原则，基本组和补轴组两个去向的固定重量比例与车流频率比例之间存在较为显著的线性关系。值得一提的是，如果剔除车流频率比值较大情形（大于等于 4），两个回归模型的拟合优度还能进一步改善。在实际中，可根据采样数据分别估计车流强度参数与间隔时间参数，从而获得两个去向的车流频率。

进一步地，按照式（5-9）或式（5-10）的回归模型，即可确定列车编成辆数的最佳分配方案：

$$\begin{cases} m_{\text{基}} = \left[\dfrac{K_w m}{1 + K_w}\right] \\ m_{\text{补}} = m - m_{\text{基}} \end{cases} \qquad (5\text{-}11)$$

式中，[ ] 为取整函数。

综上分析，对于到达特征已定的任意两支车流且方向上车流量递减

的情形，首先根据车流特征参数计算车流频率，然后代入回归方程式（5-9）或式（5-10）计算最优固定重量比例，最后按照式（5-11）确定两个去向的固定车组重量。

即使分组列车编成辆数为最佳分配，这也并不意味着所有车流都适合开行分组列流。因为仍有可能出现分组列车的集结耗费多于每支车流单独开行单组列流的情况。故在本节确定最佳固定重量参数的基础上，下一节将考察分组列流代替单组列流的有利性，最终二者一起才共同解决了分组列车的组织条件问题。

5.2 分组列车开行适用条件模型

5.2.1 问题分析

随着我国综合运输体系的逐步发展和完善，货运市场的竞争也更加激烈，保证和提高货运的市场占有率就是铁路货物运输发展必须面临的问题。而列车作为运输供给能力的重要体现，其开行的适用性条件研究就非常有理论价值和现实意义了。目前尚未发现该问题在分组列车方面的研究，而是主要集中于单组列车，并已取得了许多代表性成果。如文献[138][139]利用排队论比较分析编组站定编与定点两种出发策略；文献[164][165]研究了定点发车模式中最小编成辆数；文献[166][167]将定点策略细分为完全定点、放宽条件定点以及二者混合的三种集结方式；文献[168]基于周期事件安排理论（Periodic Event Scheduling Problem，简称 PESP）编制定点集结模式下的发车时刻表；文献[169]探讨了固定车底循环直达运输的有利性；文献[170]研究了编组站始发欠轴货物列车途中补轴的有利性，等。

根据编组计划规定，在任意技术站特别是编组站的一个衔接方向，可能有多支车流具有共同的车流径路，则潜在的分组列流将有多种可能。如果实际可行，必定能从中选择出经济有利的方案。开行分组列流是否有利，不仅与车流到达特征有关，还受到列车中各去向车组重量的影响。针对到达特征已定的两支车流，本书 5.1 节给出基本组和补轴组最优重量分配方案的确定方法。即使分组列车编成辆数为最佳分配，也并不意味着所有车流都适合开行分组列流。因为其集结耗费仍然可能多于每支车流单独开行单组列流的情形。因此，分组列车开行适用条件的研究也很有必要。分组列车的适用条件研究，即确定有利的基本组和补轴组去向的车流组合，当然这也就确定了分组列车的编成站和换挂站。

值得注意的是，分组列车开行适用条件的研究中，并不否认车组重量的最优分配是没有意义的，因为，即使客观上两支车流配合开行分组列流相比单组可能具有优势，这也并不意味着任意车组重量分配都绝对有利。如果重量分配不合理，这种理论上的优势就会被抹杀，这种可能性也就会随之被排除掉。也即是说，只有在确定最优列车编成辆数分配的基础上探讨其适用条件，才能充分发挥组织固定形式分组列车的有利性。因此，分组列车编成辆数最佳分配为其进一步探讨适用条件提供了条件。故，车组重量最优分配和开行适用条件二者一起才最终解决了分组列车的组织条件问题。

基于以上分析，分组列车开行适用条件可以描述为：在固定重量参数最佳匹配的基础上，基于某个比较标准，例如广义成本或者效益（与最佳固定重量分配方案有关），若两支车流组合开行分组列流劣于单组，那么该情形显然不适于开行分组列车；反之可以考虑，因为这还有赖于其他的条件。

货车集结，是技术站货车技术作业过程中一项既不可缺少的环节，同时又构成了车辆在站停留时间的主要部分，如我国主要编组站就高达约40%~50%的比例[38,39]。既然如此，集结耗费能够在一定程度上反映组织不同列车形式的有利性，那么将它作为开行分组或者单组列车的一个比较标准是合理的。为此，本节基于4.2节中集结过程的解构模型，以分组列车相对于单组列车在编成站和换挂站集结耗费的总净节省，作为其综合效益的度量，构建固定车组重量分组列车开行的适用性条件。

5.2.2 变量说明

为了方便后文关于开行适用条件的建模，本小节将其所涉及的变量集中进行说明。这些变量主要是编成站和换挂站车流集结特定车辆数时所占用的时间。

第5章　分组列车组织条件研究

$s_{基}$：在编成站，基本组去向车流集结的开始时刻。

$t_{基单}$：在编成站，基本组去向车流集结 m 辆车时的占用时间。

$t_{基}^{1}$：在编成站，基本组去向车流集结 $m_{基}$ 辆车时的占用时间。

$t_{基}^{2}$：在编成站，基本组去向车流集结 $2m_{基}$ 辆车时的占用时间。

$t_{基}^{3}$：在编成站，基本组去向车流集结 $3m_{基}$ 辆车时的占用时间。

$s_{补}$：在编成站，补轴组去向车流集结的开始时刻。

$t_{补单}$：在编成站，补轴组去向车流集结 m 辆车时的占用时间。

$t_{编补}^{1}$：在编成站，补轴组去向车流集结 $m_{补}$ 辆车时的占用时间。

$t_{编补}^{2}$：在编成站，补轴组去向车流集结 $2m_{补}$ 辆车时的占用时间。

$t_{编补}^{3}$：在编成站，补轴组去向车流集结 $3m_{补}$ 辆车时的占用时间。

$t'_{补单}$：在换挂站，补轴组去向车流集结 m 辆车时的占用时间。

$t_{换补}^{1}$：在换挂站，补轴组去向车流集结 $m_{补}$ 辆车时的占用时间。

$t_{换补}^{2}$：在换挂站，补轴组去向车流集结 $2m_{补}$ 辆车时的占用时间。

$t_{换补}^{3}$：在换挂站，补轴组去向车流集结 $3m_{补}$ 辆车时的占用时间。

$N_{基}$：编成站基本组去向的平均车流量。

$N_{补}$：编成站补轴组去向的平均车流量。

$N'_{补}$：换挂站补轴组去向的平均车流量。

根据变量设置，可以递推确定每个基本组和补轴组的集结占用时间。如：

（1）基本组去向车流，集结第 2 个和第 3 个 $m_{基}$ 占用的时间分别为 $t_{基}^{2}-t_{基}^{1}$ 和 $t_{基}^{3}-t_{基}^{2}$。

（2）编成站补轴组去向车流，集结第 2 个和第 3 个 $m_{补}$ 占用的时间分别为 $t_{编补}^{2}-t_{编补}^{1}$ 和 $t_{编补}^{3}-t_{编补}^{2}$。

（3）换挂站补轴组去向车流，集结第 2 个和第 3 个 $m_{补}$ 占用的时间分别为 $t_{换补}^{2}-t_{换补}^{1}$ 和 $t_{换补}^{3}-t_{换补}^{2}$。

另外，以下这几个关系式恒成立。

（1）基本组去向，$t_{基}^{1} \leq t_{基}^{2} \leq t_{基}^{3}$，$t_{基}^{1} \leq t_{基单}$；

（2）编成站补轴组去向，$t_{编补}^{1} \leq t_{编补}^{2} \leq t_{编补}^{3}$，$t_{编补}^{1} \leq t_{补单}$；

（3）换挂站补轴组去向，$t_{换补}^{1} \leq t_{换补}^{2} \leq t_{换补}^{3}$，$t_{换补}^{1} \leq t_{补单}$。

5.2.3 集结耗费比较分析

5.2.3.1 定性分析

根据固定车组重量分组列车集结的特点分析,在编成站,若基本组和补轴组去向集结的车辆数分别达到 $m_{基}$ 和 $m_{补}$ 时,则一个车列集结结束,且二者按照完成集结的先后顺序依次配合开行分组列车。相比单组列车,固定车组重量的分组列车集结耗费有得有失,阐述如下。

在基本组去向,有利性在于先集结的 $m_{基}$ 辆车如果开行分组列车,可能先于单组列车集结结束(还受到补轴组影响),从而产生集结节省,我们称之为理论节省,其效益值对应图 5-13(a)中矩形区域Ⅰ;同时也存在不利,该去向上集结分组列车后的残存车再继续集结下一车列,如果数量不足 $m_{基}$,将延长其集结占用时间,从而增加额外耗费,我们称之为理论额外消耗,其效益值又对应图 5-13(a)中矩形区域Ⅱ。

补轴组去向分析类似,集结耗费理论节省的效益值,对应图 5-13(b)中矩形区域Ⅲ和Ⅳ,理论额外消耗的效益值,又对应图 5-13(b)中矩形区域Ⅴ。实际中,基本组和补轴组分线集结,二者完成集结的时间可能不一致,这将会产生彼此的等待。因此分组列车的实际节省可能比理论节省小一些,实际额外耗费可能比理论额外消耗大一些。

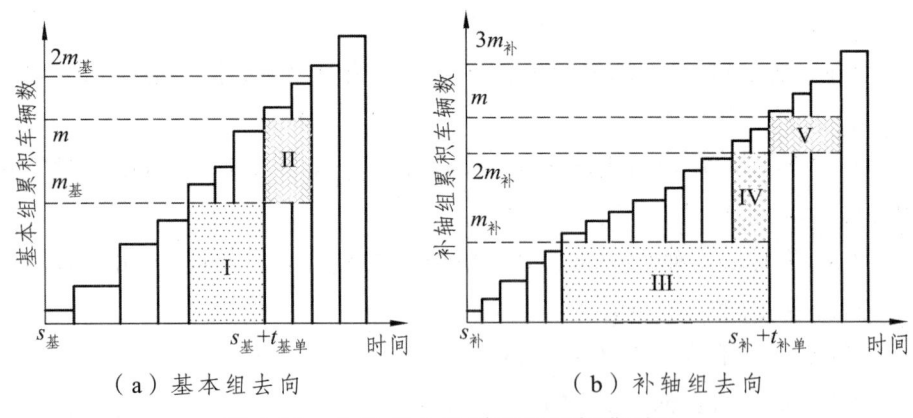

(a)基本组去向　　　　　　(b)补轴组去向

图 5-13　分组与单组列车集结耗费对比

类似地,在换挂站,固定车组重量分组列车相对于单组列车集结耗费也有得有失，此处不予赘述。显然，只有当分组列车在编成站和换挂站的总节省大于总额外消耗时，开行分组列车才比单组列车经济有利。

5.2.3.2 定量测度

对于编成站和换挂站的车流，采取不同的列车组织形式，集结耗费是不一样的。本小节对以上定性分析结果进行定量测度，这也将是下一小节进行数值计算的基础。其研究思路为，以编成站的基本组和补轴组分别开行一列单组列车的集结耗费作为标准，以这两个去向的车流配合开行分组列车的集结耗费作为比较对象，二者一般不等。

考虑到车流到达的随机性决定了集结耗费也随机，因此以数学期望作为其估计既是合理的也是可行的。由于分组列车在编成站的效益受到车辆集结的动态特性影响，同时固定重量 $m_{基}$ 和 $m_{补}$ 的大小也直接决定了两个去向集结结束时间。本小节假定 $m/2 \leqslant m_{基} \leqslant 2m/3$，$m/3 \leqslant m_{补} \leqslant m/2$。其他情形，分析方法完全类似。在此假定下，根据车辆对分组列车净节省贡献的性质和大小差别原则，将基本组去向集结的 m 辆车划分为先集结的 $m_{基}$ 和余下的残存车两部分，编成站和换挂站的补轴组去向集结的 m 辆车都划分为先后集结的两个 $m_{补}$ 和余下的残存车三部分。

从时刻 $s_{基}$ 开始，基本组去向集结一列单组列车时，在累计集结的 m 辆车中，若对先到达的 $m_{基}$ 开行分组列车，当分组列车先于该去向上单组列车集结结束，即满足

$$\max(s_{基}+t^1_{基}, s_{补}+t^1_{编补}) \leqslant s_{基}+t_{基单} \qquad (5\text{-}12)$$

这一部分车辆将产生集结节省，其效益值的期望为

$$F_1 = m_{基} E\left[s_{基}+t_{基单} - \max(s_{基}+t^1_{基}, s_{补}+t^1_{编补})\right] \qquad (5\text{-}13)$$

若式（5-12）不满足时，则 F_1 为负，意味基本组去向不产生节省，反而增加额外消耗。以下均规定效益值为正表示节省，为负表示增加消耗，那么净节省即为其代数和。

在基本组去向，累计集结的 m 辆车中除了先集结被分组列车挂走 $m_{基}$ 以外，去向上还残存 $m_{补}$，显然数量不足 $m_{基}$。因此还需要继续集结，待

凑满才能再开行一列分组列车。同时根据 $m_{基}$ 和 $m_{补}$ 的取值大小，如下关系成立：

$$s_{基} + t_{基单} \leq \max(s_{基} + t_{基}^2, s_{补} + t_{编补}^2) \tag{5-14}$$

因此这一部分必然将产生额外集结消耗，其效益值的期望为

$$F_2 = m_{补} E\left[s_{基} + t_{基单} - \max(s_{基} + t_{基}^2, s_{补} + t_{编补}^2) \right] \tag{5-15}$$

在编成站补轴组去向，开行分组列车相对单组列车潜在的集结节省，包括先后集结的两个 $m_{补}$ 提前集结结束所产生，其效益值的期望分别为

$$F_3 = m_{补} E\left[s_{补} + t_{补单} - \max(s_{基} + t_{基}^1, s_{补} + t_{编补}^1) \right] \tag{5-16}$$

$$F_4 = m_{补} E\left[s_{补} + t_{补单} - \max(s_{基} + t_{基}^2, s_{补} + t_{编补}^2) \right] \tag{5-17}$$

编成站补轴组去向累计集结的 m 辆车中，除了先后集结的两个 $m_{补}$ 以外，去向上残存车辆产生的额外集结消耗，其效益值的期望为

$$F_5 = (m - 2m_{补}) E\left[s_{补} + t_{补单} - \max(s_{基} + t_{基}^3, s_{补} + t_{编补}^3) \right] \tag{5-18}$$

分组列车在换挂站集结的车流仅为其补轴组去向，相对于单组列车的效益值的计算，更为简单。由于仅有一个去向，参照式（5-16）—式（5-18），相当于将基本组相应指标全都令为零。因此，换挂站补轴车流若配合编成站开行分组列车，则其集结耗费相对单组列车的效益值的期望为

$$F_6 = m_{补} E\left[t'_{补单} - t_{换补}^1 \right] + m_{补} E\left[t'_{补单} - t_{换补}^2 \right] + \\ (m - 2m_{补}) E\left[t'_{补单} - t_{换补}^3 \right] \tag{5-19}$$

5.2.3.3 数值计算

本小节采用数值计算的方法对以上分析结果进行验证。针对基本组和补轴组的车流频率不相等和车流特征参数完全相同两种情形，设计两套试验方案。在每个方案中，设计 5 组共 15 个试验，基本组和补轴组两个去向的车流特征参数和固定重量参数，分别如表 5-10 和表 5-11 所示，其中固定的车组重量根据集结耗费最小原则进行确定。

第 5 章 分组列车组织条件研究

表 5-10 车流频率不等情形下的固定重量最优分配

序号	基本组去向车流特征参数			基本组去向车流特征参数			固定重量	
	车流强度/车	间隔时间/分钟	车流频率/（车/分钟）	车流强度/车	间隔时间/分钟	车流频率/（车/分钟）	$m_{基}$	$m_{补}$
1	2	20	1/10	5	75	1/15	34	16
2	4	40	1/10	5	75	1/15	34	16
3	6	60	1/10	5	75	1/15	34	16
4	5	75	1/15	2	40	1/20	32	18
5	5	75	1/15	4	80	1/20	32	18
6	5	75	1/15	6	120	1/20	32	18
7	2	40	1/20	5	125	1/25	30	20
8	4	80	1/20	5	125	1/25	30	20
9	6	120	1/20	5	125	1/25	30	20
10	5	125	1/25	2	60	1/30	29	21
11	5	125	1/25	4	120	1/30	29	21
12	5	125	1/25	6	180	1/30	29	21
13	2	60	1/30	5	175	1/35	28	22
14	4	120	1/30	5	175	1/35	28	22
15	6	180	1/30	5	175	1/35	28	22

表 5-11 车流特征相同情形下的固定重量最优分配

序号	基本组去向车流特征参数			基本组去向车流特征参数			固定重量	
	车流强度/车	间隔时间/分钟	车流频率/（车/分钟）	车流强度/车	间隔时间/分钟	车流频率/（车/分钟）	$m_{基}$	$m_{补}$
1	2	20	1/10	2	20	1/10	25	25
2	4	40	1/10	4	40	1/10	25	25
3	6	60	1/10	6	60	1/10	25	25
4	2	30	1/15	2	30	1/15	25	25
5	4	60	1/15	4	60	1/15	25	25

续表

序号	基本组去向车流特征参数			基本组去向车流特征参数			固定重量	
	车流强度/车	间隔时间/分钟	车流频率/(车/分钟)	车流强度/车	间隔时间/分钟	车流频率/(车/分钟)	$m_{基}$	$m_{补}$
6	6	90	1/15	6	90	1/15	25	25
7	2	40	1/20	2	40	1/20	25	25
8	4	80	1/20	4	80	1/20	25	25
9	6	120	1/20	6	120	1/20	25	25
10	2	50	1/25	2	50	1/25	25	25
11	4	100	1/25	4	100	1/25	25	25
12	6	150	1/25	6	150	1/25	25	25
13	2	60	1/30	2	60	1/30	25	25
14	4	120	1/30	4	120	1/30	25	25
15	6	180	1/30	6	180	1/30	25	25

这两套试验方案所对应的分组列车在编成站的效益如图 5-14 所示。

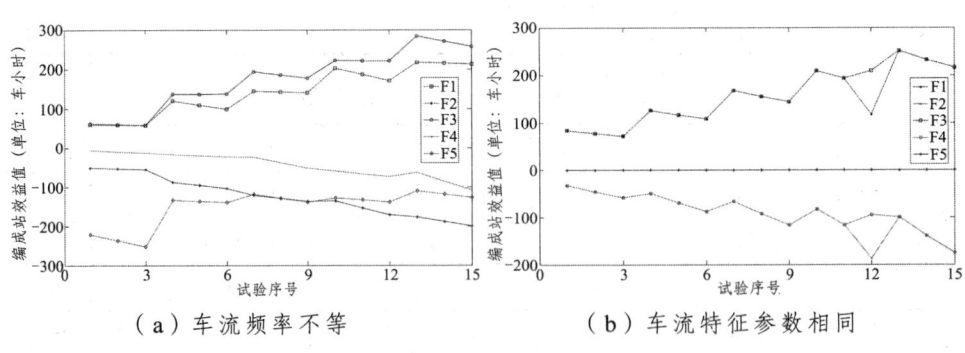

（a）车流频率不等　　　　　　（b）车流特征参数相同

图 5-14　分组列车在编成站的效益

在图 5-14（a）中，当两个去向车流频率不相等时，基本组去向最先集结的 $m_{基}$ 以及补轴组去向先集结的 $m_{补}$ 的效益值（F_1 和 F_3）都为正，且随车流频率的减小而增大；其余的效益值（F_2、F_4 和 F_5）都为负，随车流频率的减小而减小。在图 5-14（b）中，当两个去向车流特征参数相同时，固定重量也相等，F_1 和 F_3 的效益值几乎相等，F_2 和 F_4 也几乎相等，而且补轴组的第三部分效益（F_5）恒为 0。这是由于车辆集合划分中，这一子集为空。当然，F_1 和 F_3 也有可能为负，在此时，其他效益值（F_2、F_4、F_5）就肯定为负。

另经计算，以上各种试验中，分组列车在编成站的总效益（五部分效益值的代数和）有正有负，也即是说，相对基本组和补轴组两个去向分别开行一列单组列车，这些车流采取分组列车形式进行组织将会有利有弊。

5.2.4 适用条件建模

根据以上分析，基本组或者补轴组去向先后集结的 m 辆车（恰好分别集结成一列单组列车），相比单独开行单组列车，二者配合开行分组列车所产生的集结耗费既可能存在节省，也可能存在额外耗费。考虑到车流量因素，这两个去向一昼夜可能集结数目不等的单组列车，其中每一列单组列车都对分组列车的效益有贡献。对于编成站的基本组和补轴组两个去向的车流，配合开行分组列车相对单组列车集结耗费的总净节省，在本书中称之为**分组列车在编成站的效益**，具体按照下式确定：

$$F_{编} = \sum T_{基单} + \sum T_{补单} - \sum T_{分集} \quad (5\text{-}20)$$

式中，$\sum T_{基单}$ 和 $\sum T_{补单}$ 分别为基本组和补轴组去向车流开行单组列车一昼夜的集结耗费；$\sum T_{分集}$ 为基本组和补轴组两个去向开行分组列车一昼夜的集结耗费。

类似地，换挂站的补轴车流配合编成站车流开行分组列车，相对单独开行单组列车的净节省，称之为**分组列车在换挂站的效益**，按照下式确定：

$$F_{换} = \sum T'_{补单} - \sum T'_{分集} \quad (5\text{-}21)$$

式中，$\sum T'_{补单}$ 和 $\sum T'_{分集}$ 分别为换挂站补轴车流开行单组和分组列车一昼夜的集结耗费。

根据分组列车在编成站和换挂站的效益，有其**综合效益**：

$$F_{总} = F_{编} + F_{换} \tag{5-22}$$

显然，只有当综合效益为正时，也即总节省大于总额外消耗时，开行分组列车才比开行单组列车经济有利。因此，从集结消耗的角度，建立固定车组重量分组列车开行适用条件的模型

$$F_{总} > 0 \tag{5-23}$$

5.2.5 仿真算例

5.2.5.1 仿真算法步骤

在 5.2.4 节中，以分组列车相对于单组列车综合效益的度量，构建了固定车组重量分组列车开行适用条件的模型。本节主要采用仿真技术对其求解。由于该建模以集结耗费的计算为基础，从而集结过程的模拟就构成了仿真模型的重要组成部分。

在车列集结过程中，微观上动态到达的车辆集成获得宏观上的车列。因此，车辆是仿真模型中重要的实体（Entity）。实际中，一方面，车辆成批到达，使得在数量上和时间间隔上表现出不确定性；另一方面，车辆集结的过程又是循环进行的，这又表现出动态性。因此，不确定性和动态性是车辆的重要属性（Attribute）。如果将分组列车视为一个系统，基本组和补轴去向车流成批到达视为事件（Event），那么事件的发生可能使得系统的状态（State）发生变化，例如集结是否继续进行。因此，该系统可以视为事件驱动型的时钟推进方式（Event-driven Advance）[171、172]。

基于以上考虑，本小节采用离散事件系统仿真方法（Discrete Event System Simulation，DESS），设计了固定重量形式分组列车在编成站集结的仿真算法，具体如下。

第 5 章 分组列车组织条件研究

主函数算法 A.1

Step1 输入。包括固定重量 $m_{基}$ 和 $m_{补}$，到达车流特征参数和仿真时间。

Step2 初始化。基本组和补轴组去向，当前子系统仿真钟时间 $t_{基}^{集}=t_{补}^{集}=0$；去向车流量 $N_{基}=N_{补}=0$；到达批序号 $i=j=0$，都为全局变量。到达批的间隔时间向量 $t_{基}=t_{补}=0$；到达批中车辆数向量 $n_{基}=n_{补}=0$。每列分组列车的集结批次向量 $\xi_{基分}=\xi_{补分}=0$；集结占用时间向量 $\zeta_{基分}=\zeta_{补分}=0$；固有集结耗费向量 $T_{基分}=T_{补分}=0$；附加集结耗费向量 $T_{等}=0$；累计集结车辆数 $w_{基}=w_{补}=0$，都为局部变量。分组列车的累计集结消耗 $T_{基分总}=T_{补分总}=0$，累计等待消耗 $T_{等总}=0$；集结分组列车数 $k_{分}=0$。

Step3 判断 $t_{基}^{集} \leqslant t_{补}^{集}$ 是否成立，如果是，转 Step4；否则转 Step6。

Step4 判断 $w_{基} \geqslant m_{基}$ 是否成立，如果是，转 Step5；否则执行子函数 1。

Step5 判断 $w_{补} \geqslant m_{补}$ 是否成立，如果是，转 Step8；否则执行子函数 2。

Step6 判断 $w_{补} \geqslant m_{补}$ 是否成立，如果是，转 Step7；否则执行子函数 2。

Step7 判断 $w_{基} \geqslant m_{基}$ 是否成立，如果是，转 Step8；否则执行子函数 1。

Step8 记录每列分组列车的相关指标：由到达批序号递推确定列车的集结批次；由仿真钟时间递推确定列车集结占用时间以及等待耗费；更新集结的车列数 $k_{分}:=k_{分}+1$。集结系统重置：$w_{基}:=w_{基}-m_{基}$，$w_{补}:=w_{补}-m_{补}$。返回 Step3。

子函数 1 算法 A.2

Step1 基本组去向到达批 $i:=i+1$。

Step2 随机生成基本组到达批间隔时间 $t_{基}^{i}$，并更新子系统仿真钟时间 $t_{基}^{集}:=t_{基}^{集}+t_{基}^{i}$。

Step3 判断 $t_{基}^{集}$ 是否超过仿真时间，如果是，跳出主函数，并转单组列车集结模块；否则转 Step4。

Step4 记录 $\mathbf{t}_{基}(i)=t_{基}^{i}$，更新累积集结耗费 $T_{基分总}:=T_{基分总}+w_{基}t_{基}^{i}$。

Step5 随机生成基本组到达批中车辆数 $n_{基}^{i}$，并记录 $\mathbf{n}_{基}(i)=n_{基}^{i}$，更新去向上的车流量 $N_{基}:=N_{基}+n_{基}^{i}$，以及累积集结车辆数 $w_{基}:=w_{基}+n_{基}^{i}$。返回主函数 Step3。

子函数 2 算法 A.3

Step1 补轴组去向到达批 $j:=j+1$。

Step2 随机生成补轴组到达批间隔时间 $t_{补}^{j}$，并更新子系统仿真钟时间 $t_{补}^{集}:=t_{补}^{集}+t_{补}^{j}$。

Step3 判断 $t_{补}^{集}$ 是否超过仿真时间，如果是，跳出主函数，并转单组列车集结模块；否则转 Step4。

Step4 记录 $t_{补}(j)=t_{补}^{j}$，更新累积集结耗费 $T_{补分总}:=T_{补分总}+w_{补}t_{补}^{j}$。

Step5 随机生成补轴组到达批中车辆数 $n_{补}^{j}$，并记录 $\mathbf{n}_{补}(j)=n_{补}^{j}$，更新去向上的车流量 $N_{补}:=N_{补}+n_{补}^{j}$，以及累积集结车辆数 $w_{补}:=w_{补}+n_{补}^{j}$。返回主函数 Step3。

第 5 章 分组列车组织条件研究

单组列车集结算法 A.4

Step1 初始化。基本组和补轴组去向，到达批访问序号 $r_{基}=r_{补}=0$；子系统访问时间 $t_{基}^{访}=t_{补}^{访}=0$，都为全局变量。两个去向，每列单组列车的集结批次向量 $\xi_{基单}=\xi_{补单}=0$；集结占用时间向量 $\zeta_{基单}=\zeta_{补单}=0$；集结耗费向量 $T_{基单}=T_{补单}=0$；累计集结车辆数 $z_{基}=z_{补}=0$，都为局部变量。两个去向，单组列车累计集结消耗 $T_{基单总}=T_{补单总}=0$；集结单组列车数 $k_{基单}=k_{补单}=0$。

Step2 判断基本组去向是否访问完毕，即 $r_{基}>i$ 是否成立，如果是，转 Step7；否则转 Step3。

Step3 判断 $z_{基} \geqslant m$ 是否成立，如果是转 Step4；否则转 Step5。

Step4 记录每列单组列车的相关指标：由车流访问序号递推确定集结批次；由子系统访问时间递推确定集结占用时间以及集结耗费。更新车列数 $k_{基单}:=k_{基单}+1$。集结系统重置：$z_{基}:=z_{基}-m$。返回 Step3。

Step5 继续访问基本组去向的到达批。更新 $r_{基}:=r_{基}+1$。转 Step6。

Step6 更新基本组去向单组列车的集结车辆数 $z_{基}:=z_{基}+n_{基}(r_{基})$，累积集结耗费 $T_{基单总}:=T_{基单总}+z_{基}t_{基}(r_{基})$。返回 Step2。

Step7 判断补轴组去向是否访问完毕，即 $r_{补}>j$ 是否成立，如果是，输出车流量 $N_{基}, N_{补}$，效益值 $T_{基单总}+T_{补单总}-T_{基分总}-T_{补分总}-T_{等总}$，列流量 $k_{基单}, k_{补单}, k_{分}$，停止；否则转 Step8。

Step8 判断 $z_{补} \geqslant m$ 是否成立，如果是转 Step9；否则转 Step10。

Step9 记录每列单组列车的相关指标：由车流访问序号递推确定集结批次；由子系统访问时间递推确定集结占用时间以及集结耗费。更新车列数 $k_{补单}:=k_{补单}+1$。集结系统重置：$z_{补}:=z_{补}-m$。返回 Step8。

Step10 继续访问补轴组去向的到达批。更新 $r_{补}:=r_{补}+1$。转 Step11。

Step11 更新补轴组去向单组列车的集结车辆数 $z_{补}:=z_{补}+n_{补}(r_{补})$，累积集结耗费 $T_{补单总}:=T_{补单总}+z_{补}t_{补}(r_{补})$。返回 Step7。

以上4个算法功能不一样，在整个仿真过程中的地位也不相同。

（1）主函数为分组列车集结过程模拟，主要包括耗费计算模块和判断模块。

（2）两个子函数模块。每个子函数都具有两个功能。其一是模拟基本组或者补轴组去向到达的车流（本书称之为到达批，详见4.1.1小节中的相关定义），具体包括到达间隔时间和到达车辆数、更新集结车辆数、集结耗费、车流量和子系统的仿真钟；还有一个功能是保存车流的信息（到达间隔时间和数量），分别以向量形式存放。

（3）单组列车集结耗费的计算模块。该模块计算基本组和补轴组去向开行单组列车时的集结消耗，需要调用两个子函数中保存的车流信息，详见算法步骤Step5和Step10。

执行以上4个算法，可以模拟分组列车在编成站的效益。其中，分组列车集结过程执行前3个算法步骤，它们之间的逻辑关系为主函数调用两个子函数，该集结过程的结束条件包含在两个子函数中。单组列车的集结过程，需要调用两个子函数执行过程中保存的车流信息。分组和单组列车集结过程的模拟相对较为独立。

而途中换挂站补轴车流集结过程的模拟，只需在主函数中执行有关补轴组车流的模块，并且屏蔽有关基本组车流的模块即可实现。

5.2.5.2 参数和变量说明

由于仿真算法是从车辆这个微观角度进行解构的，涉及一些参数，具体解释如下：

（1）车流数据。第4章中的假设①~⑦足以刻画固定车组重量分组列车的集结过程，而且这7条假设未对车流分布作具体限制而具有一般性；而假设⑧和⑨，是为了能够测度其量化指标，如集结批次、集结占用时间以及集结消耗而引入。为了通过仿真验证模型，此处的数据为随机生成，满足假设⑧和⑨。

简记编成站车流分布参数为一个四维向量，其元素依次为：基本组的车流强度（单位：车），基本组到达批的平均间隔时间（单位：分钟），补轴组的车流强度（单位：车），补轴组到达批的平均间隔时间（单位：分钟）。换挂站车流特征参数为一个二维向量，其元素依次为车流强度（单位：车）和平均间隔时间（单位：分钟）。两个向量合成得到分组列车车流的特征参数向量。

（2）列车编成辆数。编成辆数是由列车途经区段和车站所规定的牵引质量和列车长度标准所确定。此处仅取值50，也即是$m_{基}+m_{补}=50$。

（3）车组重量参数。根据集结耗费最小原则或集结占用时间最小原则，按照式（5-11）即可确定编成辆数的最佳分配。

（4）现车及仿真时间。假设集结初始时刻基本组和补轴组的现车数都为零，同时考虑到车流集结是一个滚动循环的连续过程，为避免现车的初始设置对结果造成影响，将每次仿真时间设定为十天，共计14 400分钟。

（5）为了对比平均每列分组列车和单组列车的集结批次、集结占用时间和集结耗费的差异，可以数组的形式分别保存所有列车这三个方面的信息。在数组的初始化阶段，需要事先给这些变量（局部变量）分配存储空间，即预估集结基本组、补轴组或者单组列车数目。根据4.4节的结论，同时考虑到估计误差的影响，将其120%设置为上限。这三类向量的最大非零项的序号即为实际的车组数或者列车数，也是访问过程的有效上界。

5.2.5.3　参数灵敏度分析

考虑到分组列车在编成站和换挂站集结的分离性，故对这两部分效益分别进行仿真计算。根据模型分析可知，固定车组重量分组列车在编成站的效益，受到基本组和补轴组两个去向车流分布参数（共4个）和固定重量参数（2个）的共同影响。为了探讨车流分布的四个参数的灵敏度，取$m_{基}=30$，$m_{补}=20$，对不同分布参数组合情形进行1 000次仿真并计算平均值，结果分别如表5-12～表5-15所示。

表 5-12 基本组车流强度对编成站效益影响

分布参数向量	$t_{基占}$/小时	$t_{补占}$/小时	$\sum T_{基单}$/车小时	$\sum T_{补单}$/车小时	$\sum T_{分集}$/车小时	$F_{编}$/车小时
(2, 60, 4, 120)	14.99	10.06	551.56	368.96	1 725.76	−805.24
(2.5, 60, 4, 120)	12.05	9.99	556.94	456.29	1 459.76	−446.53
(3, 60, 4, 120)	10.00	10.05	540.13	527.01	1 406.43	−339.29
(3.5, 60, 4, 120)	8.60	10.07	487.23	543.71	1 877.68	−846.74
(4, 60, 4, 120)	7.53	10.06	431.29	544.74	2 565.61	−1 589.58

表 5-13 基本组平均间隔时间对编成站效益影响

分布参数向量	$t_{基占}$/小时	$t_{补占}$/小时	$\sum T_{基单}$/车小时	$\sum T_{补单}$/车小时	$\sum T_{分集}$/车小时	$F_{编}$/车小时
(3, 40, 4, 120)	6.64	10.04	380.64	544.87	3 283.87	−2 358.37
(3, 50, 4, 120)	8.33	10.04	474.85	546.06	2 004.40	−983.48
(3, 60, 4, 120)	10.02	10.04	540.17	526.49	1 398.08	−331.42
(3, 70, 4, 120)	11.69	10.04	552.64	469.79	1 403.01	−380.58
(3, 80, 4, 120)	13.36	10.06	551.59	415.86	1 595.52	−628.06

表 5-14 补轴组车流强度对编成站效益影响

分布参数向量	$t_{基占}$/小时	$t_{补占}$/小时	$\sum T_{基单}$/车小时	$\sum T_{补单}$/车小时	$\sum T_{分集}$/车小时	$F_{编}$/车小时
(3, 60, 3, 120)	10.04	13.34	430.58	535.55	2 043.47	−1 077.34
(3, 60, 3.5, 120)	10.06	11.55	493.73	538.10	1 630.00	−598.17
(3, 60, 4, 120)	10.04	10.07	538.43	525.66	1 373.80	−309.71
(3, 60, 4.5, 120)	10.02	8.93	557.13	490.73	1 461.07	−413.21
(3, 60, 5, 120)	10.01	8.02	561.14	446.84	1 752.58	−744.60

第 5 章　分组列车组织条件研究

表 5-15　补轴组平均间隔时间对编成站效益影响

分布参数向量	$t_{基占}$/小时	$t_{补占}$/小时	$\sum T_{基单}$/车小时	$\sum T_{补单}$/车小时	$\sum T_{分集}$/车小时	$F_{编}$/车小时
(3, 60, 4, 80)	10.06	6.67	564.70	374.48	2 385.60	-1 446.42
(3, 60, 4, 100)	10.02	8.33	560.19	465.41	1 602.79	-577.18
(3, 60, 4, 120)	9.99	10.03	537.41	526.42	1 408.25	-344.42
(3, 60, 4, 140)	10.03	11.77	482.95	535.72	1 721.65	-702.98
(3, 60, 4, 160)	10.04	13.41	427.96	534.92	2 069.02	-1 106.15

表 5-12~5-15 表明：分组列车在编成站的效益，受到到达批中的车流强度参数和平均间隔时间参数的共同影响，且前者灵敏度更高。另外，当分布参数向量为（3，60，4，120）时，基本组和补轴组两个去向集结分组列车的占用时间分别为 10.00 小时和 10.05 小时，非常接近。以该参数向量为基准，4 组试验都表现出这样的规律：当两个去向集结占用时间相差越大时，则分组列车在编成站的效益越小，反之越大。究其原因，主要是集结消耗中包括基本组和补轴组集结完毕时刻不一致造成的等待消耗。因此基本组与补轴组的选择需要合理搭配。

上述组合情况也从侧面反映了：对于各种到达车流，采取相同的车组固定重量并不都是经济有利的。为此设计如下试验进行验证。对于分布参数向量（3，60，4，120），其中两个去向车流频率之比为 3∶2，采取 5 种不同固定重量组合方案，进行 1 000 次仿真并计算平均值，如表 5-16 所示。

表 5-16　固定重量参数对编成站效益影响

$m_{基}$	$m_{补}$	$m_{基}:m_{补}$	$t_{基占}$/小时	$t_{补占}$/小时	$\sum T_{等}$/车小时	$\sum T_{分集}$/车小时	$F_{编}$/车小时
20	30	2∶3	6.71	15.01	1 350.83	1 631.06	-1 722.29
25	25	1∶1	8.36	12.53	1 014.82	1 263.42	-1 409.72
30	20	3∶2	9.99	10.08	397.40	637.44	-333.39
35	15	7∶3	11.69	7.54	654.94	905.27	-894.12
40	10	4∶1	13.41	5.04	759.05	1 042.23	-1 061.00

表 5-16 表明：对于相同的车流分布参数向量，固定重量之比越接近车流频率之比时，分组列车在编成站的效益越大，反之越小。这主要也是由于两个去向之间的等待耗费造成的。固定重量之比与车流频率之比相差越大，二者集结占用时间相差也越大，从而每列车的等待耗费也越大。如，$m_{基}$=20，$m_{补}$=30 和 $m_{基}$=40，$m_{补}$=10 两种情形，都与车流频率比例相差较大，相应的 $F_{编}$ 也很小。该算例也说明了，即使两支车流开行分组列流相比单组可能具有优势，但这并不意味着任意车组的重量分配都绝对有利。如果重量分配不合理，那么这种理论上的优势将不复存在。这也佐证了确定分组列车最优固定重量的必要性。

综上车流分布参数的灵敏度以及固定重量参数的影响分析，这两类参数之间存在耦合关系。

对于换挂站，为了分析车流强度参数和平均间隔时间参数对其效益影响的灵敏度，取 $m_{补}=20$，也进行 1 000 次仿真并计算平均值，分别如表 5-17 和表 5-18 所示。

表 5-17 车流强度参数对换挂站效益影响　　单位：车小时

分布参数向量	$\sum T'_{补单}$	$\sum T'_{分集}$	$F_{换}$
（3，80）	556.45	222.59	333.86
（3.5，80）	561.39	222.85	338.54
（4，80）	562.16	222.94	339.22
（4.5，80）	567.17	223.57	343.60
（5，80）	566.58	223.81	342.77

表 5-18 平均间隔时间参数对换挂站效益影响　　单位：车小时

分布参数向量	$\sum T'_{补单}$	$\sum T'_{分集}$	$F_{换}$
（4，40）	575.82	225.87	349.95
（4，60）	569.02	224.90	344.12
（4，80）	564.30	223.30	341.00
（4，100）	557.07	221.83	335.24
（4，120）	551.63	220.51	331.13

第5章 分组列车组织条件研究

表 5-17 和表 5-18 表明：分组列车在换挂站的效益，与补轴车流的车流强度参数正相关，与平均间隔时间参数负相关，且前者灵敏程度更高。

另外，车流强度和间隔时间两个参数也共同刻画了车流量信息。在编组计划优化中，计划车流量就是其中的一个重要参数。为此，考察车流量和分组列车的综合效益的平均值之间的关系，其中固定重量参数根据 5.1 节中集结费用最小原则进行确定。列举 4 组分布参数，进行 1 000 次仿真并求平均，结果对比如表 5-19 所示。

表 5-19 车流量与固定形式分组列车综合效益的关系

分布参数向量	$m_{基}$	$m_{补}$	$N_{基}$	$N_{补}$	$N'_{补}$	综合效益/车小时
（3，100，2，100，2，120）	30	20	41.44	27.59	24.24	232.73
（3，90，2，240，1，100）	40	10	45.52	11.38	14.46	224.41
（2，20，3，45，3，120）	30	20	140.37	93.67	36.10	−218.15
（2，15，3，90，3，120）	40	10	185.34	46.38	36.37	−426.83

表 5-19 的数据说明：当分布参数向量为（3，100，2，100，2，120）和（3，90，2，240，1，100）时，编成站的基本组和补轴组以及换挂站补轴车流的车流量都不足列车编成辆数，相应的综合效益为正；反之，综合效益为负。因此，从集结耗费的角度来讲，当两个去向的车流量都较小时，若以单组形式组织，则平均每天集结都不足一列；但若以分组列车形式输送，则综合效益较为显著。显然此时开行分组列车比单组有利。当然，实际是否开行还有赖于其他因素，例如编成站的调车线以及改编能力等。

为了对比分组列车与单组列车的效益，对相同的车流分别开行基本组和补轴组去向上的单组列车，编成辆数都取 50 辆，也进行 1 000 次仿真。计算集结批次、集结占用时间、列车数、每列车的集结耗费以及总集结耗费 5 项指标的平均值。仅列举表 5-19 中前两项分布参数（综合效益为正）下的对比结果，如表 5-20 和表 5-21 所示。

表 5-20　单组与固定形式分组列车统计指标对比

分布参数向量	集结批次		每列集结占用时间（单位：小时）		集结列车数	
	单组	分组	单组	分组	单组	分组
(3, 100, 2, 100)	16.75+25.09	10.04+10.03	27.89+41.93	17.69	0.77+0.50	1.31
(3, 90, 2, 240)	16.74+25.34	13.39+5.05	25.05+101.83	21.71	0.85+0.18	1.06

注：表中"+"的两项分别表示基本组和补轴组对应的指标。

表 5-21　单组与固定形式分组列车统计指标对比　　单位：车小时

分布参数向量	每列集结耗费		一昼夜集结耗费	
	单组	分组	单组	分组
(3, 100, 2, 100)	681.33+1025.14	828.22	521.77+505.20	1070.47
(3, 90, 2, 240)	610.77+2472.31	1038.61	514.53+432.30	1068.15

注：表中"+"的两项分别表示基本组和补轴组对应的指标。

表 5-20 和表 5-21 的数据表明：固定重量形式分组列车在编成站的集结消耗比单组多。分组列车开行虽有不利，但也有其优势：平均每列车耗费可能比单组少；平均每列车集结需要的批次和占用时间都比单组少；平均集结的列车数比两个单组的和还多，因此在编成辆数相同的条件下，分组列车能够输送更多的车辆。另外，分组列车在途中换挂站还能够减少列车的停留时间以及调车作业量等。因此，分组列车能够加速货物送达和机车车辆周转，节约运输成本，提高运输效率和经济效益。

综上分组列车的开行适用条件的仿真模拟，结论总结如下：

（1）分组列车在编成站的效益，受到车流特征参数（4 个）以及固定重量参数（2 个）两类参数的共同影响，其中车流强度参数比间隔时间参数的灵敏程度更高。

（2）分组列车在换挂站的效益，与补轴车流的车流强度参数正相关，与间隔时间参数负相关，且前者灵敏程度更高。

（3）当两支车流的车流量较小甚至每天集结不足一列，且固定重量之比接近车流频率之比时，综合效应为正，开行分组列车比单组列车有利。

5.3 本章小结

不同的列车组织形式具有各自不同的组织条件。本章以固定重量形式分组列车为研究对象，围绕其固定重量参数和开行适用条件两个方面展开研究。对于第二个问题，尽管本章的研究思路是站在车流频率的角度进行考虑，但是模型仍然可以兼顾货运需求的层次性。例如，对于具有高附加值的快捷货物，可将其作为基本组，同时根据其车流到达规律，寻求其最优的分组列流方案（包括补轴车流的最佳匹配和列车编成辆数的最佳分配），再辅之以固定运行线等措施，可以满足其时限性和服务质量的要求。

本章的主要工作：

（1）最优固定重量模型的建立。将基本组和补轴组固定重量的最佳匹配问题描述为：在车流到达特征已定的条件下，如果方向上车流量递减，基本组和补轴组重量以何种比例分配，才使得平均每列车的集结耗费最小或者集结占用时间最小，从而建立两个优化模型。

（2）最优固定重量模型的求解。由于优化模型的目标函数受到多种因素影响且具有非线性结构，采用分阶段逐步解决的思路。首先根据模型的对称结构，设计试验环境和方案，采用数值计算方法探究最佳固定重量的影响机制，然后基于挖掘的信息采用回归方法给出经验计算公式。

（3）分组与单组列车集结耗费的比较分析。以编成站的基本组和补轴组分别开行一列单组列车的集结耗费作为标准，以这两个去向的车流配合开行分组列车的集结耗费作为比较对象，对二者进行了定性分析和定量测度。

（4）开行适用条件模型的建立。以分组列车在编成站和换挂站相对于单组集结耗费的总净节省作为其综合效益的度量，构建了固定车组重量分组列车开行适用性条件的模型。

（5）开行适用条件模型的求解。采用离散事件系统仿真方法，设计了固定车组重量分组列车在编成站集结过程的仿真算法。

第6章 分组列车编组方案优化参数

编制货物列车编组计划涉及许多因素，主要有：编组计划实行期间的计划车流结构、车流径路、列车编成辆数、技术站的集结参数（针对技术站单组列车编组计划而言）、装卸站作业的消耗参数[27]（针对装车地直达列车编组计划而言）、车辆无改编通过各技术站的节省时间标准。分组列车编组计划和单组列车编组计划，都属于技术站列车编组计划。前者除了具备后者的这些因素以外，还另有分组列车的集结参数、途中换挂站部分改编相对无改编通过的额外消耗时间，等。分组列车虽是另一种列车组织形式，但车流径路和列车编成辆数的确定仍与传统单组列车编组方案一样，本书不再探讨。本章将对其余这些参数专门进行讨论，另外还补充介绍了车站最大组号数的确定方法，这些都将是第7章分组和单组列车编组计划优化建模的基础。

6.1 计划车流量

计划车流是编制货物列车编组计划重要的基础性资料。为了保持较为稳定的车流组织秩序，编组计划一般不容许经常修正，目前我国的实际情况大约是执行2年[56]。但在铁路运输的实际工作中，每天的车流量却是波动变化的[173]。因此，编组计划的编制过程中，用固定不变的计划车流代替了经常变动的日常车流。如果计划车流量偏高，不仅可能使得车站分工方案难以实现，而且也会产生车站和线路的浪费；反之可能使得某些车站的实际负荷超过其使用能力，甚至导致车站的堵塞。要保证编组计划在实行期间对车流组织工作指导的科学性和合理性，计划车流就必须符合或大致符合未来车流的特点，这是其编制所要解决的一个突出问题[35、38、40]。

目前我国制定计划车流时的基本做法，主要包括以下六步[35、38、40]：

（1）国铁集团下达运输计划轮廓。

（2）各铁路局根据经济调查提出建议运量，编制并上报品类别和到局别车流计划。

（3）国铁集团综合平衡调整计划。

（4）各局制定品类别发到站别的计划车流，由此确定装车地直达列车的车流。

（5）各局编制重车车流表和车种别的空车流。

（6）编制技术站间车流表和车流梯形图，由此确定技术站列车编组计划的车流。

在计划车流量理论研究方面，大致可分为确定性方法和不确定性方法两个方向。本书仅叙述其思想，具体步骤可参见相关文献，此处不再赘述。

其一是确定性方法，直接对车流的总量进行预测。如，文献[174]采用灰色理论对铁路局运用车保有量进行预测和控制，客运方面的成果更为丰富[175]。回归估计和时间序列是主要研究方法。回归估计法将车流量或客运量作为因变量，将时间作为自变量，二者之间的因果关系反映了车流的长期趋势；时间序列法将时间作为车流量数据的一种属性，仅仅起排序之用，可以反映车流的季节性和周期性。由此衍生出来的还有灰色预测[176、177]。

其二是不确定性方法。如文献[30][178][179]都将每一支车流的流量视为服从正态分布的随机变量。该类方法并非将车流量视为一个具体数值，而是将其处理为在一定范围内取值，例如某种统计分布。不论假定车流量总体服从何种分布，都需要检验总体分布形式是否与实际样本观测数据相吻合。数理统计理论中的拟合度检验法[160]，就能检验总体分布形式。该方法的主要思想是，通过建立各组实际频数与理论频数的差异构成的统计量，并对此进行假设检验，以此来推断经验分布是否符合某种理论分布。

6.2 集结参数

货车集结过程是车站技术作业的重要组成部分，其集结耗费也是编制编组计划的重要参数之一。集结耗费为集结参数与列车编成辆数的乘积，其中集结参数表征了除编成辆数以外其他因素对集结耗费的影响。集结参数主要取决于车流的到达情况和工作组织的水平[36]，其物理意义为，当某去向一昼夜只编组一列车时，平均每辆货车的集结耗费[180]。

我国铁路通常采用统计查定进行确定，有单独某去向的集结参数和全站的集结参数之别[40]。在集结过程理论研究方面，文献[36]对理想集结过程（车流到达均衡、到达批中车辆数相等、编成辆数为到达批中车辆数的整倍数）推导的基础上，考虑集结中断的影响，给出计算公式；文献[181]讨论列车编成辆数为分别定常数和一定范围情形下的集结参数；文献[159]推广理想集结过程（编成辆数不是到达批中车辆数的整倍数），文中称之为简单集结过程，应用同余理论建立群论模型；文献[153]建立了单组列车的随机集结模型；文献[162]在[153]的基础上，分别用简单计数过程和泊松分布描述箱流到达和到达间隔时间，讨论了集装箱班列的集结过程。在集结过程的仿真模拟方面，文献[166]采用离散事件系统仿真方法建模等方法。

本节基于第 4 章关于分组列车集结特性方面的研究成果，对车组重量固定和不固定两种类型的集结参数进行研究。

6.2.1 编成站固定形式

由第 4 章分析可知，在编成站，平均每列分组列车的集结耗费为

$$E(T_{\text{分集}}) = E(T_{\text{基分}}) + E(T_{\text{补分}}) + E(T_{\text{等}}) \tag{6-1}$$

式中，$E(T_{\text{分集}})$ 为编成站平均每列分组列车的集结耗费；$E(T_{\text{基分}})$ 为基本组车流的平均固有集结耗费，具体如式（4-55）所示；$E(T_{\text{补分}})$ 为编成站补轴组车流的平均固有集结耗费，具体如式（4-60）所示；$E(T_{\text{等}})$ 为平均附加集结耗费，其确定可参见式（4-63）或式（4-64）。

另外，根据分组列车的集结占用时间，可计算平均一昼夜集结的分组列车数为

$$n_{\text{分}} = 24/E(t_{\text{分占}}) \tag{6-2}$$

第6章 分组列车编组方案优化参数

式中，$E(t_{分占})$ 为平均每列分组列车的集结占用时间，具体参见式（4-39）或式（4-40）。

基于以上两式，可确定固定形式分组列车在编成站的集结参数

$$\tilde{C}_{固编} = \frac{24E(T_{分集})}{mE(t_{分占})} \qquad (6-3)$$

由式（6-3）可知，固定车组重量的分组列车的集结参数的影响因素，除了基本组和补轴组初始车辆数、结束车辆数、集结批次以外，还包括两个去向的车组固定重量和车流到达平均间隔时间参数。而对于单组列车，影响因素仅包含前三者以及编成辆数[153、162]。显然分组列车的影响因素更多，也更复杂。

相对单组列车，分组列车在编成站必须分组而不能混编，必然也要求车流去向分得更细，这无疑将增加解体工作量，从而在解体和编组两方面都额外增加调车机车的负荷。因此，分组列车的集结参数应该包含这一部分的影响。调车工作量一般通过改编车数进行度量，为使其与车小时具有可比性，本书借助文献[40]中改编作业当量 $r_{车}$ 的概念（指调机平均解编1辆货车所折合的车小时）对其进行修正。

$$C_{固编} = \tilde{C}_{固编} + r_{车} \qquad (6-4)$$

式中，改编作业当量可通过调机的成本效益分析确定，其值与车站调车技术设备有关，一般自动化和机械化驼峰编组站较小，非机械化驼峰编组站次之，区段站较大。

6.2.2 换挂站固定形式

固定重量形式分组列车在换挂站的集结耗费以及集结占用时间，相比编成站更加简单，仅涉及补轴车流一项。车流到达特征类似编成站的假设：到达批中的车辆数服从泊松分布，参数为 $\lambda_{换补}$；间隔时间服从指数分布，参数为 $\theta_{换补}$；且到达车流之间相互独立。

类似第4.3节的分析，换挂站集结一个补轴组的集结批次分布律为

$$P\left(\xi_{换补}^1 = k\right) = \sum_{y=0}^{m_{补}-\sigma_{换补}^1-1} \sum_{x=m_{补}-\sigma_{换补}^1-y}^{+\infty} \frac{(\lambda_{换补})^x}{x!} \frac{((k-1)\lambda_{换补})^y}{y!} e^{-k\lambda_{换补}} \qquad (6-5)$$

式中：$k=1,2,\cdots,m_{\text{补}}$；$\xi^1_{\text{换补}}$ 为换挂站集结一个补轴组的集结批次；$\sigma^1_{\text{换补}}$ 为换挂站的初始车辆数。

类似第 4.4 节的分析，换挂站集结一个补轴组占用时间的概率密度函数为

$$f_{t'_{\text{补占}}}(t) = \sum_{k=1}^{m_{\text{补}}}\left[\frac{1}{(\theta_{\text{换补}})^k (k-1)!} t^{k-1} \exp\left(-\frac{t}{\theta_{\text{换补}}}\right) P(\xi^1_{\text{换补}}=k)\right], \quad t \geqslant 0$$

（6-6）

根据期望公式，平均每个补轴组的集结占用时间为

$$E(t'_{\text{补占}}) = \int_0^{+\infty} t f_{t'_{\text{补占}}}(t) \mathrm{d}t \tag{6-7}$$

类似第 4.5 节的分析，换挂站集结一个补轴组的平均耗费为

$$E(T'_{\text{补分}}) = \frac{1}{2}\theta_{\text{换补}}\left[(m_{\text{补}}+2\sigma^1_{\text{换补}})\frac{m_{\text{补}}}{\lambda_{\text{换补}}} - m_{\text{补}}\right] \tag{6-8}$$

基于以上两式，可确定固定车组重量分组列车在换挂站的集结参数

$$C_{\text{固换}} = \frac{24 E(T'_{\text{补分}})}{m_{\text{补}} E(t'_{\text{补占}})} \tag{6-9}$$

6.2.3 编成站不固定形式

对于不固定车组重量情形的分组列车，基本组和补轴组在编成站分线集结，只要集结车辆数之和达到列车编成辆数时，车列就集结完毕。而单组列车仅由一个编组去向的车辆构成，一般在一条调车线上集结。当其车流量超过调车线容量时，则占用多条，显然已经达到满轴要求。这两种情形的差别在于，前者将基本组和补轴组分线集结，仅仅使得车流去向分得更细，但本质上都是先到车辆等待后到凑齐满轴的过程。因此，不固定重量形式分组列车的集结特性决定了其集结消耗与单组列车相同。

基于不固定车组重量情形的分组列车集结特性，基本组和补轴组的到达批仍具有不确定性，其相关参数的分布假设同 4.2.2 小节。根据文献[153]的成果有集结参数公式

第6章 分组列车编组方案优化参数

$$C_{不固} = 12 \frac{E[\xi_1(m+\sigma_1-\eta_1)]}{E(\xi_1)} \quad (6\text{-}10)$$

式中：m 为列车编成辆数；ξ_1 为集结第一列分组列车占用基本组和补轴组的集结批次之和；σ_1 为基本组和补轴组的初始车辆数之和；η_1 为结束车辆数（凑满 m 需要的车辆数）。

上述参数中，列车编成辆数受限于列车牵引定数和换长，一般波动很小，可近似认为是一个常数；其余三个参数由于集结过程的动态性和车流到达的不确定性而出现波动。另外，车列集结的最后一个到达批既可能来自基本组去向，也可能来自补轴组去向。

6.2.4 仿真模拟

以第 5.2 节中表 5-19 中的前两项分布参数（综合效益为正）为例，分别计算编成站和换挂站单组列车与分组列车的集结参数，进行 1 000 次仿真并计算平均值，结果如表 6-1 和表 6-2 所示。

表 6-1 编成站单组与分组列车集结参数比较

分布参数向量	$m_{基}$	$m_{补}$	集结耗费/车小时		集结参数	
			单组	分组	单组	分组
（3，100，2，100）	30	20	521.77+505.20	1 070.47	10.44+10.10	21.41
（3，90，2，240）	40	10	514.53+432.30	1 068.15	10.29+8.65	21.36

注：表中分组列车的集结参数没有进行改编作业当量修正；结果中"+"的两项分别表示基本组和补轴组对应的指标。

表 6-2 换挂站单组与分组列车集结参数比较

分布参数向量	$m_{补}$	集结耗费/车小时		集结参数	
		单组	分组	单组	分组
（2，120）	20	520.75	216.21	10.42	4.32
（1，100）	10	476.12	102.96	9.32	2.06

表 6-1 和表 6-2 表明：对于固定重量形式分组列车，其在编成站的集结参数都大于两个去向的单组列车情形；而在换挂站的集结参数小

于单组情形。另外，分组列车在编成站和换挂站的集结参数之和，小于这两个站开行 3 个单组列车到达站情形。如分布参数向量为（3，100，2，100，2，120）时，分组列车的集结参数之和为 25.73，而 3 个单组列车的集结参数之和为 30.96。根据集结参数的物理意义的解释，这也和第 5.2.5 小节中关于分组列车相对于单组列车的综合效益比较的结果一致。

不固定重量形式分组列车集结参数的仿真计算，主要涉及其集结过程的模拟。类似第 5.2.5 小节的分析，本节仍然采用 DESS 方法进行仿真，算法流程具体如下。

不固定车组重量分组列车集结仿真算法 A.5

Step1　输入。包括列车编成辆数 m、到达车流特征参数和仿真时间。

Step2　初始化。基本组和补轴组去向，当前子系统仿真钟时间 $t^{集}_{基}=t^{集}_{补}=0$；去向车流量 $N_{基}=N_{补}=0$；到达批序号 $i=j=0$，都为全局变量。到达批的间隔时间向量 $t_{基}=t_{补}=0$；到达批中车辆数向量 $n_{基}=n_{补}=0$。每列分组列车的集结批次向量 $\xi_{基分}=\xi_{补分}=0$；集结占用时间向量 $\zeta_{基分}=\zeta_{补分}=0$；集结耗费向量 $T_{基分}=T_{补分}=0$；累计集结车辆数 $w_{基}=w_{补}=0$，都为局部变量。集结分组列车数 $k_{分}=0$，分组列车累计的集结消耗 $T_{基分总}=T_{补分总}=0$。

Step3　判断 $w_{基}+w_{补}\geqslant m$ 是否成立，如果是，转 Step4；否则转 Step5。

Step4　记录每列分组列车的相关指标：由车流到达批序号递推确定集结批次；由仿真钟时间递推确定集结占用时间。更新分组列车数 $k_{分}:=k_{分}+1$。更新两个去向累计集结的车辆数（有三种策略）。返回 Step3。

Step5　判断 $t^{集}_{基}\leqslant t^{集}_{补}$ 是否成立，如果是，转 Step6；否则转 Step8。

Step6　基本组去向到达批 $i:=i+1$，随机生成到达批的间隔时间 $t^{i}_{基}$，更新子系统仿真钟时间 $t^{集}_{基}:=t^{集}_{基}+t^{i}_{基}$。判断 $t^{集}_{基}$ 是否超过仿真时间，如果是，转 Step7；否则随机生成到达批中车辆数 $n^{i}_{基}$，并记录 $t_{基}(i)=t^{集}_{基}$，$n_{基}(i)=n^{i}_{基}$，更新累积集结耗费 $T_{基分总}:=T_{基分总}+w_{基}t^{i}_{基}$，更新车流量 $N_{基}:=N_{基}+n^{i}_{基}$，更新累积集结车辆数 $w_{基}:=w_{基}+n^{i}_{基}$，返回 Step3。

Step7　补轴组去向到达批 $j:=j+1$，随机生成 $t^{j}_{补}$，更新 $t^{集}_{补}:=t^{集}_{补}+t^{j}_{补}$。判断 $t^{集}_{补}$ 是否超过仿真时间，如果是，停止；否则随机生成 $n^{j}_{补}$，并记录

第 6 章 分组列车编组方案优化参数

$t_{补}(j)=t_{补}^{j}$，$n_{补}(j)=n_{补}^{j}$，更新 $T_{补分总}:=T_{补分总}+w_{补}t_{补}^{j}$，$N_{补}:=N_{补}+n_{补}^{j}$，$w_{补}:=w_{补}+n_{补}^{j}$，返回 Step3。

Step8 补轴组去向到达批 $j:=j+1$，随机生成到达批的间隔时间 $t_{补}^{j}$，更新子系统仿真钟时间 $t_{补}^{集}:=t_{补}^{集}+t_{补}^{j}$，判断 $t_{补}^{集}$ 是否超过仿真时间，如果是，转 Step9；否则随机生成到达批中车辆数 $n_{补}^{j}$，并记录 $t_{补}(j)=t_{补}^{j}$，$n_{补}(j)=n_{补}^{j}$；更新累积集结耗费 $T_{补分总}:=T_{补分总}+w_{补}t_{补}^{j}$，更新车流量 $N_{补}:=N_{补}+n_{补}^{j}$，更新累积集结车辆数 $w_{补}:=w_{补}+n_{补}^{j}$；返回 Step3。

Step9 基本组去向到达批 $i:=i+1$，随机生成 $t_{基}^{i}$。更新 $t_{基}^{集}:=t_{基}^{集}+t_{基}^{i}$，判断 $t_{基}^{集}$ 是否超过仿真时间，如果是，停止；否则随机生成 $n_{基}^{i}$，并记录 $t_{基}(i)=t_{基}^{i}$，$n_{基}(i)=n_{基}^{i}$。更新 $T_{基分总}:=T_{基分总}+w_{基}t_{基}^{i}$，$N_{基}:=N_{基}+n_{基}^{i}$，$w_{基}:=w_{基}+n_{基}^{i}$，返回 Step3。

下面是关于算法步骤的补充和解释：

（1）根据不固定重量形式分组列车集结的特点，当基本组和补轴组集结的车辆数之和达到列车编成辆数时，车列集结结束，此时需要对集结系统进行重置（更新两个去向集结的车辆数，详见算法步骤中 Step4）。本书给出以下三种策略。

策略一：若基本组集结车辆数超过编成辆数，则分组列车车流完全来自基本组，否则用补轴组车流凑够满轴，即有

$$\begin{cases} w_{基}:=w_{基}-m, & w_{基} \geq m \\ w_{基}:=0, w_{补}:=w_{补}+w_{基}-m, & 否则 \end{cases} \quad (6-11)$$

策略二：若补轴组集结车辆数超过编成辆数，则分组列车车流完全来自补轴组，否则用基本组车流凑够满轴，即有

$$\begin{cases} w_{补}:=w_{补}-m, & w_{补} \geq m \\ w_{补}:=0, w_{基}:=w_{补}+w_{基}-m, & 否则 \end{cases} \quad (6-12)$$

策略三：基本组和补轴组的车流按照集结车辆数的比例编成列车，即有

$$\begin{cases} w_{基} := w_{基} - \left[\dfrac{w_{基}}{w_{补} + w_{基}} m\right] \\ w_{补} := w_{补} + \left[\dfrac{w_{基}}{w_{补} + w_{基}} m\right] - m \end{cases} \quad (6-13)$$

三者的区别在于：策略一和策略二分别体现了基本组和补轴组车流输送的优先性，除此之外，这两种策略还存在编组单组列车的可能，从而可减少编组调车作业中的连挂钩；而策略三没有考虑优先顺序，其列车编成辆数分配相对前两者更均衡。

（2）算法步骤中，模拟基本组或者补轴组两个去向的车流时，存在两个阶段，先生成到达间隔时间，经确认不超过仿真时间后再生成车辆数。如 Step6 和 Step8 所示。

（3）基本组和补轴组集结相互关联方面，当一个去向集结超过仿真时间时，还有待检查另一个去向，只有当二者都超过时，车列集结才结束。如 Step7 和 Step9 所示。

（4）为了对比不固定重量形式分组列车和单组列车的比较，还需要模拟单组列车集结并计算相应指标，具体步骤同第 5.2.5 小节的算法 A.4。

为了对比三种策略对于不固定重量形式分组列车集结的影响，测试了六种车流特征参数，分别对每组情况进行 1 000 次仿真，计算平均每列分组列车的集结批次、集结占用时间、集结耗费，以及车列数和一昼夜集结耗费的平均值。经比对，除了每列车在两个去向上的集结消耗稍有差异之外，三种策略在其他指标方面都非常接近。表 6-3 仅列举出前两种策略下的该指标相对第三种的相对偏差。

表 6-3　三种策略下每列车集结耗费构成对比

分布参数向量	策略一与策略三对比			策略二与策略三对比		
	基本组	补轴组	每一列车	基本组	补轴组	每一列车
(3,100,2,100)	-5.49%	7.08%	-0.67%	2.31%	-4.74%	-0.51%
(3,100,3,100)	-5.86%	5.15%	-0.51%	4.85%	-6.05%	-0.47%
(3,100,4,100)	-6.50%	5.20%	-0.06%	8.60%	-7.12%	-0.08%
(3,90,2,40)	-4.94%	2.72%	-0.36%	7.57%	-4.54%	0.20%
(3,90,2,140)	-5.70%	11.54%	-0.62%	1.20%	-5.00%	-0.14%
(3,90,2,240)	-5.61%	21.67%	0.13%	1.37%	-3.93%	1.39%

第6章 分组列车编组方案优化参数

表 6-3 表明,在每列分组列车集结耗费的构成方面,策略一更多地来自补轴组去向,而策略二又更多地来自基本组去向。它分别与前两种策略的优先性一致,输送越优先,则残余车就越少,相应的集结耗费就越少。另外,这也间接说明均衡性的策略三在集结耗费方面也更加均衡。尽管如此,三种策略在每列分组列车总集结耗费方面,相差并不明显,几乎都低于1%。

以下仅列举策略三的全部计算结果,具体如表 6-4 ~ 表 6-6 所示。

表 6-4 不固定重量形式分组列车与单组列车集结指标比较

分布参数向量	车流量/辆		车列数	
	基本组	补轴组	单组	分组
(3,100,2,100)	43.21	28.73	0.81+0.52	1.39
(3,100,3,100)	43.09	43.05	0.81+0.81	1.67
(3,100,4,100)	43.25	57.51	0.81+1.09	1.97
(3,90,2,40)	48.03	71.90	0.90+1.39	2.35
(3,90,2,140)	47.96	20.48	0.90+0.36	1.32
(3,90,2,240)	47.96	11.95	0.91+0.19	1.15

表 6-5 不固定重量形式分组列车与单组列车集结指标比较

分布参数向量	集结批次		集结占用时间/小时	
	单组	分组	单组	分组
(3,100,2,100)	16.77+25.09	10.06+10.01	27.86+41.92	16.78
(3,100,3,100)	16.74+16.74	8.36+8.35	28.00+28.01	14.02
(3,100,4,100)	16.79+12.56	7.19+7.15	27.89+20.96	11.99
(3,90,2,40)	16.73+25.09	6.70+15.01	25.08+16.71	10.04
(3,90,2,140)	16.75+25.25	11.70+7.56	25.12+58.74	17.66
(3,90,2,240)	16.73+25.34	13.37+5.05	25.07+101.24	20.27

表 6-6 不固定重量形式分组列车与单组列车集结指标比较

分布参数向量	一昼夜集结耗费 /车小时		每列车耗费 /车小时		集结参数	
	单组	分组	单组	分组	单组	分组
(3,100,2,100)	543.34+528.04	602.32	679.92+1021.75	435.40	10.87+10.56	12.05
(3,100,3,100)	544.43+545.53	606.36	681.84+683.60	363.96	10.89+10.91	12.13
(3,100,4,100)	546.90+555.44	608.36	681.46+512.29	311.00	10.94+11.11	12.17
(3,90,2,40)	548.83+564.28	586.64	612.14+409.05	250.39	10.98+11.29	11.73
(3,90,2,140)	549.79+502.25	632.21	613.37+1428.53	480.88	11.00+10.05	12.64
(3,90,2,240)	549.48+448.43	691.64	612.36+2445.19	605.00	10.99+8.97	13.83

表 6-4 表明：

（1）在参数灵敏度方面：不固定重量形式分组列车每列集结耗费和占用时间都与车流强度参数负相关，与间隔时间参数正相关；集结参数都与车流强度和间隔时间两个参数正相关；如果基本组去向车流频率（车流强度和平均间隔时间的比值，详见第 4.4 节的相关定义）大于补轴组，那么分组列车的车流更多地来自基本组去向。反之亦然。如（3，90，2，40）和（3，90，2，240）两个参数向量，前者的补轴组在列车的集结批次数较大，后者的基本组对分组列车车流贡献多；而表中的前三组差别不明显。

（2）分组列车与单组列车对比方面：虽然不固定重量形式分组列车一昼夜的集结耗费和集结参数都稍高于每个去向上的单组列车。但是，集结列车数都比两个去向上单组列车的和还多，并且每列车的耗费都比单独集结单组列车少；平均每列分组列车的集结批次和占用时间都少于两个去向的单组列车。

（3）与固定重量形式对比方面：结合表 5-20 和表 6-1，对于相同的到达车流，对比两种分组列车类型的各项指标。结果表明：虽然二者在集结批次和占用时间方面很接近，但是不固定形式集结的车列数多于固定形式，且每列车的集结耗费和一昼夜的总集结耗费都小于固定形式，

第6章　分组列车编组方案优化参数

从而使得前者的集结参数小于后者。这都是不固定形式组织的灵活性带来的优势，但也伴随着列车中车流的不确定。因此其调度决策将更具有技术性和艺术性。

6.3 节省时间参数

6.3.1 问题分析

传统车流组织优化的主要任务是，在满足车站和区间线路的能力和资源限制条件下，确定路网上最佳的编组去向分布和车流的有调作业地点[53]，其中前者对应（单组）直达列车编组方案，后者对应车流改编方案。为实现这一目标，我国车流组织的经验和成果存在两种优化目标[38,40]：其一是，相对于所有车流都单开的编组方案，消耗最小；其二是，相对于所有车流都在途经技术站改编的编组方案，节省最大。两种目标都以车辆小时为度量，都是采用相对计算的思路。两种目标是等价的，二者的最佳方案也相同。这两种目标的计算，都涉及技术站的无改编通过节省时间参数。从物理意义上看，节省时间参数表征了单位车辆均摊的额外车辆小时消耗（有调作业停留而产生的消耗）。

节省时间参数的既有研究成果包括文献[182]-[184]等，主要都集中于单组列车。根据第3.2节的分析，分组与单组列车的技术作业有联系更有区别，单组列车在途经技术站都进行无调作业；而分组列车仅在非换挂站进行无调作业，在换挂站进行摘挂车组作业。车组换挂的技术作业相当于进行部分改编，为了区别和统一，本书将传统说法中的改编称为完全改编。

在同时采用分组和单组两种列车形式进行车流组织时，编组方案的优化也必然涉及分组列车的节省时间参数（不一定全是技术站）。分组列车在非换挂站的技术作业与单组列车相同，当然节省时间参数也就没有差别。本书仅讨论换挂站情形，包括两类，其一是部分改编与无改编通过的比较，其二是部分改编与完全改编的比较。由于部分改编存在变更列车重量、变更列车运行方向或者换挂车组两种不同内容的技术作业，本书仅讨论后者。

6.3.2 相对无改编通过增加时间

技术站办理的中转车包括无调中转车和有调中转车，其中无调中转车随中转列车（无改编中转列车或部分改编中转列车）到达车站，进行到达和出发技术作业后再随原列车继续运行，习惯上也将之称为无改编通过。而分组列车在换挂站进行部分改编中转作业，虽然基本组也办理无调中转作业，但是还存在摘解和编挂补轴组的有调中转作业。因此，分组列车的技术作业将不同于无改编通过列车，从而列车的停留时间也将有所差别。

如图 6-1 所示，A、B、C 为某线路方向上的 3 个技术站，$A \rightarrow B$、$B \rightarrow C$、$A \rightarrow C$ 的车流分别记为 N_{AB}、N_{BC} 和 N_{AC}。若采用无改编通过的单组直达方案时，N_{AC} 在 B 站进行无调中转作业；若采用部分改编方案时，也即为合并式分组列车，N_{AC} 充当了分组列车的基本组车流，列车在 B 站摘解车流 N_{AB} 以及编挂车流 N_{BC}。后一种方式输送较前一种延长了 N_{AC} 在换挂站的停留时间，当然前一种方式较后者有节省。

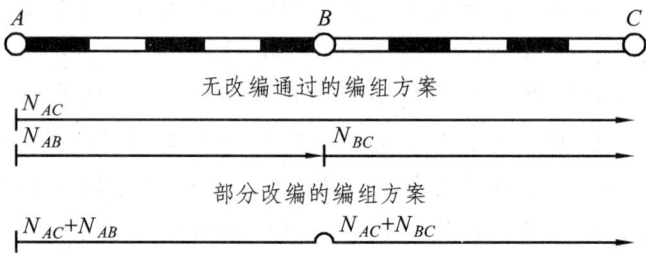

图 6-1 部分改编与无改编通过方案对比

对于车流 N_{AC} 来讲，作为分组列车的基本组或者单组直达无改编通过，都不会对车流 N_{BC} 的集结产生影响。因此，部分改编方式较无改编通过，平均每辆货车在 B 站额外增加时间为

$$t^B_{\text{分增}} = t^B_{\text{部改}} - t^B_{\text{无调}} \qquad (6\text{-}14)$$

式中，$t^B_{\text{分增}}$ 为 B 站部分改编相对无改编通过额外增加时间；$t^B_{\text{部改}}$ 为 B 站进行部分改编的作业时间标准，可参照相关表中列举的技术作业流

第 6 章　分组列车编组方案优化参数

程确定；$t_{无调}^B$ 为 B 站无调中转的停留时间标准，可参照相关表中列举的技术作业流程确定。

对比文献[40]，部分改编（分组列车）和完全改编（单组列车）较无改编通过方式，都存在额外消耗的停留时间，前者一般都短于后者。这主要有两个方面的原因。其一是，当车流搭配合理且换挂站及时准备好加挂车组时，部分改编作业时间将小于有调作业时间；其二是，部分改编不存在集结时间，抵消掉一部分节省。

6.3.3　相对完全改编节省时间

技术站办理的有调中转车随到达解体列车或部分改编列车到达车站，并完成到达、解体、集结、编组和出发技术作业后，再随自编始发列车或另一部分改编列车继续运行。因此，分组列车的技术作业也不同于完全改编（单组列车）方式，从而列车的停留时间也将有所差别。

如图 6-2 所示，采用完全改编方案时，N_{AC} 在 B 站进行有调中转作业；而采用部分改编方案时，也即为衔接式分组列车，N_{AC} 在 B 站进行无调中转作业，其停留时间较完全改编可能有节省（如果减少或者消除等待作业时间）。

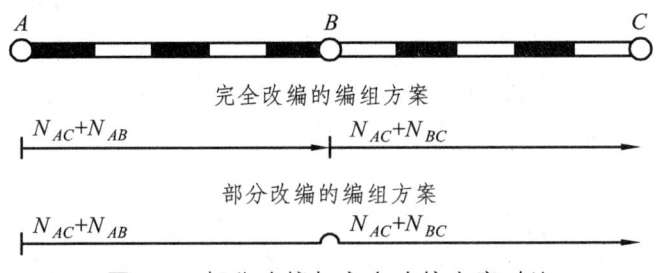

图 6-2　部分改编与完全改编方案对比

对比二者，在完全改编方案下，编组去向 $B \rightarrow C$ 吸收的车流为 N_{AC} 和 N_{BC}；而部分改编方案下，其吸收的车流仅为 N_{BC}。因此，车流量的变化将导致每辆车均摊的集结时间也会发生变化，这会抵消掉部分节省时间。类似文献[40]的分析，部分改编方式相对于完全改编方式，平均每辆货车在 B 站节省的时间为

$$t^B_{分减} = t^B_{有调} - t^B_{部改} - t^B_{集} + \gamma_车 \qquad (6\text{-}15)$$

式中，$t^B_{分减}$ 为 B 站部分改编相对完全改编减少的停留时间；$t^B_{有调}$ 为 B 站有调中转车停留时间标准，可参照相关表中列举的技术作业流程确定；$t^B_{集}$ 为 B 站平均每车集结占用时间；$\gamma_车$ 为改编作业当量，意义同式（6-4），取值可以不相同。

6.4 途中改编次数

在途中技术站，列车如果不是无改编通过，必然会涉及改编（部分改编或者完全改编）相关的调车作业，势必会产生车辆的额外消耗时间。国外文献[112][113][115][185]都谈到，平均一次改编将产生一天的延迟时间。过多的改编，可能会使运输时间超过其送达期限，造成运输服务的不可靠。随着我国市场经济不断发展以及产业结构不断升级，具有多品类、小批量、小件和高附加值等特点的快捷货物需求大幅度增长，并且表现出明显的时效特征。不可靠的运输服务将很难满足快捷货物的时效特性[186]。因此，限制改编次数，保证货物运到期限，是提高铁路货物市场竞争力的有效途径之一。

对于分组列车来说，其换挂次数与列车中车组数目直接有关，车组数目越多，改编次数也就越多。如区段分组列车的每个车组对应一个区段。除此之外，随列车向前运行逐段进行补轴的情形，其改编次数也可能不止一次。又如直通分组列车，即使列车在运行中一直都保持双组，但仍有多次换挂。

货物送达过程包括装车站作业、卸车站作业、技术站作业（有调、无调以及部分改编等）以及途中运行等多个环节，相应地会产生货物在装车站和卸车站的货物作业停留时间、技术站中转停留时间和途中旅行时间。基于实际货物送达时间分析，在满足货物运到期限的前提下，式（6-16）给出货物在途中最大改编次数

$$t_装 + t_卸 + \left(K_{无调}t_{无调} + K_{全改}t_{有调} + K_{部改}t_{部改}\right) + \sum \frac{l_{区段}}{v_旅} \leqslant T_限 \qquad (6\text{-}16)$$

式中，$T_{限}$ 为货物运到期限；$t_{装}$ 为装车作业时间，与装车能力有关；$t_{卸}$ 为卸车作业时间，与卸车能力有关；$K_{无调}$、$K_{全改}$ 和 $K_{部改}$ 分别为货车在随列车运行途中进行无改编通过的技术站数目、完全改编次数和部分改编次数，它们一起反映了运输组织方案的影响；$l_{区段}$ 为车流经由的各区段长度，体现了车流径路的影响；$v_{旅}$ 为各区段货物列车的旅行速度。

实际中，当车流径路和技术设备条件已经确定时，可以通过调整运输组织方案（车流改编的地点和次数），来满足货物运输时限要求。当然，通过运输组织压缩的停留时间也是有限度的，如果直达方案都不能满足要求，那么就必须调整车流径路。

6.5 最大编组去向数

只有借助调车场的调车线（现场也称为分类线），编组去向才能发挥其梳理车流的功能。编组去向占用调车线的数量，受到车流和调车线两个因素的影响。

一方面，调车线作为供给方，除了供各种组号的集结以外，还有作为扣修车、禁溜车、超限和危险货物车辆的存放和集结用途等使用[187]。一个车站能够分配的最大组号数，受限于该站能够利用的调车线总数。另外，其有效长度也直接影响了编组去向占用调车线数量。

另一方面，车流作为需求方，一个编组去向至少需要分配一条调车线，如果车流强度太大，就需要多条。车流到达的均衡程度也有影响。线路使用方案是否固定[188,189]，还取决其他因素[40]，如编组计划、车站装卸作业地点数目及分布、等待编组及编组过程的占用、货运量等。另外也存在线路活用情形，也即是多个组号共用一条调车线。

因此，调车线数量和最大编组去向数目之间的关系非常复杂。在既有成果方面，文献[50][54][56]基于不同车流强度占用数目不等的股道数观点，提出"一条调车线一昼夜容纳200车"的简化假设，然后引入分段函数刻画车流强度与占用调车线的关系，从而使得模型具有非线性。本书借鉴文献[112]的处理方法，将有效调车线总数按照一定比例转化为最大编组去向数目，如式（6-17）所示：

$$N_{\max} \leqslant H/\varphi \qquad (6\text{-}17)$$

式中，$N_{\max}$ 为最大编组去向数；H 为供各种组号集结使用的有效调车线数量；φ 为转化系数，表示平均每条调车线可以生成的编组去向数，例如文献[112]中将其取为 1.25。

6.6 本章小结

本章研究了分组列车编组方案的优化参数，重点讨论了集结参数和节省时间参数，另外还简要介绍了计划车流量、途中改编次数和最大车流组号数三个参数。

本章的主要工作：

（1）集结参数方面：基于第 4 章分组列车集结特性方面的成果，分别研究了编成站固定形式、换挂站固定形式以及编成站不固定形式三种情形的分组列车集结参数。并对此进行了理论分析和模拟计算。

（2）节省时间参数方面：相对无改编通过，分组列车在换挂站进行部分改编作业额外增加了消耗时间；相对完全改编，分组列车又可能存在节省，本章分别给出了这两种比较情形的结果。

第7章　分组和单组列车编组计划综合优化模型

货物列车编组计划是铁路行车组织工作的基础性技术文件。由于车流的多样性和路网的复杂网络结构以及二者之间相互交错关联，必然存在车流的径路选择和组合搭配问题，因此编组方案优化本质上属于组合优化问题。目前，在 TFP 理论研究方面，许多专家学者提出了较为全面和富有成效的数学模型和求解算法，但大都集中于单组列车。然而分组列车作为铁路车流组织的主要形式之一，分组列车编组计划本应是技术站列车编组计划内容之一，却没有受到应有的重视。为此，本章重点研究了同时采用分组和单组两种列车形式下编组方案的综合优化问题。

在和其他章节联系方面，第 6 章的编组方案优化参数直接应用于本章优化模型；第 5 章的组织条件可为模型预处理提供先验信息，如当两支车流合并开行分组列流显然不利时，本模型相应的决策变量强制令为 0，等。这都将为模型求解特别是大规模路网情形创造有利条件。

7.1　综合编组方案分析

7.1.1　编组去向内涵界定

车流组织的根本任务就是要将车流转变成列流，该任务有序有效地完成离不开一个重要的角色——编组去向。国外将其称为 Block，在我国现场通常称为车流组号或组号，在编组计划文件中体现为"某站及其以远"和"某站至某站间"，具体如表 7-1 所示。

表 7-1 成都北站编组去向及吸收车流（部分）

去向名称	去向 OD	吸收车流
新丰镇及其以远	成都北→新丰镇	西安局茂陵以东、田王以北各站，太原局、呼和浩特局（旗下营以西各站除外）、郑州局洛阳及其以西各站
宝鸡东及其以远	成都北→宝鸡东	西安局茂陵及其以西、宝鸡南及其以北，兰州局陇海线兰州东以南、包兰线干塘及其以北、宝中线柳家庄以东，呼和浩特局旗下营及其以西各站
西昌南及其以远	成都北→西昌南	成昆线西昌南及其以南（渡口支线密地及其以远各站除外），昆明及其以西各站
昆明东及其以远	成都北→昆明东	昆明以东各站（水红线松河至玉舍间各站除外）
广元南及其以远	成都北→广元南	西安局阳安线、宝成线宝鸡南以南各站，成都局广元南及其以远（含广旺支线）
广元至罗江间	—	宝成线广元至罗江间各站

注：该表摘自成都局 2010 年编组计划[148]。

由表 7-1 可以看出，一个编组去向一般吸收了若干支车流，这些车流的终到站并不统一，由于接续归并其始发站也不全都是编组去向的始发站。其中，"某站及其以远"形式编组去向具有明确的始发终到站，其吸收的车流可以混编；而"某站至某站间"形式与之不同，一般都为摘挂车流，编组要求为到站成组甚至站顺。不论采用哪种形式，每个编组去向都明确规定了其吸收车流的范围。

另外，一个编组去向并不意味着一个列车到达站，如表 7-2 所示。在成都北站始发，如果终到西昌站的列流编挂"成都北→西昌南"和"成都北→昆明东"（可混编），则是单组列流；又如果终到昆明东的列流将"成都北→西昌南"和"成都北→昆明东" 分组选编，则是分组列流，在途中的西昌南站摘下"成都北→西昌南"同时换上"西昌南→昆明东"，则 3 个组号才开行一个列车到达站。

第 7 章　分组和单组列车编组计划综合优化模型

表 7-2　成都北站列车编组方案（部分）

发站	到站	编组内容	列车种类	定期车次
成都北	新丰镇	新丰镇及其以远	远程直达	10566~10590
成都北	宝鸡东	宝鸡东及其以远	直通列车	21002~21012
成都北	西昌南	西昌南及其以远；昆明东及其以远；空车按车种成组	直通列车	25441~25477
成都北	广元南	广元南及其以远；广元至罗江到站成组；空车按车种成组	摘挂列车	41002~41010

注：该表摘自成都局 2010 年编组计划[148]。

综上所述，本书将编组去向界定为技术站出发的若干支车流的集合，这些车流以整体的形式进行集结和输送。对于"某站及其以远"形式的编组去向，在到达"某站"之前这个整体不会发生变化；而对于"某站至某站间"形式的编组去向，这个整体在运送途中会发生变化，但在编成站仍作为一个整体集结。所以编组去向的本质特征是充当车流集结的基本单元。

关于编组去向，本书作以下三点补充说明。

（1）同一（技术）站各组号包含的车流内容不能重复，也即是各组号吸收车流具有互斥性；并且同一（技术）站所有组号必须覆盖该站出发的所有车流，即组号吸收车流具有完备性。因此，任意（技术）站的所有编组去向构成了该站出发车流的一个划分。即，每个站出发的任意一支车流都能归且唯一归并到该站的一个组号之中。

（2）单组列车和分组列车都可能编组多个去向。差别在于前者的列车到达站为编组内容中的最近到站，后者情形下的列车运行距离更长。如前文例中，单组列车在成都北分组选编，到达西昌南即行解体，可以减轻西昌南的解体作业负荷；而分组列车终到昆明东，列车多运行了西昌南至昆明东区段。

（3）分组列车的基本组和补轴组必然来自不同的去向；而同一个车组未必是同一个去向。如从成都北始发终到宝鸡东且在广元南换挂的分组列车，其中补轴组来自"成都北→广元南"，基本组可来自"成都北→宝鸡东"和"成都北→新丰镇"两个组号。

7.1.2 编组去向角色分析

编组去向的产生，本质上是由车流必须以车列形式进行输送的组织特点所决定。因为，除少量无调中转车外，分散到达车站（主要是技术站）的车流不能原封不动地以车列的形式组织出发，二者之间的矛盾借助于物理上的调车线的蓄水池作用（集结过程）以及必要的车站调车作业（如解体、编组等）得以解决。

车流组织过程存在车流、编组去向和列流三个层次。相比编组去向，列流所包含的车流种类更多、车流量也更大，因而也就更宏观；而车流更微观。形象地，将车流→编组去向→列流自下而上的递进称为归并（Consolidation），列流→编组去向→车流自上而下的溯源称为分配（Assignment），如图 7-1 所示。

图 7-1　车流、编组去向和列流的耦合分析

图 7-1 描述了以编组去向为核心，车流和列流分别与之的关系。三者之间的关系可以分解为归并和分配的耦合。车流组织的两条基本原则中，车流不拆散是相对于发站而言，而车流接续归并是从到站角度进行描述。二者实现正依赖于归并和分配的处理。下面从集合映射角度进行阐释：

其一，一个编组去向相当于是若干支车流构成的集合。车流集合与编组去向集合之间的关系可以分解为两种映射。其中，编组去向到车流的分配过程，实质上是编组去向集合到每支车流的映射，确定了每支车流的接续方案；车流到编组去向的归并过程，实质上又是车流集合到每个编组去向的映射，又确定了每个编组去向吸收的车流。

其二，一支列流又相当于是若干个编组去向构成的集合。在编组去向集合和列流集合之间：一方面，由于车流不拆散，任何一个编组去向只能唯一地归并到该站出发的一支列流中去；另一方面，如果仅仅开行单组列车，则单组的限制使得任何一支列流的编组内容也仅包含一个去

第7章 分组和单组列车编组计划综合优化模型

向①，也即是二者之间为一个 1-1 映射。如果还允许开行分组列车，并且分组列车之间的补轴组存在交叉换挂，如图 3-1 所示，关系就更加复杂了。这时它们之间是多对多的关系，不再构成 1-1 映射。类似以上分析，它们之间的关系也可以分解成两种映射。列流到编组去向的分配，也即是列流集合到每个编组去向的映射，确定了每个编组去向的输送方案；而编组去向到列流的归并，也即是编组去向集合到每支列流的映射，又确定了每支列流的编组内容。

综上分析，编组去向在车流和列流之间承上启下的作用被体现得淋漓尽致。一方面，错综复杂、种类众多的车流借助编组去向实现了归并，进一步地，梳理后的车流通过组号的形式，能够方便地被组织到各种列车中去。另一方面，以编组去向为基础，能够更加容易地确定列车的编组内容，从而规范列流。因此，编组去向衔接了车流和列流，实现了车流向列流的转变。

7.1.3 车流组织任务重构

编组去向的重要性不言而喻，特别是在采用分组列车形式进行车流组织的过程中体现得尤为突出。基于编组去向，针对本书的研究对象，在同时采用分组和单组列车形式时，车流组织具体需要解决以下 2 个主要问题。

（1）每个车站生成哪些编组去向，以及每个去向吸收哪些车流。

（2）每个车站开行哪些列车，以及每支列流吸收哪些编组去向。

可以发现，上述 2 个主要问题涉及 4 个子问题。对比传统以单组列车形式为主的车流组织任务[40]的叙述，分组列车形式稍有区别。这在确定列车编组所属的车流方面尤为明显：传统的直接归并车流到列流；而分组列车吸收车流存在编组去向吸收车流阶段和列流吸收编组去向阶段，这两个阶段以编组去向为媒介进行过渡。这样的做法本身也符合现场车流组织工作的实际情况。

---

① 虽然理论上存在单组列车挂有多个编组去向，但实际中这种情形并不普遍。如成都局 2010 年的编组计划文件中这种列车仅是重空成组情形，以及摘挂列车和小运转列车。

7.1.4 综合编组方案内容

为了区别,在本书中将同时采用分组和单组列车形式的车流组织方案称为综合编组方案(Integrated Train Formation Plan,ITFP)。根据 7.1.2 小节的分析,分组列车形式组织车流的 2 个主要任务可以细分为 4 个子任务。对应地,综合编组方案的内容包含 4 个子方案,在本书中分别称之为路网编组去向方案、编组去向接续方案、路网列流方案和列车接续方案,其相应的内涵介绍如下。

1. 路网编组去向方案

路网编组去向方案(Block Network Design Plan,BNDP),指路网上所有编组去向的集合,其中每个编组去向以其始发终到站和径路进行表征。如果以所有车站为顶点集合,全体编组去向为有向弧集合,则路网编组去向方案就构成了一个有向图。由 2.3.3 小节的分析可知,路网编组去向方案与国外 TFP 的多商品网络模型和我国 TFP 的网络流模型中的编组去向网络类似。

根据路网编组去向方案,可以确定每个车站的编组去向。编组去向之所以能够梳理车流,这依赖于物理上相互分离的调车线。一个车站的调车线数量越多,其可能编组的去向就越多。显然,一个可行的路网编组去向方案,必须满足每个车站的调车线数约束。除此之外,调车线的使用情况还与列车到达的均衡性、车流分布特征等因素有关。实际中,我国大多数车站的调车线都比较紧张,即使线路活用也不可能对任意两站都赋予一个编组去向。另外,由于小车流和零车流的存在,也没有必要对每一支车流都单独划分一个编组去向。

2. 编组去向接续方案

在路网编组去向方案中分析到,由于车站调车线的限制以及出于充分利用的考虑,不可能对每支车流都单独分配一个编组去向,则必然存在多支车流合并到一个编组去向以及同一支车流合并到多个编组去向两种情形[35]。也即是,车流接续不可避免。当然非直达车流无所谓接续。具体来说,编组去向接续是指,对于某直达车流,当不存在相应的直达编组去向(简称直达去向)时,只有归并到其他若干编组去向,由它们

第 7 章　分组和单组列车编组计划综合优化模型

接力才能完成其输送。编组去向接续方案(Car-to-Block Assignment Plan，CBAP)，针对每一支直达车流而言，具体是指能够满足该车流接续的编组去向集合。

根据 7.1.2 小节的分析，编组去向接续方案属于图 7-1 中编组去向到车流的分配。编组去向接续方案中的编组去向首尾相接，环环相扣。故 CBAP 可以视为这些去向 OD 构成的有序集合。另外，编组去向之间的接续必然将导致该车流的解编调车作业，一个 CBAP 相当于是该车流的一个完全改编方案(部分改编还有待于路网列流方案的确定)。如果车流径路事先没有指定，由于路网的环状拓扑结构，编组去向接续方案一般有多种。即使车流径路已经安排，不同的改编方案必是不同的编组去向接续方案。因此，CBAP 属于编组方案的决策内容。

综上分析，当直达车流以非直达的方式输送时，即需要编组去向接续时，先后两去向接续需要进行解编调车作业，当然就会占用相应车站的改编能力。另外，分组列车的部分改编作业也会占用改编能力。一旦确定了所有直达车流的编组去向接续方案之后，汇总可以到每个车站的解编负荷。显然，可行的编组去向接续方案，必须满足每个车站的改编能力约束。

3. 路网列流方案

路网列流方案(Train Network Design Plan，TNDP)，指路网上所有列流的集合，其中每支列流以其始发终到站进行表征。路网列流方案不同于列车开行方案，后者不仅包含前者的内容，而且还涉及列车的始发终到时刻、停站和行车量等信息。如果以所有车站为顶点集合，全体列流为弧集合，则路网列流方案也构成了一个有向图。

根据路网列流方案，可以确定每个车站和线路区间通过的列车。一个可行的路网列流方案，必须满足每个区间的通过能力约束。

4. 列流接续方案

为了充分利用线路区间的通过能力和机车，不可能对每个编组去向都单独分配一支列流，故必然存在多个编组去向合并到一支列流以及同一个编组去向合并到多支列流两种情形。因此，列车的接续也不可避免。

具体来说，列车接续是指，对于某编组去向，当不存在相应的列车到达站时，只有作为某支列流的补轴组或者由多支列流接力才能完成其输送。列流接续方案（Block-to-Train Assignment Plan，BTAP），针对每一个编组去向而言，具体指能够满足该编组去向接续的列流集合。

根据 7.1.2 小节的分析，列流接续方案属于图 7-1 中列流到编组去向的分配。每个列流接续方案中的列流也首尾相接。一个 BTAP 相当于是该去向的一个输送方案。类似 CBAP 的分析，如果列流方案事先没有安排，由于路网的环状拓扑结构，BTAP 一般有多种。即使列流方案已经确定，不同的输送方案即为不同的 BTAP。因此，BTAP 也属于编组方案的决策内容。

根据以上关于 4 个子方案内涵的介绍，综合编组方案的这 4 项决策内容反映了车流、编组去向和列流 3 个层次以及相邻两层次之间的相互关系，如图 7-2 所示。

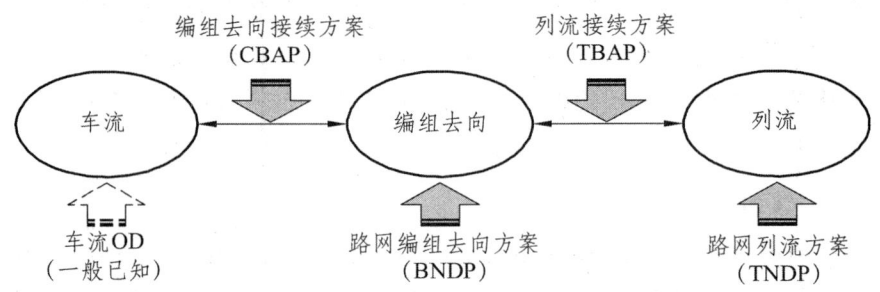

图 7-2　综合编组方案的子方案相互关系

在以上 4 个子方案中，路网编组去向方案和路网列流方案都属于网络设计问题（Network Design Problem，NDP）[24、191、192]，也称网络优化问题。该问题在实际中有着广泛的应用领域，涉及交通运输网络、配送网络、通信网络、供电系统、生产分布系统等，主要解决诸如基础设施的提供或改善、服务选择和频率安排等决策内容。

综合编组方案对于径路的处理具有以下两个特点，同时也体现了编组去向在车流和列流之间的承上启下。

其一是，ITFP 没有直接考虑车流径路选择。通过 7.1.2 小节的分析，车流和编组去向之间存在耦合，二者的径路也有联系。如果车流径路属

第7章 分组和单组列车编组计划综合优化模型

于决策的内容,则可将该车流先后并入的若干编组去向的径路连接而成(类似 TFP 的网络模型[63])。该过程对应图 7-1 中编组去向到车流的分配。特别地,当车流只并入一个去向时,车流的径路即为该去向的径路。如果车流(包括零车流)径路事先已经安排,则每个编组去向的径路即为对应始发终到车流的径路,从而将路网编组去向方案简化为只需确定始发终到站即可。

其二是,ITFP 也没有直接考虑列车运行径路问题。不论车流径路是否事先指定,列车运行径路都可由其编挂的若干编组去向的径路合并得到。该过程又对应图 7-1 中编组去向到列流的归并。也即是说,列流的径路与车流径路并不直接相关,而是通过编组去向间接联系。

实际中,编组计划文件中的单组列车仅编挂一个去向[148],故本书不考虑分组选编的单组列流。另外,多支列流接力输送一个组号,如图 3-1 中的交叉换挂,虽然在国外比较普遍[109],但在我国却不常见,本书也将不讨论这种情形。

对于任意一个编组去向,要么单独开行单组列车,要么与其他去向合并开行分组列车。不论采用何种形式,二者都是直达其终到站,不需要其他列车的接续。即便如此,这并不意味着车流就不存在接续了。因为,在列车的终到站,除了其上编挂的本站货物作业车,其余车辆(如果有的话)还要解体到某个编组去向,然后编入到该站出发的某个列车继续运行,可能经过多次改编,最终才到达该车流的终到站。

尽管综合编组方案含有 4 个子方案,但是本书进行了简化处理,仅考虑路网编组去向方案、编组去向接续方案和路网列流方案。为了让读者对这三个方案有更形象的认识,下文以一个简单路网为例进行说明,直线情形简化了径路选择。如图 7-3 所示,直线方向 4 个技术站,假设路网编组去向方案为直达去向 B_{13}, B_{24},以及非直达去向 B_{12}, B_{23}, B_{34}。

非直达车流 N_{12}, N_{23} 和 N_{34} 都不存在接续。直达车流 N_{13} 和 N_{24} 都存在相应的直达编组去向 B_{13} 和 B_{24},它们也都无所谓接续。因此,只有直达车流 N_{14}(不存在相应的直达去向 B_{14})存在接续。根据编组去向方案的设置,N_{14} 的编组去向接续方案有三种,分别为 $\{B_{12}, B_{23}, B_{34}\}$, $\{B_{13}, B_{34}\}$

和 $\{B_{12}, B_{24}\}$，由后文变量表示可分别记为 $I_{14}^{2,3}$，I_{14}^{3} 和 I_{14}^{2}，其中任意一个方案都能完成其接续，编组去向接续方案集合 $\Omega_{14} = \{I_{14}^{2,3}, I_{14}^{3}, I_{14}^{2}\}$。

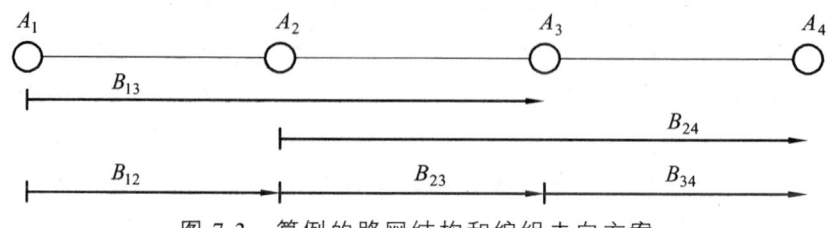

图 7-3 算例的路网结构和编组去向方案

不同的编组去向接续方案，车流归并结果也不相同。以上算例中，直达车流 N_{13} 和 N_{24} 不存在接续，因此 CBAP 中仅列出 N_{14}。对比结果如表 7-3 所示。

表 7-3 不同编组去向接续方案下的车流归并结果

编组去向接续方案	B_{13}	B_{24}	B_{12}	B_{23}	B_{34}
CBAP①	N_{13}	N_{24}	$N_{12}+N_{14}$	$N_{23}+N_{14}$	$N_{34}+N_{14}$
CBAP②	$N_{13}+N_{14}$	N_{24}	N_{12}	N_{23}	$N_{34}+N_{14}$
CBAP③	N_{13}	$N_{24}+N_{14}$	$N_{12}+N_{14}$	N_{23}	N_{34}

注：表中相加的两项，表示相应编组去向吸收的车流。如，序号②中第二列，$N_{13}+N_{14}$ 表示组号 B_{13} 吸收了 N_{13} 和 N_{14} 两支车流。

以上算例可能的列流方案，有如下三种：

① 单组直达列车 S_{13} 和 S_{24}，技术站间单组列车 S_{23}, S_{23}, S_{34}。

② 单组列车 S_{12} 和分组列车 S_{123}（在 A_1 编成，途经换挂站 A_2，终到 A_3，且车流量递减时，即 $N_{12} \geq N_{23}$，开行固定重量形式），或者单组列车 S_{23} 和分组列车 S_{123}（当车流量递增时，开行不固定重量形式）；技术站间单组列车 S_{34}；单组直达列车 S_{24}。

③ 单组列车 S_{23} 和分组列车 S_{234}（在 A_2 编成，途经换挂站 A_3，终到 A_4），或者单组列车 S_{34} 和分组列车 S_{234}；技术站间单组列车 S_{12}；单组直达列车 S_{13}。

以上三种列流方案都能实现所有编组去向的输送。但是，不同的列

第 7 章　分组和单组列车编组计划综合优化模型

流方案下的编组去向输送方案并不相同。结果对比如表 7-4 所示。

表 7-4　不同列流方案下的编组去向输送方案

列流方案	B_{13}	B_{24}	B_{12}	B_{23}	B_{34}
TNDP①	S_{13}	S_{24}	S_{12}	S_{23}	S_{34}
TNDP②	S_{123}	S_{24}	$S_{123}+S_{12}$	S_{123}	S_{34}
	S_{123}	S_{24}	S_{123}	$S_{123}+S_{23}$	S_{34}
TNDP③	S_{13}	S_{234}	S_{12}	$S_{234}+S_{23}$	S_{234}
	S_{13}	S_{234}	S_{12}	S_{234}	$S_{234}+S_{34}$

注：表中两项相加，表示这两支列流都能够输送该编组去向。如列流方案②中的 $S_{123}+S_{12}$，表示 B_{12} 可由分组列车 S_{123} 或者单组列车 S_{12} 完成输送。列流方案②和③都有两种可能的编组去向输送方案，可能方案之间具有排他性，实际中只能选择其中之一。

综上分析，编组去向接续方案和路网列流方案的不同搭配，对应着不同的编组方案。根据乘法原理，在给定路网编组去向方案的条件下，本算例共有九种不同的综合编组方案（如果路网编组去向方案不给定，则编组方案数将更多）。仅以编组去向接续方案②和列车接续方案②（第一种情形）下的编组方案为例进行解释：

（1）直达车流 N_{14} 和 N_{13} 都编入组号 B_{13}，且作为分组列流 S_{123} 的基本组。

（2）非直达车流 N_{12} 和 N_{23} 分别归并到去向 B_{12} 和 B_{23}，都作为 S_{123} 的补轴组。

（3）由于 $A_1 \rightarrow A_2 \rightarrow A_3$ 方向上车流递减，去向 B_{12} 中的车流还要开行单组列流 S_{12}。

（4）车流 N_{24} 并入去向 B_{24} 后，再挂到单组列流 S_{24} 上。

（5）N_{14}（和 N_{13} 一起编入组号 B_{13}）被分组列车 S_{123} 输送至 A_3，解体后与车流 N_{34} 一起归并到组号 B_{34}，再组织到单组列流 S_{34}。

至此，确定了所有车流完整的输送方案。同时，以上综合编组方案的解释中，还给出了轮廓性的车流组织工作安排。

7.1.5 综合编组方案特点

同时采用分组和单组列车形式组织车流时，在上一小节引入了 4 个子方案共同刻画综合编组方案。在这 4 个子方案中，路网编组去向方案和编组去向接续方案，共同解决了 7.1.2 小节中车流组织的第一个任务；路网列流方案和列车接续方案，又共同解决了车流组织的第二个任务。至此，实现了同时采用分组和单组列车形式下的车流组织。

综合编组方案的 4 个方案之间并不孤立，彼此相互关联。编组去向接续方案依赖于路网编组去向方案，列车接续方案同时取决于路网列流方案和路网编组去向方案。编组去向接续方案和列车接续方案，又共同描述了车流的改编情况，其中前者决定了完全改编消耗，后者决定了部分改编消耗。综合编组方案的结构如图 7-4 所示。

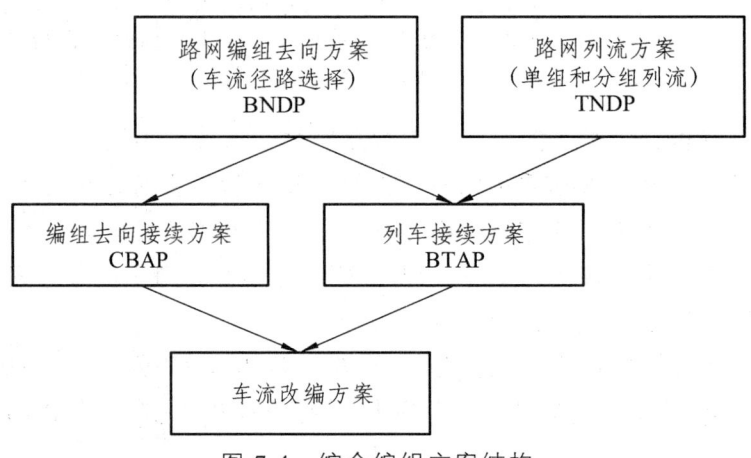

图 7-4 综合编组方案结构

在图 7-4 中，编组去向接续方案和列车接续方案虽然都与编组去向方案有关，但是二者还具有一定的分离性。图 7-1 也说明了，编组去向和车流之间以及编组去向和列流之间，分配和归并的耦合关系相对较为独立。主要原因是，车流与列流并非直接关联，而是借助编组去向进行过渡。

基于综合编组方案的结构分析，仍然遵循两阶段思路，也即是，车流到编组去向的归并，进一步地编组去向到列流的归并，给出传统编组方案的结构，如图 7-5 所示。

第7章 分组和单组列车编组计划综合优化模型

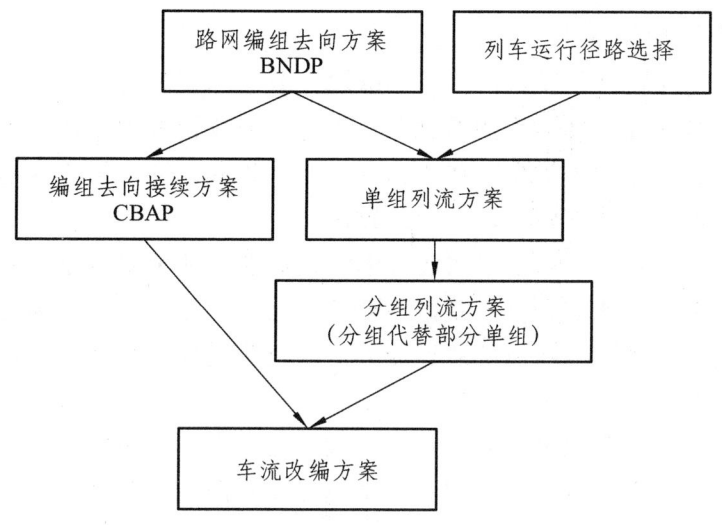

图 7-5 传统编组方案结构

对比图 7-4 和图 7-5，传统编组方案的规模和复杂程度都小于综合编组方案。这主要表现在路网列流方案简化的两个方面中。

其一是，决策内容减少。由于列车编组内容中单组的限制，一个列车到达站唯一对应一个编组去向。因此，路网编组去向方案完全决定了所有列流的始发终到站，而路网列流方案只需要再确定列车运行径路即可。

其二是，问题规模减小。先确定单组列车编组方案，而后考察代替部分最优单组列流为分组列流时是否有利。比起分组和单组两种列流同时优化，分阶段确定编组方案在建模和求解两方面都相对较为容易。

7.2 综合编组方案优化模型构建

上一节基于编组去向在车流组织中的重要作用，重构了同时采用分组和单组列车形式的车流组织任务，并且将综合编组方案分解为四个子方案。这种策略，不仅使得编组方案的复杂特性在数学上比较容易处理，而且分解的子方案分别都有其相应的实际意义。这也正是本节建模的基础。

7.2.1 边际假设

（1）物理路网假设：由于本书以广义分组列车作为研究对象，因此综合编组方案优化模型中的路网简化为，车站仅由技术站和规模较大、技术设备较先进的中间站（统称为支点站）构成，支点站之间连接情况取决于二者间是否存在物理上的线路区间。

（2）能力假设：对于那些适应车站改编能力的编组方案，假设车站的接发车能力也能够满足需要，不会影响其可行性。另外，确定车流径路时已经考虑各区段线路的通过能力。因此优化模型仅考虑车站改编能力约束。

（3）车流径路假设：任意一支车流的运行径路是确定的，如需中转（完全改编或者部分改编），则中转站也必须都限制在其径路上。

（4）车流量假设：任意两个支点站之间的车流量是确定的。实际中，中间站到发的车流，可以借鉴文献[27]中始发车流组织方案的处理方法，将其归结为径路上第一支点站和最终支点站之间的车流。

（5）统一性假设：分组列车的集结耗费包括编成站和换挂站两处之和，集结参数也为相应之和。固定重量和非固定重量两种类型的集结参数不同，具体的确定方式详见第 6.2 节的相关内容。假设分组列车车组重量固定和不固定两种类型在换挂站部分改编作业时间相等，也即有部分改编较无改编通过增加时间参数都相等。

（6）分组列车形式假设：由上一节的分析可知，综合编组方案包括列流方案，而列流方案又受到换挂次数的影响，换挂次数的增多将导致综合编组方案数目迅猛增加，从而使综合编组方案优化问题更加复杂。另外，换挂次数多容易造成列车欠轴甚至中途停运，而通过限定组数则可使方向上车流组织稳定可控[194]。故实际的编组计划中，分组列车通常以双组形式出现，且途中只换挂一次。基于这两方面的考虑，本章所讨论的分组列车为途中仅进行一次换挂作业的双组列车。

7.2.2 参数与变量说明

为了方便后文关于综合编组方案优化的建模，本小节将其涉及的变量和参数集中进行说明，主要包括路网和车流两大类。

第7章 分组和单组列车编组计划综合优化模型

表 7-5 路网参数符号及物理意义

符号	物理意义
A	支点站集合，代表元素 $A_i \in A$
E	区间线路集合，代表元素 $e \in E$
V_i	与 A_i 站相邻的支点站集合，即 $V_i = \{A_j \in A \mid (A_i, A_j) \in E\}$
H_i	A_i 站供各种组号集结使用的有效调车线数量，$\forall A_i \in A$
φ_i	A_i 站平均每个组号占用的调车线数，$\forall A_i \in A$
R_i	扣除了储备能力之后，A_i 站的有效改编能力，$\forall A_i \in A$
F_i	A_i 站的改编负荷，$\forall A_i \in A$
t_i	A_i 站进行完全改编相对无改编通过的额外消耗时间，$\forall A_i \in A$
t_i'	A_i 站进行部分改编相对无改编通过的额外消耗时间，$\forall A_i \in A$

表 7-6 车流参数符号及物理意义

符号	物理意义
N_{ij}	$A_i \rightarrow A_j$ 的原始车流量，$\forall A_i, A_j \in A$
f_{ij}	B_{ij} 吸收的车流量，$\forall A_i, A_j \in A$
p_{ij}	$A_i \rightarrow A_j$ 车流的径路（途经支点站集合），$\forall A_i, A_j \in A$。并记 $\bar{p}_{ij} = p_{ij} - \{A_i, A_j\}$。
α_{ikj}	方向上车流量变化参数，当 $N_{ik} \geq N_{kj}$ 时 $\alpha_{ikj} = 1$；否则为 0，$\forall A_i, A_j \in A$；$\forall A_k \in \bar{p}_{ij}$
B_{ij}	编组去向 $A_i \rightarrow A_j$，$\forall A_i, A_j \in A$
Ω_{ij}	车流 $A_i \rightarrow A_j$ 的编组去向接续方案集合，$\forall A_i, A_j \in A$
$I_{ij}^{n_1, n_2, \cdots, n_l}$	车流 $A_i \rightarrow A_j$ 的编组去向接续方案，$\forall I_{ij}^{n_1, n_2, \cdots, n_l} \in \Omega_{ij}$，$\forall A_{n_1}, A_{n_2}, \cdots, A_{n_l} \in \bar{p}_{ij}$
m_{ij}	$A_i \rightarrow A_j$ 的列车平均编成辆数，$\forall A_i, A_j \in A$
C_i	A_i 站的单组列车集结参数，$\forall A_i \in A$
C_{ikj}	$A_i \rightarrow A_j$ 且在 A_k 换挂的固定重量形式分组列车的集结参数，$\forall A_i, A_j \in A$；$\forall A_k \in \bar{p}_{ij}$
C_{ikj}'	$A_i \rightarrow A_j$ 且在 A_k 换挂的非固定重量形式分组列车的集结参数，$\forall A_i, A_j \in A$；$\forall A_k \in \bar{p}_{ij}$

续表

符号	物理意义
T_{ij}	开行单组列流 $A_i \to A_j$ 的集结耗费，$T_{ij}=C_i m_{ij}$，$\forall A_i, A_j \in A$
T_{ikj}	开行 $A_i \to A_j$ 且在 A_k 换挂的固定重量形式分组列流的集结耗费，$T_{ikj}=C_{ikj} m_{ij}$，$\forall A_i, A_j \in A$；$\forall A_k \in \bar{p}_{ij}$
T'_{ikj}	开行 $A_i \to A_j$ 且在 A_k 换挂的非固定重量形式分组列流的集结耗费，$T'_{ikj}=C'_{ikj} m_{ij}$，$\forall A_i, A_j \in A$；$\forall A_k \in \bar{p}_{ij}$

以上参数中，编组去向接续方案集合是编组去向接续方案构成的集合。对于 N_{ij} 有

$$\Omega_{ij} = \left\{ I_{ij}^{n_1, n_2, \cdots, n_l} \mid A_{n_1}, A_{n_2}, \cdots, A_{n_l} \in \bar{p}_{ij} \right\}$$

其中任意一个接续方案是径路不相交的编组去向的集合，具体可表示为

$$I_{ij}^{n_1, n_2, \cdots, n_l} = \left\{ B_{n_0 n_1}, B_{n_w n_{w+1}} \mid p_{n_{w-1} n_w} \cap p_{n_w n_{w+1}} = \varnothing,\ w=1, \cdots, l, n_0=i, n_{l+1}=j \right\}$$

定义如下三类 0-1 决策变量。

（1）编组去向决策变量：

$$x_{ij} = \begin{cases} 1, & \text{生成编组去向} B_{ij} \\ 0, & \text{否则} \end{cases},\ \forall A_i, A_j \in A。$$

（2）编组去向接续决策变量：

$$y_{ij}^{n_1, n_2, \cdots, n_l} = \begin{cases} 1, & \text{车流} A_i \to A_j \text{采用编组去向接续方案} I_{ij}^{n_1, n_2, \cdots, n_l} \\ 0, & \text{否则} \end{cases},\ \forall A_i, A_j \in A；$$

$\forall I_{ij}^{n_1, n_2, \cdots, n_l} \in \Omega_{ij}$。

（3）列流决策变量：

$$s_{ij} = \begin{cases} 1, & \text{开行} A_i \to A_j \text{的单组列车} \\ 0, & \text{否则} \end{cases},\ \forall A_i, A_j \in A。$$

$$s_{ikj} = \begin{cases} 1, & \text{开行} A_i \to A_j \text{且在} A_k \text{换挂的分组列车} \\ 0, & \text{否则} \end{cases},\ \forall A_i, A_j \in A；\forall A_k \in \bar{p}_{ij}。$$

关于决策变量进行三点补充说明：

（1）编组去向的预处理：根据历史车流数据或者管理层的信息，事先对某些编组去向预先进行决策。参照文献[29][105][106][202]的做法，

第7章　分组和单组列车编组计划综合优化模型

对于必开去向，强制令 $x_{ij}=1$；而对禁开去向，又令 $x_{ij}=0$。

（2）列流方案的预处理：第5章关于分组列车组织条件的研究成果，可为本章模型提供先验信息，如当两支车流合并开行分组列流显然不利时，本模型相应的分组列流变量强制令为 0。

（3）零车流的处理：参照文献[26]和[150]分析，如果车流径路事先已知，当某零车流 N_{ij} 不是其他长程车流的内部流时，令其对应的变量 x_{ij}、s_{ij} 以及 s_{ikj} 都为 0，其中 $A_k \in \overline{p}_{ij}$；并令 $y_{ij}^{n_1,n_2,\cdots,n_l}=0$，$\forall I_{ij}^{n_1,n_2,\cdots,n_l} \in \Omega_{ij}$。

以上三条措施将为模型求解特别是大规模路网情形创造有利条件。其中，前两条可作为编组计划系统设计中的人机交互的内容；对于第三条，由于零车流往往是长程车流，径路越长，变量数就越多，该处理办法对于压缩模型的规模将是有效的。

7.2.3　目标函数

编组方案的目标函数为车流组织的总消耗，主要来自于提供列车服务而产生的集结消耗，以及车辆在沿途改编而额外增加的消耗，其中后者细分为完全改编消耗和部分改编消耗。本节首先以图 7-3 中的直线路网为例寻求目标函数的客观规律，然后在此基础上，给出一般情形的表达式。

在图 7-3 算例中，当给定编组去向方案时，共有 9 种综合编组方案。对它们的消耗构成分别分析结果如下，

1. "编组去向接续方案① + 列流方案①"的编组方案情形

在该编组方案下，直达车流 N_{14} 在 A_2 和 A_3 进行完全改编，其余车流都直达终到站，因此完全改编费用为 $N_{14}(t_2+t_3)$。开行列车形式全为单组列车，则不存在部分改编费用。另外，列车集结消耗 $T_{13}+T_{12}+T_{23}+T_{24}+T_{34}$。

2. "编组去向接续方案① + 列流方案②"的编组方案情形

在该编组方案下，直达车流 N_{14} 的组织方案同上分析；车流 N_{13} 作为分组列车的基本组，在 A_2 进行部分改编；车流 N_{24} 直达终到站 A_4，其余为非直达车流，故完全改编费用仍为 $N_{14}(t_2+t_3)$。根据 6.2 节的分析，固定重量和非固定重量两种分组列车的集结耗费存在较大差异，故要区别对待。基于车流量变化参数，该编组方案下的列车集结消耗可表示为

$(T_{123}+T_{12})\alpha_{123}+(T'_{123}+T_{23})(1-\alpha_{123})+T_{24}+T_{34}$。另外由于分组列车的基本组仅来自 N_{14},则 $N_{13}=f_{13}$。因此部分改编费用 $N_{13}t'_2=f_{13}t'_2$。

3."编组去向接续方案② + 列流方案②"的编组方案情形

在该编组方案下,直达车流 N_{14} 先后并入 B_{13} 和 B_{34} 两个去向,即在 A_3 进行完全改编,故有完全改编费用 $N_{14}t_3$。由于列流方案同上第二个编组方案,故列车集结消耗仍为 $(T_{123}+T_{12})\alpha_{123}+(T'_{123}+T_{23})(1-\alpha_{123})+T_{24}+T_{34}$。分组列流 S_{123} 的基本组来自编组去向 B_{13},该去向吸收了车流 N_{13} 和 N_{14},则 $N_{13}+N_{14}=f_{13}$。因此部分改编费用仍可表示为 $N_{13}t'_2=f_{13}t'_2$。

其余情形分析类似,不再赘述。表 7-7 给出这 9 种编组方案消耗构成的对比结果。

表 7-7 算例综合编组方案的消耗构成

		TNDP①	TNDP②	TNDP③
CBAP①	集结消耗	$T_{13}+T_{12}+T_{23}+T_{24}+T_{34}$	$(T_{123}+T_{12})\alpha_{123}+(T'_{123}+T_{23})(1-\alpha_{123})+T_{24}+T_{34}$	$T_{13}+T_{12}+(T_{234}+T_{23})\alpha_{234}+(T'_{234}+T_{34})(1-\alpha_{234})$
	完全改编	$N_{14}(t_2+t_3)$	$N_{14}(t_2+t_3)$	$N_{14}(t_2+t_3)$
	部分改编	0	$N_{13}t'_2=f_{13}t'_2$	$N_{24}t'_3=f_{24}t'_3$
CBAP②	集结消耗	$T_{13}+T_{12}+T_{23}+T_{24}+T_{34}$	$(T_{123}+T_{12})\alpha_{123}+(T'_{123}+T_{23})(1-\alpha_{123})+T_{24}+T_{34}$	$T_{13}+T_{12}+(T_{234}+T_{23})\alpha_{234}+(T'_{234}+T_{34})(1-\alpha_{234})$
	完全改编	$N_{14}t_3$	$N_{14}t_3$	$N_{14}t_3$
	部分改编	0	$(N_{13}+N_{14})t'_2=f_{13}t'_2$	$N_{24}t'_3=f_{24}t'_3$
CBAP③	集结消耗	$T_{13}+T_{12}+T_{23}+T_{24}+T_{34}$	$(T_{123}+T_{12})\alpha_{123}+(T'_{123}+T_{23})(1-\alpha_{123})+T_{24}+T_{34}$	$T_{13}+T_{12}+(T_{234}+T_{23})\alpha_{234}+(T'_{234}+T_{34})(1-\alpha_{234})$
	完全改编	$N_{14}t_2$	$N_{14}t_2$	$N_{14}t_2$
	部分改编	0	$N_{13}t'_2=f_{13}t'_2$	$(N_{24}+N_{14})t'_3=f_{24}t'_3$

观察上表,综合编组方案的消耗构成较传统编组方案复杂,总消耗

第7章 分组和单组列车编组计划综合优化模型

受到编组去向接续方案和列流方案的共同影响。即使如此,仍有规律可循,主要包括以下三条:

(1)集结耗费方面:集结耗费仅受到列流方案的影响。其中分组列车存在固定与非固定两种类型,它们的表达可以在形式上进行统一。

(2)完全改编费用方面:当编组去向接续方案相同时,不论列流方案如何,完全改编费用都完全相同。也即是说,编组去向接续方案决定了完全改编费用。

(3)部分改编费用方面:部分改编(如果存在)费用受到编组去向接续方案和列流方案的共同影响。后者的影响很直观;前者的主要原因是,不同的 CBAP 造成编组去向吸收的车流不相同,从而分组列车基本组的车流构成就有差异。然而当列流方案相同时,它们的表达形式也都可以进行统一。

基于以上规律,同时借助设置的决策变量,分别表示综合编组方案的消耗构成。

(1)单组列车集结耗费:

$$Z_1 = \sum_{A_i, A_j \in A} C_i m_{ij} s_{ij} \qquad (7\text{-}1)$$

(2)分组列车集结耗费:

$$Z_2 = \sum_{A_i, A_j \in A} \sum_{A_k \in \bar{p}_{ij}} \left[C_{ikj} m_{ij} \alpha_{ikj} + C'_{ikj} m_{ij} (1 - \alpha_{ikj}) \right] s_{ikj} \qquad (7\text{-}2)$$

(3)完全改编费用:

$$Z_3 = \sum_{A_i, A_j \in A} \sum_{I_{ij}^{m, n_2, \cdots, n_l} \in \Omega_{ij}} \sum_{v \in \{n_1, \cdots, n_l\}} N_{ij} t_v y_{ij}^{n_1, n_2, \cdots, n_l} \qquad (7\text{-}3)$$

(4)部分改编费用:

$$Z_4 = \sum_{A_i, A_j \in A} \sum_{A_k \in \bar{p}_{ij}} f_{ij} t'_k s_{ikj} \qquad (7\text{-}4)$$

式中,f_{ij} 为编组去向 B_{ij} 吸收的车流量,其计算是确定该部分费用的关键。一个去向能够吸收的车流,必须具备的前提条件是,其车流径路包含编组去向的径路,如图 7-6 所示。

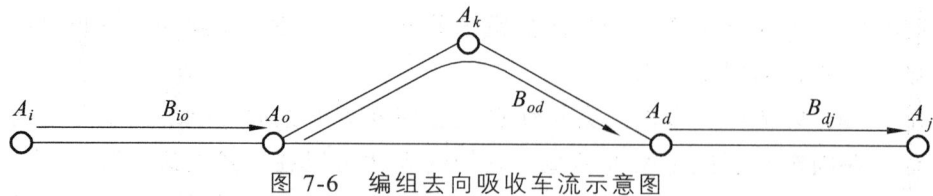

图 7-6 编组去向吸收车流示意图

在图 7-6 中，规定车流 $A_i \to A_j$ 的径路 $p_{ij} = \{A_i, A_o, A_d, A_j\}$ 不经过 A_k，车流 $A_o \to A_d$ 的径路 $p_{od} = \{A_o, A_k, A_d\}$。若仅生成三个编组去向 B_{io}、B_{od} 和 B_{dj}。由于直达去向 B_{ij} 不存在，车流 $A_i \to A_j$ 必须要改编。理论上接续方案 $I_{ij}^{o,d}$（先后并入去向 B_{io}、B_{od} 和 B_{dj}）可以完成其输送，但实际车流径路 $\{A_i, A_o, A_k, A_d, A_j\}$ 和规定不一致。这是由于去向 B_{od} 的径路（短程）不包含于车流径路 p_{ij}（长程）。

在满足该前提条件下，去向 B_{od} 吸收的车流包括两部分：其一是 $A_o \to A_d$ 的原始车流量 N_{od}，其二是以 B_{od} 进行接续的车流，具体如下：

$$f_{od} = N_{od} x_{od} + \sum_{A_i, A_j \in A} \sum_{I_{ij}^{n_1, n_2, \cdots, n_l} \in \Omega_{ij}} \sum_{B_{od} \in I_{ij}^{n_1, n_2, \cdots, n_l}} \prod_{w=0}^{l} \phi\left(p_{n_w n_{w+1}} \subseteq p_{ij}\right) N_{ij} y_{ij}^{n_1, n_2, \cdots, n_l}$$
$$\forall A_o, A_d \in A$$

（7-5）

其中，$\phi\left(p_{n_w n_{w+1}} \subseteq p_{ij}\right) = \begin{cases} 1, p_{n_w n_{w+1}} \subseteq p_{ij} \\ 0, \text{否则} \end{cases}$，$w = 1, \cdots, l$ 且 $n_0 = i$，$n_{l+1} = j$；$\forall I_{ij}^{n_1, n_2, \cdots, n_l} \in \Omega_{ij}$。

基于式（7-1）~（7-5），有综合编组方案的总耗费为

$$Z = Z_1 + Z_2 + Z_3 + Z_4$$

（7-6）

7.2.4 约束条件

编组方案满足的实际约束，包括两大类：其一是，路网所有车站的调车线数约束和改编能力限制；其二是，车流组织要求，根据我国实际情况，主要是满足车流不拆散，而接续归并原则已经在编组去向吸收车流中考虑，如式（7-5），分别描述如下。

（1）调车线数量约束。

可行的编组去向方案，必须满足每个车站的调车线数约束。根据第

第7章 分组和单组列车编组计划综合优化模型

6.5 节的介绍,可以表示如下式:

$$\sum_{A_j \in A} x_{ij} \leq H_i / \varphi_i, \quad \forall A_i \in A \tag{7-7}$$

(2)改编能力约束。

当直达去向不存在时,必然意味着相应的直达车流需要接续。在接续的编组去向之间,车流要进行有调中转作业。另外,终到该站的车流肯定也要占用改编能力。因为,不论采用何种组织方案,它们终究都要到达其目的站。当车流给定时,后者为一个常数。因此,有车站的改编负荷

$$F_k = \sum_{A_i, A_j \in A} \sum_{I_{ij}^{n_1, n_2, \cdots, n_l} \in \Omega_{ij}} \sum_{v \in \{n_1, \cdots, n_l\}} N_{ij} y_{ij}^{n_1, n_2, \cdots, n_l} \beta_{kv} + \sum_{A_i \in A} N_{ik}, \quad \forall A_k \in A \tag{7-8}$$

式中 $\beta_{kv} = \begin{cases} 1, & k=v \\ 0, & \text{否则} \end{cases}$。

因此,车站改编能力约束由下式完全表达:

$$F_k \leq R_k, \quad \forall A_k \in A \tag{7-9}$$

(3)车流归并强制约束。

$$M \sum_{A_k \in \overline{p}_{ij}} x_{ik} \geq N_{ij}, \quad \forall A_i, A_j \in A \tag{7-10}$$

式中,M 为较大的正常数,可取为 $M = \max\{N_{ij} | \forall A_i, A_j \in A\}$。

式(7-10)保证每支非零车流至少能够归并到某个编组去向中去。由于相邻支点站间的车流属于短程车流,只有归并到相应两站的组号。因此,相邻支点站间的组号肯定存在。同时,该约束也避免了车流径路与编组方案不吻合的情形。如图 7-6 所示,去向方案 B_{io}、B_{od} 和 B_{dj} 不能输送车流 $A_i \rightarrow A_j$。因此对于本算例,B_{ij} 必须存在。该约束保证了车流的改编站一定限制在其径路上。

(4)车流径路避圈回路约束。

$$p_{n_{w-1}n_w} \cap p_{n_w n_{w+1}} = \varnothing, \quad w=1,\cdots,l; \forall A_i, A_j \in A; \forall I_{ij}^{n_1, n_2, \cdots, n_l} \in \Omega_{ij} \tag{7-11}$$

该约束主要避免车流在径路上重复运行。即使将车流的中转站限定

在其径路上, 仍有可能出现重复运行, 如图 7-7 所示。

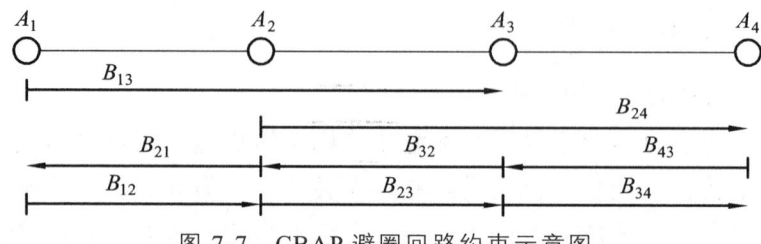

图 7-7 CBAP 避圈回路约束示意图

在图 7-7 中, 车流 N_{14} 若采用接续方案 $I_{14}^{3,2}$, 也即是先后依次编入去向 B_{13}、B_{32} 和 B_{24}。显然, N_{14} 在 A_2 和 A_3 间的区段内运行了 3 次。该类约束即是排除这种不合理情形。

（5）编组去向接续方案关联约束。

$$y_{ij}^{n_1,n_2,\cdots,n_l} \leqslant x_{n_w n_{w+1}}, w=0,1,\cdots,l; \forall A_i, A_j \in A; \forall I_{ij}^{n_1,n_2,\cdots,n_l} \in \Omega_{ij} \quad (7-12)$$

该约束的实际意义为, 只有该编组去向存在时, 才有可能为其他车流所接续。

（6）编组去向接续方案唯一性约束。

$$\sum_{I_{ij}^{n_1,n_2,\cdots,n_l} \in \Omega_{ij}} y_{ij}^{n_1,n_2,\cdots,n_l} = 1-x_{ij}, \quad \forall A_i, A_j \in A \quad (7-13)$$

该类约束为紧约束, 蕴含两层含义: 其一是, 当 $x_{ij}=1$ 时, 车流 N_{ij} 无所谓接续, 此时 $\Omega_{ij}=\varnothing$, 相应地 $y_{ij}^{n_1,n_2,\cdots,n_l}=0$, $\forall I_{ij}^{n_1,n_2,\cdots,n_l} \in \Omega_{ij}$; 其二是, 当 $x_{ij}=0$ 时, 车流只能选择唯一的编组去向接续方案, 从而保证车流不拆散。

（7）删除显然不利编组去向接续方案。

$$y_{ij}^{n_1,n_2,\cdots,n_l} \leqslant 1-x_{n_u n_v},$$
$$u,v=0,1,\cdots,l; v-u>1; \forall A_i, A_j \in A; \forall I_{ij}^{n_1,n_2,\cdots,n_l} \in \Omega_{ij}, \quad (7-14)$$

式（7-14）为不利接续方案筛除。该类约束的实际意义为: 在存在直达去向 $B_{n_u n_v}$ 的前提下, 车流 N_{ij} 还在 A_{n_u} 和 A_{n_v} 之间改编的方案显然是不利的。因为, 与直接通过 A_{n_u} 和 A_{n_v} 之间的区段（其余接续相同）的方案相比, 该方案徒然增加一次改编作业。该类约束能够删减显然不利的方案。如图 7-7 所示, 车流 N_{14} 若采用接续方案 $I_{14}^{2,3}$, 该方案在 A_2 和 A_3 均改

第7章 分组和单组列车编组计划综合优化模型

编,比起方案 I_{14}^{2} (仅在 A_2 改编) 或者方案 I_{14}^{3} (仅在 A_3 改编) 都增加了一次改编。因此该方案肯定不是最优方案。

(8) 单组列车编成必要条件。

$$x_{ij} \geqslant s_{ij}, \quad \forall A_i, A_j \in A \tag{7-15}$$

式(7-15)反映了,只有编组去向 B_{ij} 存在时,才有可能编成 $A_i \to A_j$ 的单组列车,但并非一定开行。这是由于,它们可能作为分组列车的基本组或者补轴组。

(9) 分组列车编成必要条件。

$$x_{ij} + \phi(p_{ik} \subseteq p_{ij})x_{ik} + \phi(p_{kj} \subseteq p_{ij})x_{kj} \geqslant 3s_{ikj}, \forall A_i, A_j \in A; \forall A_k \in \overline{p}_{ij} \tag{7-16}$$

其中 $\phi(p_{ik} \subseteq p_{ij}) = \begin{cases} 1, p_{ik} \subseteq p_{ij} \\ 0, 否则 \end{cases}$,$\phi(p_{kj} \subseteq p_{ij}) = \begin{cases} 1, p_{kj} \subseteq p_{ij} \\ 0, 否则 \end{cases}$。

式(7-16)包括两层含义:其一是,只有编组去向 B_{ij}、B_{ik} 和 B_{kj} 都同时存在时,才有可能开行 $A_i \to A_j$ 且在 A_k 换挂的分组列车;其二是,虽然换挂站限制在分组列车基本组去向的径路上($A_k \in p_{ij} - \{A_i, A_j\}$),但仍然不能保证短程车流(编成站补轴组和换挂站补轴组)径路包含于长程车流(基本组)。只有这两方面条件都具备了,分组列流才有可能开行。

还是以图 7-6 为例。若生成去向 B_{od}、B_{dj} 和 B_{oj},其中 B_{od} 的径路 $p_{od} = \{A_o, A_k, A_d\}$,$B_{dj}$ 的径路 $p_{dj} = \{A_d, A_j\}$,B_{oj} 的径路 $p_{ij} = \{A_o, A_d, A_j\}$ 不经过 A_k。虽然 3 个去向 B_{od}、B_{dj} 和 B_{oj} 都存在,且 A_d 也在径路 p_{oj} 上,但是分组列流 s_{odj} 仍然不能开行。

(10) 编组去向输送强制约束。

$$s_{ij} + \sum_{A_k \in \overline{p}_{ij}} s_{ikj} + \sum_{A_i \in \overline{p}_{kj}} s_{kij} + \sum_{A_j \in \overline{p}_{ik}} s_{ijk} \geqslant x_{ij}, \quad \forall A_i, A_j \in A \tag{7-17}$$

式(7-17)保证每个编组去向至少能够被某种形式的列车编挂上。在该约束和式(7-10)的共同作用下,所有车流都能够被输送至终到站。

(11) 分组列流方案约束。

$$\sum_{A_k \in \overline{p}_{ij}} s_{ikj} + \sum_{A_i \in \overline{p}_{kj}} s_{kij} + \sum_{A_j \in \overline{p}_{ik}} s_{ijk} \leqslant 1, \quad \forall A_i, A_j \in A \tag{7-18}$$

式（7-18）表明：对于编组去向 B_{ij}，如果编入分组列车，那么可能作为分组列车的基本组或者补轴组，如图7-8所示。

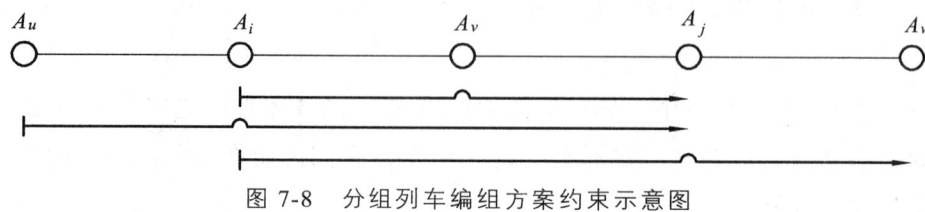

图7-8 分组列车编组方案约束示意图

在图7-8中，A_v 是 A_i 和 A_j 之间的支点站，A_u 为 A_i 的后方支点站，A_w 为 A_j 的前方支点站。三种分组列流，$A_i \rightarrow A_j$ 在 A_v 换挂；$A_u \rightarrow A_j$ 在 A_i 换挂；$A_i \rightarrow A_w$ 在 A_j 换挂。其中，B_{ij} 作为第一种方案的基本组；在后两种方案中都又充当了补轴车流。在这三种情形中，应选择最经济有利的方案。因而任意编组去向最多只允许归为一个分组列流方案。

（12）分组列车补轴车流编挂约束。

$$s_{ikj}\alpha_{ikj} \leqslant s_{ik}, \quad \forall A_i, A_j \in A; \forall A_k \in \overline{p}_{ij} \quad (7-19)$$

$$s_{ikj}(1-\alpha_{ikj}) \leqslant s_{kj}, \quad \forall A_i, A_j \in A; \forall A_k \in \overline{p}_{ij} \quad (7-20)$$

式（7-19）表明，当 $N_{ik} \geqslant N_{kj}$ 时，车流 $A_i \rightarrow A_k$ 除了作为固定重量形式分组列车的补轴车流之外，多余车流 $N_{ik} - N_{kj}$ 将再开行单组列车 s_{ik}。式（7-20）表明，当 $N_{ik} < N_{kj}$ 时，车流 $A_k \rightarrow A_j$ 除了作为非固定重量形式分组列车的补轴车流之外，剩余的 $N_{kj} - N_{ik}$ 再开行单组列车 s_{kj}。这两种约束确定了分组列车车组重量类型（是否固定）选择。

（13）直达去向编挂约束。

对于直达编组去向，要么以单组列车形式直达其终到站，要么作为分组列车的基本组。在这两种情形中，应选择最经济有利的方案。

$$s_{ij} + \sum_{A_k \in p_{ij} - \{A_i, A_j\}} s_{ikj} \leqslant 1, \quad \forall A_i \in A, \forall A_j \notin V_i \quad (7-21)$$

（14）决策变量取值范围。

$$x_{ij}, y_{ij}^{n_1, n_2, \cdots, n_l}, s_{ij}, s_{ikj} \in \{0,1\}, \forall A_i, A_j \in A; \forall I_{ij}^{n_1, n_2, \cdots, n_l} \in \Omega_{ij}; \forall A_k \in \overline{p}_{ij} \quad (7-22)$$

7.2.5 优化模型

同时采用分组和单组列车形式进行车流组织,应该在满足路网上所有车站的设备能力和组织要求的条件下,使得列车集结和车流改编的总耗费最小。因此有,分组和单组列车编组计划综合优化模型,即综合编组方案优化模型(The Optimization Model of Integrated Train Formation Plan,OMITFP),简记为如下形式:

$$\min \ Z = Z_1 + Z_2 + Z_3 + Z_4$$

s.t. 式(7-7)、(7-9)~式(7-22)

模型的所有约束全为线性。然而,在式(7-4)中,目标函数中的第四项——部分改编费用含有接续归并后的车流量(与编组去向方案和编组去向接续方案都有关)和列流方案的乘积项。因此 OMITFP 属于二次 0-1 规划。

在传统单组列车编组方案中,相邻支点站之间的列流肯定开行,文献[40]被称为非直达列流。但是在综合编组方案中,当其车流量不大且作为某支长程车流的补轴组时,某些非直达列流可能将不再单独开行。

7.3 模型讨论

7.3.1 模型规模分析

设简化路网的支点站数目为 n,则编组去向和单组列流两类决策变量的数量都为 $n(n-1)$,分组列流变量的数量为 $n(n-1)(n-2)$。现讨论编组去向接续变量的规模。该类决策变量与车流径路有关。一方面,任意一支车流途径的支点站(不包括始发终到站),都可能为编组去向接续的车站。另外,每支车流在其径路上可能经过 1 次,2 次,…,若干次接续后,到达其终到站。记 $|\bar{p}_{ij}|$ 表示车流 N_{ij} 的径路 p_{ij} 上不包括 A_i, A_j 的支点站数目,$|\bar{p}_{ij}| \leq n-2$。由排列组合知识,车流 N_{ij} 对应的该类变量数目为 $C^1_{|\bar{p}_{ij}|} + C^2_{|\bar{p}_{ij}|} + \cdots + C^{|\bar{p}_{ij}|}_{|\bar{p}_{ij}|} = 2^{|\bar{p}_{ij}|} - 1$。则编组去向接续变量 CBAP 的数目为 $n(n-1) \times (2^{n-2} - 1)$。因此,模型决策变量的上界可估计为

$$(n^2 - n)2^{n-2} + n^3 - 2n^2 + n \qquad (7-23)$$

在所有约束条件中，删除显然不利的接续方案约束[如式（7-14）]最多，需要对每个编组去向方案 $x_{n_u n_v}$ 和编组去向接续方案 $y_{ij}^{n_1,n_2,\cdots,n_l}$ 进行逻辑判断，判断次数将高达 $n(n-1)(2^{n-2}-1)\times(n-1)^2$。由此，模型约束条件（不包括决策变量取值范围）的上界可估计为

$$n(n+1)(n-1)^2 2^{n-2} - n^4 + 3n^3 - n + 1 \qquad (7\text{-}24)$$

对比以上两式，显然优化模型的约束条件数目多于决策变量，且模型的规模随车站数目的增加呈指数增长。

7.3.2 模型线性化

引入新变量 $\omega_{ikj} = s_{ikj} x_{ij}$ 和 $r_{odikj}^{n_1,n_2,\cdots,n_l} = y_{od}^{n_1,n_2,\cdots,n_l} s_{ikj}$，则部分改编费用可表示为

$$Z_4' = \sum_{A_i,A_j \in A} \sum_{A_k \in \bar{p}_{ij}} N_{ij} t_k' \omega_{ikj} + \sum_{A_i,A_j,A_o,A_d \in A} \sum_{A_k \in \bar{p}_{ij}} \sum_{B_{ij} \in I_{od}^{n_1,n_2,\cdots,n_l}} \sum_{I_{od}^{n_1,n_2,\cdots,n_l} \in \Omega_{od}} N_{od} t_k' r_{odikj}^{n_1,n_2,\cdots,n_l} \qquad (7\text{-}25)$$

新变量满足以下约束

$$r_{odikj}^{n_1,n_2,\cdots,n_l} \leqslant y_{od}^{n_1,n_2,\cdots,n_l}, \qquad (7\text{-}26)$$
$\forall A_i, A_j, A_o, A_d \in A; \forall B_{ij} \in I_{od}^{n_1,n_2,\cdots,n_l}; \forall I_{od}^{n_1,n_2,\cdots,n_l} \in \Omega_{od}; \forall A_k \in \bar{p}_{ij}$

$$r_{odikj}^{n_1,n_2,\cdots,n_l} \leqslant s_{ikj}, \qquad (7\text{-}27)$$
$\forall A_i, A_j, A_o, A_d \in A; \forall B_{ij} \in I_{od}^{n_1,n_2,\cdots,n_l}; \forall I_{od}^{n_1,n_2,\cdots,n_l} \in \Omega_{od}; \forall A_k \in \bar{p}_{ij}$

$$y_{od}^{n_1,n_2,\cdots,n_l} + s_{ikj} - 1 \leqslant r_{odikj}^{n_1,n_2,\cdots,n_l}, \qquad (7\text{-}28)$$
$\forall A_i, A_j, A_o, A_d \in A; \forall B_{ij} \in I_{od}^{n_1,n_2,\cdots,n_l}; \forall I_{od}^{n_1,n_2,\cdots,n_l} \in \Omega_{od}; \forall A_k \in \bar{p}_{ij}$

$$\omega_{ikj} \leqslant s_{ikj}, \quad \forall A_i, A_j \in A; \forall A_k \in \bar{p}_{ij} \qquad (7\text{-}29)$$

$$\omega_{ikj} \leqslant x_{ij}, \quad \forall A_i, A_j \in A; \forall A_k \in \bar{p}_{ij} \qquad (7\text{-}30)$$

$$s_{ikj} + x_{ij} - 1 \leqslant \omega_{ikj}, \quad \forall A_i, A_j \in A; \forall A_k \in \bar{p}_{ij} \qquad (7\text{-}31)$$

$$r_{odikj}^{n_1,n_2,\cdots,n_l}, \omega_{ikj} \in \{0,1\}, \qquad (7\text{-}32)$$
$\forall A_i, A_j, A_o, A_d \in A; \forall B_{ij} \in I_{od}^{n_1,n_2,\cdots,n_l}; \forall I_{od}^{n_1,n_2,\cdots,n_l} \in \Omega_{od}; \forall A_k \in \bar{p}_{ij}$

在约束（7-26）（7-27）和（7-28）的共同作用下，只有当编组去向接续变量 $y_{od}^{n_1,n_2,\cdots,n_l}$ 和分组列流方案变量 s_{ikj} 同时取 1 时，辅助变量 $r_{odikj}^{n_1,n_2,\cdots,n_l}$

才为 1，否则都取 0。同理，式（7-29）（7-30）和（7-31）为对线性化变量 ω_{ikj} 的刻画。式（7-32）为两个线性化辅助变量的取值范围。

OMITFP 线性化模型的形式，简记如下

$$\min \quad Z = Z_1 + Z_2 + Z_3 + Z_4'$$

s.t. 式（7-7）、（7-9）~ 式（7-22），

式（7-26）~ 式（7-32）

通过新设变量代替原模型中的非线性部分，并增加相应的约束对其取值进行限制，从而使线性化模型与原模型等价。

7.3.3 退化模型

上一节建立了同时采用分组和单组列车 TFP 问题的 OMITFP 模型。特别地，如果仅采用单组列车形式进行车流组织，那么 OMITFP 模型退化为传统的 TFP 优化模型。退化模型将在以下两个方面进行简化。

（1）决策变量不需要分组列流变量，且由于列流方案完全由编组去向方案所决定，模型也不再需要该类变量；

（2）在目标函数和约束条件中，模型不再涉及含有分组列流变量的项。

综上分析，退化模型的具体形式如下：

$$\min \quad Z = \sum_{A_i, A_j \in A} C_i m_{ij} x_{ij} + \sum_{A_i, A_j \in A} \sum_{I_{ij}^{n_1, n_2, \cdots, n_l} \in \Omega_{ij}} \sum_{v \in \{n_1, \cdots, n_l\}} N_{ij} t_v y_{ij}^{n_1, n_2, \cdots, n_l} \quad (7\text{-}33)$$

$$\text{s.t.} \quad \sum_{A_j \in A} x_{ij} \leqslant H_i / \varphi_i, \quad \forall A_i \in A \quad (7\text{-}34)$$

$$\sum_{A_i, A_j \in A} \sum_{I_{ij}^{n_1, n_2, \cdots, n_l} \in \Omega_{ij}} \sum_{v \in \{n_1, \cdots, n_l\}} N_{ij} y_{ij}^{n_1, n_2, \cdots, n_l} \beta_{kv} + \sum_{A_i \in A} N_{ik} \leqslant R_k, \forall A_k \in A \quad (7\text{-}35)$$

$$M \sum_{A_k \in \bar{p}_{ij}} x_{ik} \geqslant N_{ij}, \quad \forall A_i, A_j \in A \quad (7\text{-}36)$$

$$p_{n_{w-1} n_w} \cap p_{n_w n_{w+1}} = \varnothing, \quad w = 1, \cdots, l; \forall A_i, A_j \in A; \forall I_{ij}^{n_1, n_2, \cdots, n_l} \in \Omega_{ij} \quad (7\text{-}37)$$

$$y_{ij}^{n_1, n_2, \cdots, n_l} \leqslant x_{n_w n_{w+1}}, \quad w = 0, 1, \cdots, l; \forall A_i, A_j \in A; \forall I_{ij}^{n_1, n_2, \cdots, n_l} \in \Omega_{ij} \quad (7\text{-}38)$$

$$\sum_{I_{ij}^{n_1,n_2,\cdots,n_l}\in\boldsymbol{\Omega}_{ij}} y_{ij}^{n_1,n_2,\cdots,n_l}=1-x_{ij}, \quad \forall A_i,A_j \in A \quad (7-39)$$

$$y_{ij}^{n_1,n_2,\cdots,n_l} \leqslant 1-x_{n_u n_v}, \quad u,v=0,1,\cdots,l; v-u>1; \forall A_i,A_j \in A; \forall I_{ij}^{n_1,n_2,\cdots,n_l} \in \boldsymbol{\Omega}_{ij} \quad (7-40)$$

$$x_{ij}, y_{ij}^{n_1,n_2,\cdots,n_l} \in \{0,1\}, \quad \forall A_i,A_j \in A; \forall I_{ij}^{n_1,n_2,\cdots,n_l} \in \boldsymbol{\Omega}_{ij} \quad (7-41)$$

式（7-33）为目标函数，第一项为列车集结耗费，第二项为车流改编费用。式（7-34）为调车线数量约束。式（7-35）为改编能力约束。式（7-36）为车流归并强制约束。式（7-37）为车流径路避圈回路约束。式（7-38）为编组去向接续方案关联约束。式（7-39）为编组去向接续方案唯一性约束。式（7-40）为删除显然不利接续方案。式（7-41）为决策变量取值范围。

退化模型为线性 0-1 规划。模型决策变量的上界为 $n(n-1)2^{n-2}$，约束条件的上界为 $n(n+1)(n-1)^2 2^{n-2}-n^3+n^2+3n-1$。对比式（7-23）和式（7-24）可知，综合编组方案的规模都将大于单组列车方案。因此，OMITFP 模型的求解将更加困难。

7.3.4 扩展模型

在 7.2 节建立的综合编组方案 OMITFP 模型中，所有车流的径路是事先指定好的。否则，综合编组方案的决策内容还包括车流径路的确定，从而 OMITFP 模型可扩展为 CRP 和 TFP 的综合优化模型。

根据 7.1.4 小节分析，车流和编组去向的径路相互关联。对于特定的车流，连接其先后归并的若干去向的径路，即为该车流的径路。因此可借助编组去向径路的方式间接确定车流径路。由于路网具有网状的结构，则潜在的径路会有多条。列举所有的可能径路，将不利于模型的求解。况且，这些径路中相当一部分并非经济有利。因此，构造备选径路进行限制，不失为一种合理可行的解决办法。在既有研究中，文献[195][196]引入非最短路的整体绕行率和局部绕行率两个参数，筛选可能径路；文献[197][198]采用 k 短路算法建立径路集合；文献[199]基于车站和区段惩罚因子迭代方法，等。本书不再详细展开。

相比 OMITFP 模型，扩展模型将在以下三个方面有所变化。

第 7 章　分组和单组列车编组计划综合优化模型

（1）决策变量，增加编组去向变量的径路选择属性。
（2）目标函数，增加车流在径路上运行费用的项。
（3）约束条件，增加区间通过能力约束和编组去向径路选择唯一性约束。

OMITFP 模型已经使用过的符号，本节不再另行解释，只对新引进标记予以说明。

q_e：单位车流通过区间 e 的费用，$\forall e \in E$。

G_e：扣除了储备能力之后，区间 e 的有效通过能力，$\forall e \in E$。

P_{ij}：车流 $A_i \to A_j$ 的备选径路集合，代表元素 $p_{ij}^u \in P_{ij}$。

δ_{ij}^{eu}：弧-径路关联变量，$\delta_{ij}^{eu} = \begin{cases} 1, & e \in p_{ij}^u \\ 0, & 否则 \end{cases}$，$\forall e \in E$，$\forall A_i, A_j \in A$，$\forall p_{ij}^u \in P_{ij}$。

$x_{ij}^u = \begin{cases} 1, & 生成 A_i \to A_j 的编组去向且选择径路 p_{ij}^u \\ 0, & 否则 \end{cases}$，$\forall A_i, A_j \in A$，$\forall p_{ij}^u \in P_{ij}$。

综上分析，扩展模型的具体形式如下：

$$\min Z = \sum_{A_i, A_j \in A} C_i m_{ij} s_{ij} +$$

$$\sum_{A_i, A_k, A_j \in A} \left[C_{ikj} m_{ij} \alpha_{ikj} + C'_{ikj} m_{ij} (1 - \alpha_{ikj}) \right] s_{ikj} +$$

$$\sum_{A_i, A_j \in A} \sum_{I_{ij}^{n_1, n_2, \cdots, n_l} \in \Omega_{ij}} \sum_{v \in \{n_1, \cdots, n_l\}} N_{ij} t_v y_{ij}^{n_1, n_2, \cdots, n_l} +$$

$$\sum_{A_i, A_k, A_j \in A} f_{ij} t'_k s_{ikj} +$$

$$\sum_{e \in E} \sum_{A_i, A_j \in A} \sum_{p_{ij}^u \in P_{ij}} q_e f_{ij} \delta_{ij}^{eu} x_{ij}^u \quad (7\text{-}42)$$

$$\text{s.t.} \quad \sum_{p_{ij}^u \in P_{ij}} x_{ij}^u \leq 1, \quad \forall A_i, A_j \in A \quad (7\text{-}43)$$

$$\sum_{A_j \in A} \sum_{p_{ij}^u \in P_{ij}} x_{ij}^u \leq H_i / \varphi_i, \quad \forall A_i \in A \quad (7\text{-}44)$$

$$\sum_{A_i, A_j \in A} \sum_{I_{ij}^{n_1, n_2, \cdots, n_l} \in \Omega_{ij}} \sum_{v \in \{n_1, \cdots, n_l\}} N_{ij} y_{ij}^{n_1, n_2, \cdots, n_l} \beta_{kv} + \sum_{A_i \in A} N_{ik} \leq R_k, \quad \forall A_k \in A \quad (7\text{-}45)$$

$$\sum_{A_i, A_k, A_j \in A} s_{ikj} \delta_{ij}^{eu} + \sum_{A_i, A_j \in A} s_{ij} \delta_{ij}^{eu} \leq G_e, \quad \forall e \in E \quad (7\text{-}46)$$

$$M\left(s_{ij} + \sum_{A_k \in A} s_{ikj} + \sum_{A_k \in A} s_{kij} + \sum_{A_k \in A} s_{ijk}\right) \geqslant N_{ij}, \quad \forall A_i, A_j \in A \quad (7\text{-}47)$$

$$p^u_{n_{w-1}n_w} \cap p^v_{n_w n_{w+1}} = \varnothing,$$

$$w = 1, \cdots, l; \forall A_i, A_j \in A; \forall I^{n_1, n_2, \cdots, n_l}_{ij} \in \Omega_{ij}; \forall p^u_{n_{w-1}n_w} \in P_{n_{w-1}n_w}, \forall p^v_{n_w n_{w+1}} \in P_{n_w n_{w+1}}$$

$$(7\text{-}48)$$

$$y^{n_1, n_2, \cdots, n_l}_{ij} \leqslant \sum_{p^u_{n_w n_{w+1}} \in P_{n_w n_{w+1}}} x^u_{n_w n_{w+1}}, \quad w = 0, 1, \cdots, l; \forall A_i, A_j \in A; \forall I^{n_1, n_2, \cdots, n_l}_{ij} \in \Omega_{ij}$$

$$(7\text{-}49)$$

$$\sum_{I^{n_1, n_2, \cdots, n_l}_{ij} \in \Omega_{ij}} y^{n_1, n_2, \cdots, n_l}_{ij} = 1 - \sum_{p^u_{ij} \in P_{ij}} x^u_{ij}, \quad \forall A_i, A_j \in A \quad (7\text{-}50)$$

$$y^{n_1, n_2, \cdots, n_l}_{ij} \leqslant 1 - \sum_{p^u_{n_v n_w} \in P_{n_v n_w}} x^u_{n_v n_w}, \quad (7\text{-}51)$$

$$v, w = 0, 1, \cdots, l; w - v > 1; \forall A_i, A_j \in A; \forall I^{n_1, n_2, \cdots, n_l}_{ij} \in \Omega_{ij}$$

$$\sum_{p^u_{ij} \in P_{ij}} x^u_{ij} \geqslant s_{ij}, \quad \forall A_i, A_j \in A \quad (7\text{-}52)$$

$$\sum_{p^u_{ij} \in P_{ij}} \left[\sum_{p^v_{ik} \in P_{ik}} x^u_{ij} x^v_{ik} \phi(p^v_{ik} \subseteq p^u_{ij}) + \sum_{p^w_{kj} \in P_{kj}} x^u_{ij} x^w_{kj} \phi(p^w_{kj} \subseteq p^u_{ij}) \right] \geqslant 2 s_{ikj}, \quad (7\text{-}53)$$

$$\forall A_i, A_k, A_j \in A$$

$$s_{ij} + \sum_{A_k \in A} s_{ikj} + \sum_{A_k \in A} s_{kij} + \sum_{A_k \in A} s_{ijk} \geqslant \sum_{p^u_{ij} \in P_{ij}} x^u_{ij}, \quad \forall A_i, A_j \in A \quad (7\text{-}54)$$

$$\sum_{A_k \in A} s_{ikj} + \sum_{A_k \in A} s_{kij} + \sum_{A_k \in A} s_{ijk} \leqslant 1, \quad \forall A_i, A_j \in A \quad (7\text{-}55)$$

$$s_{ikj} \alpha_{ikj} \leqslant s_{ik}, \quad \forall A_i, A_k, A_j \in A \quad (7\text{-}56)$$

$$s_{ikj}(1 - \alpha_{ikj}) \leqslant s_{kj}, \quad \forall A_i, A_k, A_j \in A \quad (7\text{-}57)$$

$$s_{ij} + \sum_{A_k \in A} s_{ikj} \leqslant 1, \quad \forall A_i, A_j \in A, \forall A_j \notin V_i \quad (7\text{-}58)$$

$$x^u_{ij}, y^{n_1, n_2, \cdots, n_l}_{ij}, s_{ij}, s_{ikj} \in \{0, 1\}$$

$$\forall A_i, A_k, A_j \in A; \forall I^{n_1, n_2, \cdots, n_l}_{ij} \in \Omega_{ij}; \forall p^u_{ij} \in P_{ij} \quad (7\text{-}59)$$

式（7-42）为目标函数，第一项为单组列车集结耗费，第二项为分组列车集结耗费，第三项为车流完全改编费用，第四项为车流部分改编费用，

第7章 分组和单组列车编组计划综合优化模型

最后一项为径路运行费用,其中去向接续的车流量 f_{ij} 按照下式定义:

$$f_{od} = N_{od} \sum_{p_{od}^u \in P_{od}} x_{od}^u + \sum_{A_i, A_j \in A} \sum_{I_{ij}^{n_1,n_2,\cdots,n_l} \in \Omega_{ij}} \sum_{B_{od} \in I_{ij}^{n_1,n_2,\cdots,n_l}} N_{ij} y_{ij}^{n_1,n_2,\cdots,n_l}, \quad A_o, A_d \in A \tag{7-60}$$

式(7-43)为编组去向径路选择唯一性约束。式(7-44)为调车线数量约束。式(7-45)为改编能力约束。式(7-46)为区段通过能力约束。式(7-47)为车流归并强制约束。式(7-48)为车流径路避圈回路约束。式(7-49)为编组去向接续方案关联约束。式(7-50)为编组去向接续方案唯一性约束。式(7-51)删除了显然不利的接续方案。式(7-52)为单组列车编成必要条件。式(7-53)为分组列车编成必要条件。式(7-54)为编组去向输送强制约束。式(7-55)为分组列车的基本组和补轴组编挂约束。式(7-56)和(7-57)分别为固定和非固定重量两种类型分组列流方案约束。式(7-58)为直达去向编挂约束。式(7-59)为决策变量取值范围。

7.4 CBAP 构造问题

7.4.1 问题分析

上一节建立了综合编组方案的优化模型。编组去向接续问题(CBAP)是综合编组方案的子问题。根据 OMITFP 模型特点分析可知,模型的非线性与编组去向接续变量有关,而且模型规模(约束条件和决策变量两方面)的指数增长也主要由该类变量造成。因此,OMITFP 模型的表达以及求解首要解决 CBAP 构造问题,特别是大规模情形影响甚大。为此,本节针对编组去向接续方案问题专门进行讨论。

目前,TFP 的理论研究主要集中于单组列车而较少涉及分组列车。固然,编组计划中改编方案蕴含了所有车流的接续决策。然而,单组列车编组计划与分组列车编组计划却存在较大差别:对于前者,由于受列车编组内容中单组的限制,每支列流都唯一地对应一个编组去向,因此编组去向方案完全决定了列流的始发终到站;后者与之不同,如 7.1.1 小节中的叙述,编组去向方案尚还不能确定列流的信息。对于 TFP 优化问题,国内许多学者进行了大量的研究,并取得了丰硕的成果,其中又以数学规划模型和网络流模型最具有代表性，他们关于编组去向接续的处理方法大致可以归结为以下两类：

（1）递推法：文献[62]和[96]中设置 0-1 型的改编变量，实质上是车流是否在某站进行首次改编。文献[63]，[84]-[86]根据所归并的编组去向的径路合成可以得到车流径路的特征，通过安排各车流的首次改编中转站，递推确定其完整的组织方案，包括依次并入的编组去向以及相应的径路，文中称之为"合并式编组方案"。

（2）枚举法：文献[57]基于车流发到站和改编站序列形成的改编链，构造每支车流所有可能路径上的所有可能改编方案（改编站限制在径路上）。文献[88]基于路网的拓扑结构，罗列并限制备选编组方案网络路径，降低模型复杂程度和求解规模。文献[99]将编组方案归结为车流"独立的作业方式"的组合，并通过排除非独立的作业方式减少变量数目。文献[106]以相同改编方式的车流（改编站和终到站相同）为一类，集成各类获得接续车流量。

以上两种处理方法中，递推法使得车流归并结果表达隐含，同时也在模型中引入了高次项，增加了求解难度；而枚举法不能摆脱算法指数增长的固有局限。为了实现车流接续方案的显式表达同时又充分考虑到实际工作的要求和特点，在编组去向网络（车站为节点、节点之间的编组去向为弧）中，本节运用图论等相关理论，提出 CBAP 的构造模型以及求解算法。

7.4.2 模型建立

设 B 为编组去向集合，即 $B = \{B_{ij} \mid x_{ij} = 1, \forall A_i, A_j \in A\}$。则二元组 (A, B) 构成了编组去向网络，为一个有向图。编组去向集合，可以转化为矩阵的形式。若两点之间存在编组去向，则相应元素为 1，否则为 0，也即为一个邻接矩阵。当节点数目很大时，由于各种约束条件的制约，该矩阵往往是一个稀疏矩阵。

编组去向接续方案集合 Ω_{ij} 是编组去向接续方案 $I_{ij}^{n_1, n_2, \cdots, n_l}$ 构成的集合，其中任意一个编组去向接续方案 $I_{ij}^{n_1, n_2, \cdots, n_l}$ 是径路不相交的编组去向的集合。显然，每个 CBAP 都是编组去向集合 B 的子集，即有 $I_{ij}^{n_1, n_2, \cdots, n_l} \subseteq B$。因此，集合 Ω_{ij} 是编组去向的集族且包含于 B 的幂集，即又有 $\Omega_{ij} \subseteq 2^B$。

第7章 分组和单组列车编组计划综合优化模型

如果将车流径路视为从始发站至终到站的沿途车站的有序集合，那么 CBAP 也可以表示为编组去向发到站的有序集合，即

$$I_{ij}^{n_1,n_2,\cdots,n_l} = \{A_i, A_{n_1}, A_{n_2}, \cdots, A_{n_k}, A_j \mid A_{n_1}, A_{n_2}, \cdots, A_{n_l} \in \bar{p}_{ij}\}$$

因此 CBAP 也为车流径路的子集。

编组去向接续方案集合 Ω_{ij} 的构造，关键是生成合法可行的 CBAP。根据本书建模的思路，可以通过变量 $y_{ij}^{n_1,n_2,\cdots,n_l}$ 描述编组去向接续方案 $I_{ij}^{n_1,n_2,\cdots,n_l}$。

对于任意 $A_i, A_j \in A$，其任意编组去向接续方案变量 $y_{ij}^{n_1,n_2,\cdots,n_l}$ 满足以下约束。

$$p_{n_{w-1}n_w} \cap p_{n_w n_{w+1}} = \varnothing, \quad w = 1,\cdots,l \qquad (7\text{-}61)$$

$$y_{ij}^{n_1,n_2,\cdots,n_l} \leq x_{n_w n_{w+1}}, \quad w = 0,1,\cdots,l, \quad n_0 = i, \quad n_{l+1} = j \qquad (7\text{-}62)$$

$$y_{ij}^{n_1,n_2,\cdots,n_l} \leq 1 - x_{n_u n_v}, \quad u, v = 0,1,\cdots,l, \quad v - u > 1 \qquad (7\text{-}63)$$

$$l \leq K_{ij} \qquad (7\text{-}64)$$

$$x_{ij}, y_{ij}^{n_1,n_2,\cdots,n_l} \in \{0,1\} \qquad (7\text{-}65)$$

式中，K_{ij}（正常数）为车流 N_{ij} 的最大改编次数，根据文献[56]和[82]的测算和分析，该参数一般不超过 5；径路 $p_{n_w n_{w+1}}$ 为 A_{n_w} 和 $A_{n_{w+1}}$ 间的区段，以车站的有序集合表示。

式（7-61）为车流径路避圈回路约束，同式（7-11）。式（7-62）为编组去向接续方案关联约束，同式（7-12）。式（7-63）为显然不利接续方案筛除，同式（7-14）。式（7-64）为接续次数的上限约束，可参照 6.4 节介绍的方法进行确定。一次接续就意味着一次改编，显然车流的时限要求不允许太多次改编。式（7-65）为两类决策变量的取值范围。

相比 OMITFP 模型，本节的 CBAP 构造模型还考虑了用时效约束来限定 CBAP 变量，这类新约束的引入能够控制其数目增长。例如，对于某些长程车流 N_{ij}（$|\bar{p}_{ij}|$ 较大）来说，至少从 $2^{|\bar{p}_{ij}|}-1$ 减少至 $C_{|\bar{p}_{ij}|}^1 + C_{|\bar{p}_{ij}|}^2 + \cdots + C_{|\bar{p}_{ij}|}^{K_{ij}}$。

7.4.3 方案树法

类比文献[149]中方案树的定义，本书将一支车流的所有编组去向接续方案 CBAP 用一棵树表示出来，这棵树就被称为**接续方案树**，简称**方**

案树。有了方案树，CBAP 的求解可方便地在树上进行。方案树的构造步骤为：以车流的源作为树根，作为第 0 级节点。以上一级节点为父节点，其可达的节点（该站始发的编组去向的终点）作为相应的子节点，连接构成树枝，向外衍生。对每一级的所有节点（为兄弟关系），都采取这样的操作。树叶为车流的汇。每个树枝都唯一对应一个去向，从树根到树叶的一支就为一个完整的 CBAP。通过构造方案树，车流可能的编组去向接续方案就全部生成出来。

在构建方案树的基础上，根据车流接续的特点和实际要求，本书提出以下三种剪枝策略：

（1）接续次数检查：如果接续次数超过最大改编次数，就停止该分支生长。

（2）回路检查：为了保证车流在其径路上不重复运行，引入序号函数 $order()$：对于每支车流，始发站的序号为 0，沿着径路方向，其上每个车站的序号依次加 1，终到站的序号最大。也即是，当前节点的子节点的序号必须高于当前节点。随着访问进程的继续，序号严格递增，直至径路的终点。

（3）显然不利方案检查：当前节点能够到达的子节点，其辈分必须低于当前节点。

如果当前节点的所有子节点都没有通过以上任意一项检查时，而且若同时还存在"兄弟"，则生长其兄弟；否则退回至父节点。特别地，在直线路网以及单方向车流条件下，由于车流的单向性决定了编组去向的安排也具有单向性，无需再进行回路检查。改编次数的限定以及不利接续方案的删除，排除了不可行的和不经济的方案。以上三条判别条件控制了树的生长，缩减了模型的规模。因而，该方法相较于穷举法可以提高搜索的效率。

对比 7.4.2 小节的构造模型，以上三种剪枝策略分别对应式（7-64）（7-61）和（7-63）的约束；而式（7-62）的关联约束已作为方案树的构造规则使用。需要注意的是，在构造 CBAP 的基础上，编组去向接续方案变量在 OMITFP 模型中还要满足唯一性约束。

7.4.4 回溯算法

如果接续方案不多，用穷举法一个一个试验，也不难找出所有可行的方案。但当节点或编组去向规模很大时，穷举法显然不可取。

第7章 分组和单组列车编组计划综合优化模型

在编组去向构成的有向网络中,首尾相连的若干弧组成一条路。如果删除路中任意一些弧,就不能成为相同起讫的路,在本书中称这样的**路为最短路**。最短路所包含的弧的数量被称为**该路的长度**。在该定义之下,最短路可能有多条,即使长度相同的最短路也可能不止一条。以车流 OD 作为源和汇,连接二者的一条最短路就对应车流的一个接续方案。路中相邻两弧首尾连接保证了车流的"接续",而且路的连通性保证了车流接续的完备。一条最短路唯一地对应一个车流接续方案,路的长度对应该方案的完全改编次数,而且不同的最短路对应不同的接续方案。因此,接续方案等价于带有长度限制的最短路。

本书遵循回溯算法的思想,设计相应的算法,其流程如图 7-9 所示。

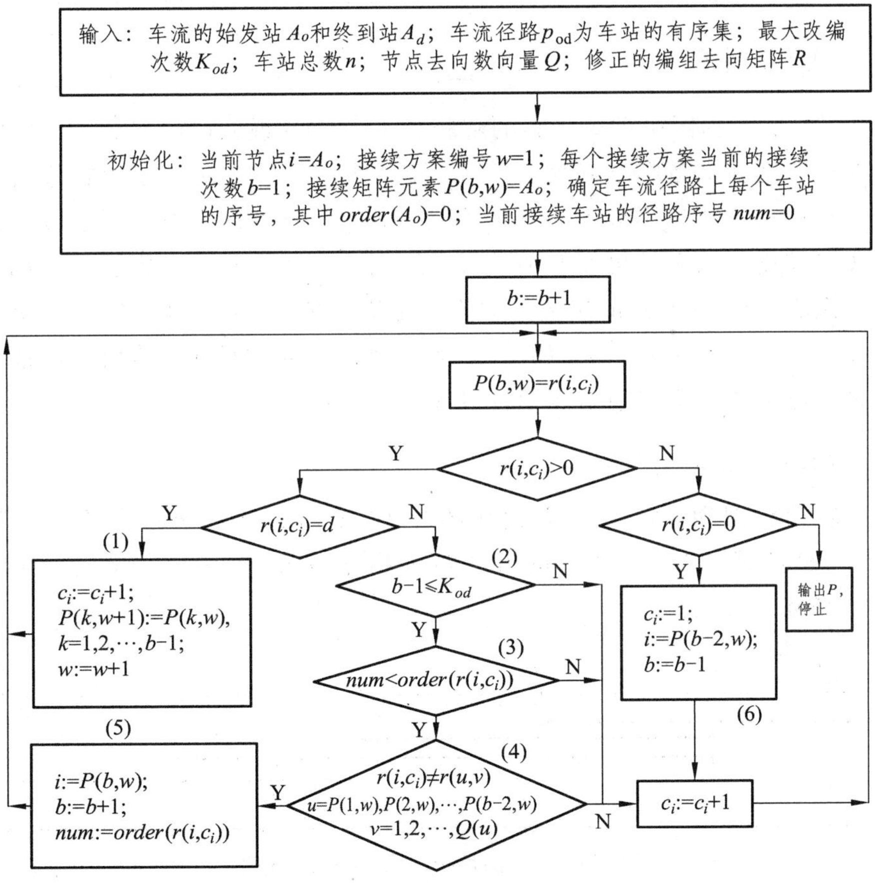

输入:车流的始发站 A_o 和终到站 A_d;车流径路 p_{od} 为车站的有序集;最大改编次数 K_{od};车站总数 n;节点去向数向量 Q;修正的编组去向矩阵 R

初始化:当前节点 $i=A_o$;接续方案编号 $w=1$;每个接续方案当前的接续次数 $b=1$;接续矩阵元素 $P(b,w)=A_o$;确定车流径路上每个车站的序号,其中 $order(A_o)=0$;当前接续车站的径路序号 $num=0$

$b:=b+1$

$P(b,w)=r(i,c_i)$

$r(i,c_i)>0$

$r(i,c_i)=d$

(1) $c_i:=c_i+1$; $P(k,w+1):=P(k,w)$, $k=1,2,\cdots,b-1$; $w:=w+1$

(2) $b-1\leqslant K_{od}$

(3) $num<order(r(i,c_i))$

(4) $r(i,c_i)\neq r(u,v)$ $u=P(1,w),P(2,w),\cdots,P(b-2,w)$ $v=1,2,\cdots,Q(u)$

(5) $i:=P(b,w)$; $b:=b+1$; $num:=order(r(i,c_i))$

(6) $c_i:=1$; $i:=P(b-2,w)$; $b:=b-1$

$r(i,c_i)=0$

$c_i:=c_i+1$

输出 P, 停止

图 7-9 回溯算法流程

关于算法的三点补充说明：

其一，在输入的基本信息中，修正的编组去向矩阵是由编组去向矩阵得到，其中每行元素代表相应节点可以到达的节点标号。显然该矩阵不齐，即不同行的列数未必相等。另外，为了能够确信可达节点已经搜索完毕，再在每行的最末元素后附加标号"0"。同时为了能够区分源节点，该行最末元素后附加标号"-1"。

其二，在初始化阶段，修正的编组去向矩阵的访问，都是从第一列开始，详见初始化模块中的去向接续序号向量 $C = \mathbf{1}_{1 \times n}$，其中每个分量都为局部变量。所有的接续方案构成矩阵 $\boldsymbol{P}$，其中每一列是一个接续方案，其元素为车站的有序集合。显然该矩阵也不是一个长方阵。最短路的条数，根据排列组合知识可预估为 $\sum_{k=1}^{K_{od}} C_{n-2}^{k}$。

其三，流程图中重要步骤的解释。模块（1）说明已经找到一个完整的接续方案并准备继续寻找。模块（2）（3）和（4）体现了剪枝策略，依次对应第 6.4.3 小节中的三种检查。若这三条都满足时，当前接续方案（不完整）的后继更新并继续寻找，对应模块（5）；否则寻找其他分支。模块（6）说明当前接续方案（不完整）都不满足要求，需要倒退到父辈。模块（2）（3）（4）和（5）都涉及倒退进行回溯，若所有可达节点都已经遍历，则当前节点返回到源，算法停止。

7.4.5 CBAP 算例

假设路网和编组去向方案如图 7-10 所示，并设定最大改编次数为 3。按照第 7.3.3 小节中的方法可画出车流 N_{16} 的接续方案树，如图 7-11 所示。

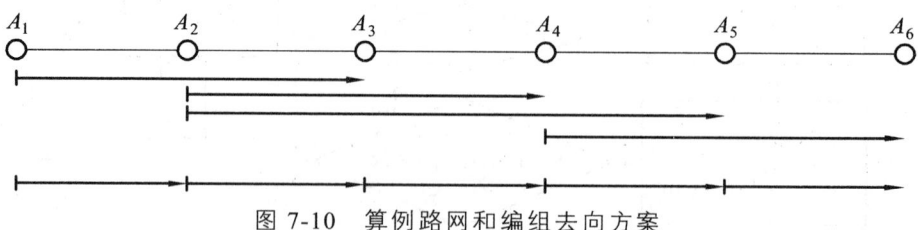

图 7-10 算例路网和编组去向方案

第 7 章 分组和单组列车编组计划综合优化模型

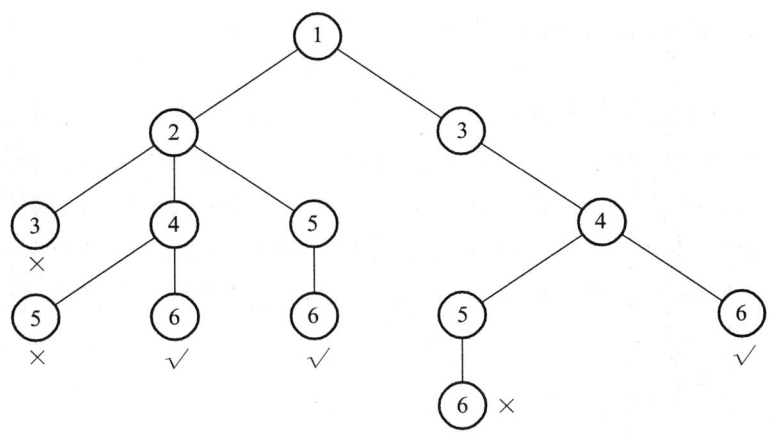

图 7-11 车流 N_{16} 的接续方案树

由接续方案树可知，车流 N_{16} 共有 3 个接续方案，具体为：$\{B_{12}, B_{24}, B_{46}\}$，$\{B_{12}, B_{25}, B_{56}\}$，$\{B_{13}, B_{34}, B_{46}\}$，每个方案都接续两次。因此，车流 N_{16} 接续方案集合可表示为 $\Omega_{16} = \{I_{16}^{2,4}, I_{16}^{2,5}, I_{16}^{3,4}\}$。而其他直达车流的接续方案，详见表 7-8。

表 7-8 直达车流的接续方案

直达车流	编组去向接续方案	编组去向接续方案集合
N_{15}	$\{B_{12}, B_{25}\}$；$\{B_{13}, B_{34}, B_{45}\}$	$\Omega_{15} = \{I_{15}^{2}, I_{15}^{3,4}\}$
N_{14}	$\{B_{12}, B_{24}\}$；$\{B_{13}, B_{34}\}$	$\Omega_{14} = \{I_{14}^{2}, I_{14}^{3}\}$
N_{26}	$\{B_{24}, B_{46}\}$；$\{B_{25}, B_{56}\}$	$\Omega_{26} = \{I_{16}^{4}, I_{26}^{5}\}$
N_{36}	$\{B_{34}, B_{46}\}$	$\Omega_{36} = \{I_{36}^{4}\}$
N_{35}	$\{B_{34}, B_{45}\}$	$\Omega_{35} = \{I_{35}^{4}\}$

观察表 7-8 不难发现，在给定编组去向的情况下，长程车流的接续方案一般也较多。另外，某些长程车流方案树的一个分支是短程车流的一个接续方案，如 N_{15} 的接续方案 $\{B_{12}, B_{25}\}$ 包含于 N_{16} 的接续方案 $\{B_{12}, B_{24}, B_{46}\}$。究其原因，这是直线情形的特殊性决定的。但是该规律并不一定都成立，如 N_{26} 与 N_{36}，主要是由筛除不利方案造成的。

7.5 综合编组方案算例

本节以直线线路单方向车流为例说明具体的构模过程,并验证模型的有效性和合理性。对于双向车流的情形,每个方向上的车流在各自径路上朝目标方向逐渐推进,变化仅在于车站的编组去向数目约束和改编能力约束与两个方向车流都有关,而两个方向的车流的消耗以及其他约束条件互不影响,而具有独立性。故双向情形只是增大了模型规模,与单向并没有质的区别。

7.5.1 构模过程

如图 7-8 所示,直线上有 6 个支点站,单方向上共 15 支车流,其中有 10 支直达车流,有 5 支非直达车流。

第一步,输入路网参数。设定所有区段的编成辆数为 50 辆,其他参数如表 7-9 所示。

表 7-9 算例的路网输入参数

车站	有效调车线数	单组集结参数	有效改编能力/车	完全改编额外增加时间/小时	部分改编额外增加时间/小时
A_1	3	11.0	200	3.8	0.5
A_2	3	11.0	200	3.0	0.5
A_3	2	11.0	300	3.9	0.5
A_4	2	11.5	300	4.1	0.5
A_5	2	11.5	400	4.2	0.5
A_6	2	11.5	400	4.0	0.5

另外,固定与非固定两种类型分组列车的集结参数,可按照 6.2 节介绍的方法进行确定,此处在表 7-10 中直接给出。

表 7-10 算例的分组列车集结参数

列车类型	s_{123}	s_{124}	s_{125}	s_{126}	s_{134}	s_{135}	s_{136}	s_{145}	s_{146}	s_{156}
固定	20	21	22	23	20	21	22	20	21	20
非固定	12	12.5	13	13.5	12	12.5	13	12	12.5	12

第7章 分组和单组列车编组计划综合优化模型

续表

列车类型	s_{234}	s_{235}	s_{236}	s_{245}	s_{246}	s_{256}	s_{345}	s_{346}	s_{356}	s_{456}
固定	20	21	22	20	21	20	20	21	20	20
非固定	12	12.5	13	12	12.5	12	12	12.5	12	12

第二步,输入车流信息。车流径路及车流量如表 7-11 所示,并且假设每支车流的最大改编次数都为 3。最大车流量 $M = \max\{N_{ij}, i, j = 1, \cdots, 6, j > i\} = 150$。

表 7-11 算例的车流径路及车流量

车流	径路	车流量/车	车流	径路	车流量/车
N_{16}	$\{A_1, A_2, A_3, A_4, A_5, A_6\}$	15	N_{23}	$\{A_2, A_3\}$	150
N_{15}	$\{A_1, A_2, A_3, A_4, A_5\}$	35	N_{36}	$\{A_3, A_4, A_5, A_6\}$	10
N_{14}	$\{A_1, A_2, A_3, A_4\}$	60	N_{35}	$\{A_3, A_4, A_5\}$	25
N_{13}	$\{A_1, A_2, A_3\}$	80	N_{34}	$\{A_3, A_4\}$	100
N_{12}	$\{A_1, A_2\}$	130	N_{46}	$\{A_4, A_5, A_6\}$	80
N_{26}	$\{A_2, A_3, A_4, A_5, A_6\}$	30	N_{45}	$\{A_4, A_5\}$	100
N_{25}	$\{A_2, A_3, A_4, A_5\}$	50	N_{56}	$\{A_5, A_6\}$	65
N_{24}	$\{A_2, A_3, A_4\}$	120			

第三步,基于车流径路,确定决策变量,共 4 类累计 85 个,如表 7-12 所示。

表 7-12 算例的决策变量

变量类型	符号	个数
编组去向变量	x_{ij}, $i,j = 1,\cdots,6$; $j > i$	$C_6^2 = 15$
编组去向接续变量	$\left\{y_{ij}^k, y_{ij}^{u,v} \middle\| \begin{array}{l} i,j,k,u,v = 1,\cdots,6 \\ i < k < j;\ i < u < v < j \end{array} \right\}$	$C_6^3 + C_6^4 = 35$
单组列流方案	s_{ij}, $i,j = 1,\cdots,6$; $j > i$	$C_6^2 = 15$
分组列流方案	s_{ikj}, $i,k,j = 1,\cdots,6$; $i < k < j$	$C_6^3 = 20$

第四步，基于决策变量，确定每个编组去向吸收的车流。如果按式（7-5）计算，表达将非常繁琐。考虑到直线的特殊性，车流归并结果可进行分解，如图 7-12 所示。

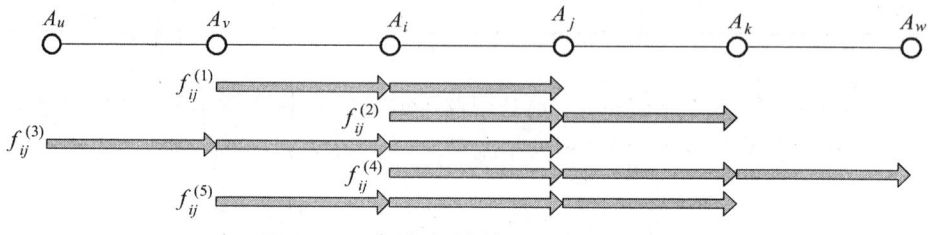

图 7-12　车流归并结果分解示意图

这五部分具体分别为 $f_{ij}^{(1)}=\sum_{v=1}^{i-1}N_{vj}y_{vj}^{i}$，$f_{ij}^{(2)}=\sum_{k=j+1}^{6}N_{ik}y_{ik}^{j}$，$f_{ij}^{(3)}=\sum_{u=1}^{i-2}\sum_{v=u+1}^{i-1}N_{uj}y_{uj}^{v,i}$，$f_{ij}^{(4)}=\sum_{w=j+2}^{6}\sum_{k=j+1}^{w-1}N_{iw}y_{iw}^{j,k}$，$f_{ij}^{(5)}=\sum_{v=1}^{i-1}\sum_{k=j+1}^{6}N_{vk}y_{vk}^{i,j}$。因此，去向吸收的车流量为

$$f_{ij}=f_{ij}^{(1)}+f_{ij}^{(2)}+f_{ij}^{(3)}+f_{ij}^{(4)}+f_{ij}^{(5)}+N_{ij}x_{ij}，\quad i,j=1,\cdots,6；\quad j>i$$

第五步，确定目标函数，综合编组方案的消耗具体有如下四项：

（1）$Z_1=\sum_{i=1}^{6}\sum_{j=i+1}^{6}C_i m_{ij} s_{ij}$；

（2）$Z_2=\sum_{i=1}^{6}\sum_{j=i+1}^{6}\sum_{k=i+1}^{j-1}\left[C_{ikj}m_{ij}\alpha_{ikj}+C'_{ikj}m_{ij}(1-\alpha_{ikj})\right]s_{ikj}$；

（3）$Z_3=\sum_{i=1}^{6}\sum_{j=i+1}^{6}N_{ij}\sum_{k=i+1}^{j-1}t_k y_{ij}^{k}+\sum_{i=1}^{6}\sum_{j=i+1}^{6}N_{ij}\sum_{u=i+1}^{j-2}\sum_{v=u+1}^{j-1}(t_u+t_v)y_{ij}^{u,v}$；

（4）$Z_4=\sum_{i=1}^{6}\sum_{j=i+1}^{6}\sum_{k=i+1}^{j-1}f_{ij}t'_k s_{ikj}$。

构建目标函数：$Z=Z_1+Z_2+Z_3+Z_4$。

第六步，确定约束条件。根据本算例直线路网单方向车流的条件，模型决策变量的设定已经考虑了车流径路避圈回路约束。故算例的约束共计 12 组（不包括决策变量取值范围），分别如下：

第7章 分组和单组列车编组计划综合优化模型

（1） $\sum_{j=1}^{6} x_{ij} \leqslant H_i / \varphi_i$, $i=1,\cdots,6$

（2） $\sum_{i=1}^{k-1} N_{ik} + \sum_{i=1}^{6} \sum_{j=k+1}^{6} N_{ij} y_{ij}^{k} + \sum_{i=1}^{6} \sum_{u=i+1}^{k-1} \sum_{j=k+1}^{6} N_{ij} y_{ij}^{u,k} + \sum_{i=1}^{k-1} \sum_{u=k+1}^{j-1} \sum_{j=u+1}^{6} N_{ij} y_{ij}^{k,u} \leqslant R_k$,

$k=1,\cdots,6$

（3） $M \sum_{k=i+1}^{j} x_{ik} \geqslant N_{ij}$, $i,j=1,\cdots,6$; $j>i$

（4） $y_{ij}^{k} \leqslant x_{ik}$, $i,k,j=1,\cdots,6$; $i<k<j$

$y_{ij}^{k} \leqslant x_{kj}$, $i,k,j=1,\cdots,6$; $i<k<j$

$y_{ij}^{u,v} \leqslant x_{iu}$, $i,j,u,v=1,\cdots,6$; $i<u<v<j$

$y_{ij}^{u,v} \leqslant x_{uv}$, $i,j,u,v=1,\cdots,6$; $i<u<v<j$

$y_{ij}^{u,v} \leqslant x_{vj}$, $i,j,u,v=1,\cdots,6$; $i<u<v<j$

（5） $\sum_{k=i+1}^{j-1} y_{ij}^{k} + \sum_{u=i+1}^{j-1} \sum_{v=u+1}^{j-1} y_{ij}^{u,v} = 1 - x_{ij}$, $i,j=1,\cdots,6$; $j>i$

（6） $y_{ij}^{k} \leqslant 1 - x_{ij}$, $i,k,j=1,\cdots,6$; $i<k<j$

$y_{ij}^{u,v} \leqslant 1 - x_{iv}$, $i,j,u,v=1,\cdots,6$; $i<u<v<j$

$y_{ij}^{u,v} \leqslant 1 - x_{ij}$, $i,j,u,v=1,\cdots,6$; $i<u<v<j$

$y_{ij}^{u,v} \leqslant 1 - x_{uj}$, $i,j,u,v=1,\cdots,6$; $i<u<v<j$

（7） $x_{ij} \geqslant s_{ij}$, $i,j=1,\cdots,6$; $j>i$

（8） $x_{ij} + x_{ik} + x_{kj} \geqslant 3 s_{ikj}$, $i,k,j=1,\cdots,6$; $i<k<j$

（9） $s_{ij} + \sum_{k=i+1}^{j-1} s_{ikj} + \sum_{k=j+1}^{6} s_{ijk} + \sum_{k=1}^{i-1} s_{kij} \geqslant x_{ij}$, $i,j=1,\cdots,6$; $j>i$

（10） $\sum_{k=i+1}^{j-1} s_{ikj} + \sum_{k=j+1}^{6} s_{ijk} + \sum_{k=1}^{i-1} s_{kij} \leqslant 1$, $i,j=1,\cdots,6$; $j>i$

（11） $s_{ikj} \alpha_{ikj} \leqslant s_{ik}$, $i,k,j=1,\cdots,6$; $i<k<j$

$s_{ikj}(1-\alpha_{ikj}) \leqslant s_{kj}$, $i,k,j=1,\cdots,6$; $i<k<j$

（12） $s_{ij} + \sum_{k=i+1}^{j-1} s_{ikj} \leqslant 1$, $i,j=1,\cdots,6$; $j>i+1$

7.5.2 最优解分析

该算例在性能为 Intel Core I5 CPU，4G 内存的笔记本电脑上进行测试。利用数学优化软件 LINGO 11.0 编程求解，迭代 1 313 步，运行时间 1 秒，得到全局最优解。最优值为 5 413.5 车小时。其中，单组列车集结耗费 2 775 车小时，分组列车集结耗费 1 600 车小时；完全改编费用 951 车小时；部分改编费用 87.5 车小时。

综合编组方案最优解如下：

（1）编组去向方案：

非直达去向 $x_{12} = x_{23} = x_{34} = x_{45} = x_{56} = 1$；

直达去向 $x_{13} = x_{24} = x_{25} = x_{35} = 1$。

（2）编组去向接续方案（只针对直达车流）：

$y_{15}^2 = y_{14}^3 = y_{26}^5 = y_{36}^5 = y_{46}^5 = 1$，$y_{16}^{2,5} = 1$。

（3）列流方案：

单组非直达列车：$s_{23} = s_{34} = s_{56} = 1$；

单组直达列车：$s_{24} = s_{25} = 1$；

分组列车：$s_{123} = s_{345} = 1$，其中 s_{123} 为非固定重量形式，s_{345} 为固定重量形式。

最优解所对应的车流强度和车站的改编负荷，如表 7-13 和 7-14 所示。在本书中，将改编负荷与改编能力之比称为**改编强度**。经计算，各站的改编强度并不均衡，除了 A_6 还有较大余地之外，其余各站能力利用率接近饱和。

表 7-13　综合编组方案最优解的车流归并　　　　　　　单位：辆

车站	A_1	A_1	A_2	A_2	A_3	A_3	A_4	A_5
编组去向	B_{12}	B_{13}	B_{23}	B_{24}	B_{25}	B_{34}	B_{35}	B_{45}	B_{56}
车流强度	180	140	150	120	130	160	35	180	185

表 7-14　综合编组方案最优解的车站改编负荷分布

车站	A_1	A_2	A_3	A_4	A_5	A_6
改编负荷/辆	—	180	290	280	345	200
改编强度	—	90.00%	96.67%	93.33%	86.25%	50.00%

为了测试"删除显然不利接续方案约束"的效果，本算例取消该类约束后，最优解仍然相同，计算时间变化也不明显，但求解迭代步数增

第 7 章 分组和单组列车编组计划综合优化模型

加至 8 757 步,增幅近 7 倍。对于大规模的情形,计算时间应该要增加。因此该类约束能够加速寻优进程。另外,本书对车站调车线数和改编能力两类约束的有效性也进行了分析。

对于本算例,如果松弛调车线数约束,最优值为 5 297 车小时,节省 116.5 车小时,幅度达到 2.15%。最优解增加了一个直达组号 B_{26},共 10 个组号,其车流强度分布如表 7-15 所示。

表 7-15 松弛调车线数约束最优解的组号分布   单位:辆

车站	A_1	A_1	A_2	A_2	A_2	A_2	A_3	A_3	A_4	A_5
编组去向	B_{12}	B_{13}	B_{23}	B_{24}	B_{25}	B_{26}	B_{34}	B_{35}	B_{45}	B_{56}
车流强度	180	140	150	120	85	45	160	35	180	155

由表 7-15 可知,A_2 含有 4 个组号,超过其有效数目。经计算,松弛该约束前后,平均每个组号的车流强度分别为 142.22 辆和 125 辆,均方差分别为 46.38 辆和 52.86 辆。显然松弛后组号的平均车流强度减小,且不均衡程度增大。

车站实际的改编能力,是影响车流组织方案能否兑现的另一个关键因素。该问题属于技术站布局范畴[200]-[202]。对于本算例,松弛改编能力约束、各车站的改编负荷分布如表 7-16 所示。

表 7-16 松弛改编能力约束后最优解的负荷分布

	A_1	A_2	A_3	A_4	A_5	A_6
改编能力负荷/辆	—	180	410	315	300	200
改编强度	—	90.00%	136.67%	105.00%	75.00%	50.00%

观察表 7-16 可知:松弛改编能力约束后,总改编负荷由 1 295 辆增加到 1 405 辆,增加了 110 辆,其中 A_3 和 A_4 两站的改编负荷都不同程度地超过其能力,增幅分别达 36.67%和 5.00%。但是却能够改善目标函数,最优值为 4 916 车小时,节省 497.5 车小时,幅度达 9.19%。

综上理论计算,通过增加调车线数和扩大改编能力,都能提高车流组织的整体效益。但是,车站设备的扩能改造依赖于资金投入、实际地理条件等诸多因素。该问题属于战略层次决策,在系统时间和空间维度上的影响都较为深远。

7.5.3 结果对比

同时,强制令所有分组列车变量为 0,也即是仅开行单组列车。LINGO 软件迭代 12 步,运行时间 1 秒,得到全局最优解。若不考虑删除显然不利接续方案,迭代 34 步也得到最优解。传统编组方案最优解如下:

(1) 编组去向方案:

非直达去向 $x_{12}=x_{23}=x_{34}=x_{45}=x_{56}=1$;

直达去向 $x_{13}=x_{24}=x_{25}=x_{35}=1$。

(2) 编组去向接续方案:

$y_{14}^2=y_{15}^3=y_{26}^5=y_{36}^5=y_{46}^5=1$, $y_{16}^{3,5}=1$。

(3) 列流方案:

(单组)列车的始发终到站与其编挂的组号起点终点站相同,也即是 5 列非直达,4 列直达,此处不再一一列举。

最优值为 5 942 车小时。其中,集结耗费 5 000 车小时;改编费用 942 车小时。因此,综合编组方案在成本方面获得 528.5 车小时的节省,幅度达到 9.76%。综上分析表明,允许分组和单组两种列车形式同时开行,综合编组方案相比于仅开行单组列车的传统编组方案,其运输效益更佳。

对比 ITFP 和 TFP 的最优解,编组去向方案相同,但是编组去向接续方案并不完全一致,对比结果如表 7-17 所示。

表 7-17 ITFP 与 TFP 最优解的 CBAP 对比

车流	ITFP		TFP	
	CBAP	改编站	CBAP	改编站
N_{14}	$\{B_{13}, B_{34}\}$	A_3	$\{B_{12}, B_{24}\}$	A_2
N_{15}	$\{B_{12}, B_{25}\}$	A_2	$\{B_{13}, B_{35}\}$	A_3
N_{16}	$\{B_{12}, B_{25}, B_{56}\}$	A_2, A_5	$\{B_{13}, B_{35}, B_{56}\}$	A_3, A_5

第7章 分组和单组列车编组计划综合优化模型

因此，在分组和单组列车同时开行时，最优的综合编组方案并非直接由有利的分组列流代替最优单组列流得到。经计算，在 N_{14}、N_{15} 和 N_{16} 3 支车流的改编消耗方面，ITFP 比 TFP 多 9 车小时（不包括部分改编消耗）。分阶段确定编组方案，先确定单组列车编组计划，然后补充考虑分组列车编组计划，并不一定能实现整体最优。这也佐证了分组与单组列车编组计划同时考虑综合优化的必要性。

因此，综上算例的计算得到如下结论：

（1）松弛物理约束表明，增加调车线数目和改编能力，都能够不同程度地改善目标函数值。

（2）退化模型（强制令所有分组列流变量为 0）计算表明，ITFP 相比于 TFP，能够得到效益更佳的组织方案。

（3）ITFP 和 TFP 的最优解对比表明：分阶段确定编组方案（有利的分组列流代替最优单组列流）并不一定能实现整体最优，分组和单组列车编组方案综合优化很有必要。

7.6 本章小结

分组列车的车流组织工作不同于单组列车，编组方案也有较大区别。本章首先重点分析了同时采用分组和单组两种列车形式下，综合编组方案的内容和特点，然后在定性分析的基础上，建立优化模型进行量化研究。鉴于问题的复杂性及现场实际生产情况，本章研究的分组列车限于途中换挂一次的双组列车。但本章所提出的研究思路和方法，仍适用于多次换挂的双组列车以及多组列车。

本章的主要工作：

（1）综合编组方案定性分析：基于编组去向在车流和列流之间的过渡和衔接角色，首先重构同时采用分组和单组列车情形下的车流组织任务，然后引入 4 个子方案（路网编组去向方案、编组去向接续方案、路网列流方案和列车接续方案）分别进行刻画，最后分析了综合编组方案的特点并对比了传统单组形式的编组方案。

（2）综合编组方案建模：基于车流组织任务的分解和我国的实际情

况，忽略列车接续子问题，进而以路网编组去向方案、编组去向接续方案以及路网列流方案为 0-1 决策变量；考虑物理方面的车站调车线数约束和改编能力约束，车流组织制度方面的车流接续归并和车流不拆散约束，以及决策变量之间的逻辑约束；以列车集结和车流改编的总耗费最小为目标函数，建立车流径路已知条件下综合编组方案的优化模型 OMITFP。

（3）OMITFP 模型讨论：OMITFP 模型为二次目标函数和线性约束的纯 0-1 规划，模型规模呈指数增长且较传统单组列车编组方案复杂。该模型引入新变量可以线性化，还可从两个方面进行演化：对于分组列流变量为 0 的特殊情形，模型退化为传统的 TFP 问题，且为线性模型；对于一般路网情形，该模型可以推广为考虑列车运行径路选择的 CRP 和 TFP 综合优化问题。

（4）CBAP 构造问题：针对综合编组方案中的一个重要子问题——编组去向接续问题（CBAP），以编组去向方案和编组去向接续方案为 0-1 决策变量，考虑避圈约束、最大改编次数约束、决策变量之间的逻辑约束以及筛除显然不利方案，构建车流接续方案的数学模型。在编组去向网络中，基于 CBAP 与最短路的等价性，提出其搜索的方案树法和回溯算法。

（5）综合编组方案算例：以直线路网单方向 6 个车站构成的算例，介绍综合编组方案优化模型的构造过程以及结果分析。

第8章 结论与展望

本书对车流组织方面的基础理论进行了研究，旨在揭示分组列车组织的客观规律，通过发挥其优势来提高我国铁路运输效率和效益，为实际生产提供理论依据，为路网车流规划和生产力布局调整提供技术支撑。这对于实现铁路决策智能化和自动化以及资源配置科学化和合理化，具有积极的促进作用。

8.1 主要研究结论

本书在分析铁路车流组织原理、总结国内外编组计划优化方面的理论和方法的基础上，运用系统工程原理以及微观机理融合宏观机制的指导思想，采用定性分析与定量测度相结合，以及理论推导与仿真实验相融合的方法，比较系统地研究了分组列车组织特征、集结特性、组织条件、编组方案优化等相关问题，主要研究结论有：

（1）分组列车组织特征分析并与单组列车进行相应对比。

其一，技术作业流程方面。在列车运行途中的任意一个车站，分组列车要么无改编通过要么部分改编中转；而单组列车都是无改编通过。

其二，货车构成方面。分组列车可以同时包含有调中转和无调中转两类性质不同的货车；而单组列车货车构成较为简单，要么为有调中转车和货物作业车，或者都为无调中转车。

其三，小车流组织效果方面。分组列车在某种程度上能够兼顾定点和定编，同时保证正点和满轴；而单组列车不论直达方案还是改编方案，这两种策略几乎不可调和。

（2）分组列车集结特性研究，主要包括集结特性的定性分析，以及集结批次、集结占用时间和集结消耗的定量测度。

其一，集结特点定性分析。不固定重量形式分组列车在编成站的集结过程，构成了一个成批到达、成批瞬时服务的随机服务系统，其集结机制和集结特性与单组列车相同。而固定重量形式的基本组和补轴组构成两个相互关联的成批到达、成批瞬时服务的随机服务系统，表现出与单组列车不一样的集结特性。集结耗费也有差别，将固定形式的总集结耗费划分为固有和附加两类，其中前者为基本组和补轴组在编成站的集结耗费，后者为二者之间的等待消耗；而单组列车仅包含前者。

其二，集结批次定量测度。集结基本组或补轴组达到规定重量所需要的到达批（成批到达车辆集合）的数量被称为集结批次，其平均值与固定重量正相关，与车流强度（到达批中平均车辆数）负相关，且后者的灵敏程度更高；平均集结批次可由固定重量和车流强度的比值近似估计。

其三，集结占用时间定量测度。平均集结占用时间与固定重量和平均间隔时间正相关，而与车流强度负相关，且车流强度的灵敏程度最高；平均集结占用时间，可由固定重量与车流频率（车流强度与平均间隔时间之比）的比值，或者平均集结批次与平均间隔时间的乘积，进行近似估计。

其四，集结耗费定量测度。基本组（或补轴组）去向上的集结占用时间越长，则该去向的固有集结耗费越小，每列车的附加集结耗费和总集结耗费都越大，且附加耗费所占比例也越大。

（3）分组列车组织条件研究，包括列车编成辆数最佳分配和开行适用条件两个问题。其中，前者指在车流到达特征已定的条件下确定最优的车组固定重量；后者在前者的基础上，以集结耗费作为评价标准，讨论固定车组重量分组列车代替单组列车的有利性。

其一，列车编成辆数分配的数值计算表明：随着基本组固定重量的增加，平均每列分组列车的总集结耗费和集结占用时间变化趋势相似，都是先减小后增大，且它们关于车流频率呈现聚类成族的特点。特别地，当两个去向车流特征参数相同时，它们都呈现出关于固定重量严格对称的规律。当参数在由车流频率不等向特征参数（车流强度和间隔时间）完全相同情形动态变化时，它们的状态又都呈现演化性。

其二，基于数值计算的结果，以集结耗费最小原则或者集结占用时间最小原则下的最优重量比作为因变量，车流频率之比作为自变量，分

第 8 章 结论与展望

别建立回归模型。模型求解采用 SPSS 估计参数，检验表明二者之间的线性相关关系都很显著。

其三，基本组和补轴组车流在编成站配合开行分组列车的集结耗费，比之于二者分别单独开行单组列车有得有失，其净节省被称为分组列车在编成站的效益，其结果受到基本组和补轴组的车流特征参数（4 个）和固定重量参数（2 个）共同影响，其中车流强度参数比间隔时间参数的灵敏程度更高；类似定义分组列车在换挂站的效益，该指标与补轴车流的车流强度参数正相关，与平均间隔时间参数负相关，且前者灵敏程度更高。

其四，对于任意的车流分布参数向量，固定重量参数之比越接近车流频率之比时，分组列车在编成站的效益越大，反之越小；特别地，当编成站两支车流以及换挂站的补轴车流的车流量都较小甚至每天集结不足一列时，开行分组列车比单组有利。

（4）分组列车编组方案优化参数，重点讨论了集结参数和节省时间参数。

其一，集结参数方面。分别研究了编成站固定形式、换挂站固定形式以及编成站不固定形式三种情形的分组列车集结参数。仿真计算表明，固定重量形式分组列车，其在编成站的集结参数都大于两个去向的单组列车情形；而在换挂站的集结参数小于单组情形。不固定形式分组列车在编成站的集结参数稍高于单组列车，且与车流强度和平均间隔时间正相关；两者对比方面，对于相同车流，非固定形式都小于固定形式。

其二，节省时间参数方面。相对无改编通过，分组列车在换挂站进行部分改编作业增加了额外的消耗时间；相对完全改编，分组列车可能存在节省，分别给出了这两种情形的比较结果。

（5）分组列车编组计划优化模型。定性分析了综合编组方案的内容和特点，基于此，建立同时采用分组和单组两种列车形式编组方案的数学模型。

其一，综合编组方案定性分析。在同时采用分组和单组列车形式组织车流时，引入路网编组去向方案、路网列流方案、编组去向接续方案和列车接续方案分别刻画车流组织任务。其中前两者属于网络设计问题，后两者共同描述了车流改编情况。相比传统单组列车编组方案，综合编组方案的列流方案更为复杂。

其二，综合编组方案建模。以路网编组去向方案、编组去向接续方案以及路网列流方案为 0-1 决策变量（忽略列车接续方案）；考虑物理方面的车站调车线数和改编能力约束，车流组织制度方面的车流接续归并和车流不拆散约束，以及决策变量之间的逻辑约束；以列车集结和车流改编的总耗费最小为目标函数，建立车流径路已知条件下综合编组方案的优化模型 OMITFP。该模型为二次目标函数和线性约束的纯 0-1 规划，可退化为传统的 TFP 问题，也可推广为考虑车流径路选择的 CRP 和 TFP 综合优化问题。

其三，编组去向接续问题（CBAP）建模。针对综合编组方案的子问题——CBAP，以路网编组去向方案和编组去向接续方案为 0-1 决策变量；考虑避圈约束、最大改编次数约束、决策变量之间的逻辑约束以及筛除显然不利方案，建立数学模型。构造模型避免了传统处理方法中的高次项引入，同时也实现了车流接续方案的显式表达。设计的两种求解算法中，方案树法操作简便易行，适用于小规模情形；回溯算法计算程式化，适用于大规模情形。

其四，综合编组方案算例计算。松弛物理约束（调车线约束和改编能力约束），都能够不同程度地改善目标函数值；ITFP 相比于 TFP 能够得到效益更佳的组织方案，且分阶段确定编组方案（有利的分组列流代替最优单组列流）并不一定能实现整体最优，佐证了分组和单组列车编组方案综合优化的必要性。

8.2 研究展望

本书在继承前人成果的基础上，在分组列车优化组织理论和方法方面取得一定的进展。由于作者本人的知识水平、思维局限以及时间精力有限，该领域的研究还远未完善。至少在以下几个方面，仍然需要改进和深入，这也将是作者进一步研究的思路和方向。

（1）大规模路网情形下综合编组方案的优化算法设计。该问题的复

第 8 章 结论与展望

杂程度很高，这主要表现在：其一是决策内容多，需考虑从车流到编组去向以及列车的整个组织过程，同时还可能涉及车流径路选择的相关内容；其二是模型规模随路网增大而迅速增长。该模型的求解，依赖于高效可靠的算法，可以借鉴比较成熟的方法，诸如松弛技术、分解技术和优化算法等。如果该问题能够解决，那么分组列车编组计划的实际应用将变为可能，其优化结果也可为实际车流组织工作提供参考。

（2）分组列车形式的拓展。考虑到目前我国的实际生产情况以及问题的复杂性，本书研究的分组列车主要为双组列车，换挂次数可能不止一次。多组形式分组列车，以及多趟列车输送一个组号也即是存在列车接续的情形，车流组织的可行性研究以及优化建模，也将是一个有益的研究方向。

参考文献

[1] 苏顺虎. 铁路第六次大面积提速在优化运力资源配置扩大运输能力方面取得的成果[J]. 铁道经济研究，2007，2：12-19.

[2] 赵春雷，刘新，朱家荷. 把握提速契机，优化货物列车运输组织[J]. 铁道货运，2008，3：14-17.

[3] 彭其渊，文超，闫海峰. 提速战略对我国铁路运输发展的带动作用[J]. 西南交通大学学报，2008，43（6）：685-691.

[4] 郭玉华. 我国铁路货运营销发展研究[J]. 铁道运输与经济，2009，31（1）：1-5.

[5] 郭竹学，李学伟. 我国高速铁路的理论与实践[J]. 中国铁路，2010，10：1-3.

[6] 安路生. 中国高速铁路运输组织[J]. 中国铁路，2010，12：9-11.

[7] 铁道部运输局. 全面调整运输生产力布局充分释放铁路运输生产力[J]. 中国铁路，2006（7）：32-37.

[8] 安路生. 中国铁路运输新实践[M]. 北京：中国铁道出版社，2009.

[9] 苏顺虎. 巩固提速调图成果，深入推进运输集约化，为和谐铁路建设作出积极贡献——在全路货运营销工作会议上的讲话（摘要）[J]. 中国铁路，2007，9：39-46.

[10] 安路生. 全面加强调度指挥，大力提高运输效率——在全路调度工作会议上的报告（摘要）[J]. 中国铁路，2008，2：22-28.

[11] 苏顺虎，祝建平，曾卫东. 关于西南区域运输组织的调研报告[J]. 铁道运输与经济，2007，29（10）：4-12.

[12] 赵春雷. 西北区域铁路局新图运输组织工作调研报告[J]. 铁道运输与经济，2007，29（10）：13-19，41.

[13] 郭玉华，祝建平，郭学俊. 关于京沪线"一主两翼"新图实施情况的调研[J]. 铁道运输与经济，2007，29（10）：20-25.

参考文献

[14] 嵇景树,朱光宇,郭峰泉. 东北地区运输组织调研报告[J]. 铁道运输与经济,2007,29(10):26-38.

[15] 陈治亚,凌景文,冯芬玲,等. 电力机车跨局运输能耗统计方法及清算办法研究[J]. 中国铁路,2011,4:41-44.

[16] 贾凡. 长交路条件下车流组织方法探讨[J]. 科技广场,2010,4:253-256.

[17] 王志美,林柏梁,刘希元. 牵引定数不统一的港口后方腹地车流组织优化[J]. 北京交通大学学报,2011,35(3):62-67.

[18] 赵钢. 对开行铁路集装箱中转"五定"班列的思考[J]. 铁道货运,2005,9:18-21.

[19] 郭玉华,何世伟,王保华. 铁路中转班列开行方案优化研究[J]. 铁道学报,2011,33(5):8-13.

[20] 张红亮,杨浩,何世伟. 高速铁路背景下我国铁路枢纽编组站发展对策[J]. 综合运输,2012,5:58-60.

[21] 黎浩东,何世伟,王保华,等. 铁路编组站阶段计划编制研究综述[J]. 铁道学报,2011,33(8):13-22.

[22] 程维生,林柏梁. 全路主要编组站改编负荷变化特征分析[J]. 铁道运输与经济,2012,34(3):61-64.

[23] Arjang A Assad. Modelling of rail networks:toward a routing/makeup model [J]. Transportation Research(Part B),1980,14(1-2):101-114.

[24] Teodor Gabriel Crainic,Gilbert Laporte. Planning models for freight transportation [J]. European Journal of Operational Research,1997,97(3):409-438.

[25] 朱松年. 列车编组计划优化方法综述[D]. 成都:西南交通大学,1983.

[26] 曹家明. 铁路网上车流组织的综合优化[D]. 成都:西南交通大学,1992.

[27] 林柏梁. 车流运行径路与列车编组计划的整体优化模型及模拟退火算法[D]. 成都:西南交通大学,1994.

[28] 查伟雄. 列车编组计划决策支持系统的研究[D]. 北京:北方交通大学,1997.

[29] 史峰. 铁路车流组织优化[D]. 北京：北方交通大学，1998.

[30] 牛惠民. 铁路枢纽编组站作业分工整体优化的研究[D]. 北京：北方交通大学，1999.

[31] 闫海峰. 结点站间铁路集装箱运输组织的理论与方法研究[D]. 成都：西南交通大学，2004.

[32] 长沙铁道学院，北方交通大学. 铁路行车组织[M]. 北京：中国铁道出版社，1982.

[33] 郑松富，梁春采. 铁路行车组织[M]. 2 版. 北京：中国铁道出版社，1997.

[34] 郑时德，吴汉琳. 铁路行车组织[M]. 北京：中国铁道出版社，1988.

[35] 曹魁久，孔庆钤. 货物列车编组计划[M]. 北京：中国铁道出版社，1992.

[36] 胡思继. 铁路行车组织[M]. 北京：中国铁道出版社，1998.

[37] 吴汉琳，季令. 铁路行车组织[M]. 成都：西南交通大学出版社，1993.

[38] 杨浩，何世伟. 铁路运输组织学[M]. 北京：中国铁道出版社，2001.

[39] 宋建业，谢金宝. 铁路行车组织基础[M]. 北京：中国铁道出版社，2005.

[40] 彭其渊，王慈光. 铁路行车组织[M]. 北京：中国铁道出版社，2007.

[41] 曹学明，林柏梁，严贺祥. 装车地直达列车开行方案优化模型[J]. 铁道学报，2006，28（4）：6-11.

[42] 曹学明，林柏梁，刘晗，等. 基地直达车流组织优化[J]. 铁道学报，2007，29（1）：16-20.

[43] 纪丽君，林柏梁，王志美. 基于物流成本的装车地车流组织优化模型研究[J]. 铁道学报，2009，31（2）：1-6.

[44] 强丽霞. 基于端点换重的装车地直达车流组织优化模型与算法研究[J]. 铁道学报，2009，31（6）：91-96.

[45] Yue Yixiang, Zhou Leishan, Yue Qunxing, et al. Multi-route railroad blocking problem by improved model and ant colony algorithm in real world [J]. Computers & Industrial Engineering, 2011, 60（1）: 34-42.

[46] 林柏梁，朱松年，赵强. 技术站直达列车编组计划的阶跃函数模型及同构变换[J]. 西南交通大学学报，1994，29（1）：91-96.

[47] 赵鹏，张进川，唐宝刚. 基于组合列车的重载铁路装车区车流组织优化模型研究[J]. 中国铁道科学，2010，31（6）：116-121.

[48] 林柏梁，朱松年，史德耀，等. 装车地直达列车编组计划的优化模型[J]. 中国铁道科学，1995，16（2）：108-114.

[49] 张震. 单组技术直达列车编组方案最优化的理论和方法[J]. 铁道运输与经济，1979，1（1）：6-16.

[50] 林柏梁，熊天文，朱志国. 给定调车线数量条件下的列车编组方案优化[J]. 中国铁道科学，1993，14（4）：23-31.

[51] 林柏梁. 具有非线性改编费用的列车编组计划优化[J]. 铁道学报，1996，18（增刊）：37-42.

[52] 林柏梁，朱松年. 带有改编能力限制的编组计划优化模型及算法[J]. 西南交通大学学报，1994，29（5）：488-493.

[53] 林柏梁. 机车长交路条件下的技术站列车编组计划无调作业参数模型[J]. 铁道学报，1999，21（6）：6-9.

[54] 林柏梁，田亚明，王志美. 基于最远站法则的列车编组计划优化双层规划模型[J]. 中国铁道科学，2011，32（5）：108-113.

[55] 范振平，李强. 压缩货物运输时间的铁路车流组织双层规划模型[J]. 物流技术，2012，31（4）：63-67.

[56] Boliang Lin, Zhimei Wang, Lijun Ji, et al. Optimizing the freight train connection service network of a large-scale rail system [J]. Transportation Research（Part B），2012，46（5）：649-667.

[57] 林柏梁，朱松年. 路网上车流径路与列车编组计划的整体优化[J]. 铁道学报，1996，18（1）：1-7.

[58] 林柏梁. 线路与编组站能力限制下的车流组织模型与模拟退火方法[J]. 北方交通大学学报，1997，21（3）：264-272.

[59] 林柏梁. 直达与区段列车编组计划及车流径路的整体优化方法[J]. 铁道学报，1996，18（5）：1-7.

[60] 许红，马建军，龙昭，龙建成，杨浩. 技术站单组列车编组方案模型与计算方法的研究[J]. 铁道学报，2006，28（3）：12-18.

[61] H. E 波罗沃依. 北方交通大学行车组织教研室译. 货物运输直达化[M]. 北京：中国铁道出版社，1981.

[62] 朱松年，曹家明，赵强，杜文. 车流组织综合优化[J]. 铁道学报，

1993, 15（3）: 59-69.

[63] 史峰, 孔庆铃, 胡安洲. 车流径路与编组计划综合优化的网络方法[J]. 铁道学报, 1997, 19（1）: 1-6.

[64] 纪丽君, 林柏梁, 乔国会, 等. 基于多商品流模型的铁路网车流分配和径路优化模型[J]. 中国铁道科学, 2011, 32（3）: 107-110.

[65] 林柏梁, 陈竹生. 路网编组站间重载列车去向优化分布模型[J]. 铁道学报, 1998, 20（2）: 20-25.

[66] 黎浩东, 何世伟, 宋瑞, 等. 列车编组计划和技术站布局的综合优化[J]. 北京交通大学学报, 2010, 34（6）: 30-34.

[67] 黎浩东, 何世伟, 王保华, 等. 铁路车流改编方案与技术站布局的综合优化[J]. 铁道学报, 2011, 33（2）: 8-12.

[68] 田亚明, 林柏梁, 王志美. 考虑始发直达比重的编组站改编能力优化模型[J]. 交通运输系统工程与信息, 2011, 11（3）: 65-70.

[69] 田亚明, 杨进. 铁路重载运输车流组织与编组站改编能力优化方法研究[J]. 铁道运输与经济, 2012, 34（9）: 49-53.

[70] 李夏苗, 卢红岩. 快运货物列车编组方案的优化[J]. 中国铁道科学, 2004, 25（2）: 117-120.

[71] 梁栋, 林柏梁. 技术站分组列车编组计划的优化理论及模型研究[J]. 铁道学报, 2006, 28（3）: 1-5.

[72] 梁万荣. 铁路枢纽车流组织的研究[J]. 西南交通大学学报, 1995, 30（2）: 140-144.

[73] 徐行方, 肖继龙. 区段管内车流组织的优化[J]. 上海铁道大学学报, 2000, 21（12）: 75-78.

[74] 严余松, 唐莉, 严余伟, 等. 枢纽小运转列车 0-1 规划模型及其遗传算法[J]. 系统工程, 2000, 18（6）: 67-70.

[75] 严余松, 朱松年, 杜文. 枢纽小运转列车运行组织的网络流优化模型[J]. 西南交通大学学报, 2001, 36（2）: 117-120.

[76] 牛惠民, 胡安洲. 铁路枢纽车流组织的非线性 0-1 规划模型及算法[J]. 铁道学报, 2001, 23（3）: 8-12.

[77] 史峰, 莫辉辉, 黎新华, 等. 区段管内车流组织优化方法[J]. 交通

运输工程学报, 2003, 3（2）: 84-87.

[78] 熊天文. 列车编组计划车流分析系统[J]. 铁道运输与经济, 2003, 25（8）: 32-34.

[79] 赵升, 焦志莹. 列车编组计划车流分析系统设计[J]. 铁道运输与经济, 2004, 26（7）: 57-59.

[80] 李莹慧, 许红, 马建义. 计算机编制货物列车编组计划系统设计[J]. 铁道运输与经济, 2005, 27（12）: 72-74.

[81] 程维生, 林柏梁. 铁路列车编组计划优化系统设计[J]. 铁道运输与经济, 2006, 28（2）: 70-72.

[82] 林柏梁, 田亚明, 李沛恒, 等. 技术直达列车开行的车流量下限标准判断系统设计[J]. 铁路计算机应用, 2010, 19（6）: 22-24.

[83] 史峰. 直线方向无约束单组列车编组方案的最优化研究[J]. 铁道学报, 1988, 10（2）: 51-65.

[84] 李致中, 史峰. 铁路网上无约束单组列车编组优化方法[J]. 铁道学报, 1988, 10（3）: 29-35.

[85] 史峰, 李致中. 路网上技术站多种能力约束下的单组列车编组的网络方法[J]. 铁道学报, 1990, 12（4）: 51-55.

[86] 史峰, 李致中, 孙焰, 等. 列车编组计划网络优化方法[J]. 铁道学报, 1994, 16（2）: 74-79.

[87] 雷广萍, 袁威. 直线方向单组列车编组优化的压缩分枝定界法[J]. 铁道学报, 1989, 11（1）: 26-38.

[88] 李映红, 吴世贵, 彭其渊. 货物列车编组计划网络模型的建立及算法[J]. 西南交通大学学报, 2002, 37（1）: 68-71.

[89] 林柏梁, 胡安洲. 大规模铁路网上点、线运输能力协调利用的模糊整数规划方法[J]. 铁道学报, 1997, 19（4）: 9-15.

[90] 王保华, 何世伟. 铁路车流改编方案随机优化模型及其算法[J]. 中国铁道科学, 2009, 30（5）: 104-108.

[91] Yang Lixing, Gao Ziyou, Li Keping. Railway freight transportation planning with mixed uncertainty of randomness and fuzziness [J]. Applied Soft Computing, 2011, 11（1）: 778-792.

[92] Liu Yiankui, Liu Baoding. Random fuzzy programming with chance measures defined by fuzzy integrals [J]. Mathematical and Computer Modelling, 2002, 36（4-5）: 509－524.

[93] Liu Baoding. Theory and practice of uncertain programming [M]. Heidelberg: Physica-Verlag, 2002.

[94] Liu Baoding. Uncertainty theory: an introduction to its axiomatic Foundations [M]. Berlin: Springer-Verlag, 2004.

[95] 韩锋. 制定列车编组计划的整数规划方法[J]. 数学实践与认识, 1982, 2: 1-13.

[96] 郑时德. 制定技术站列车编组计划的 0-1 规划法[J]. 铁道学报, 1985. 7（3）: 56-65.

[97] 曹家明, 朱松年. 优化列车编组计划的 0-1 规划法[J]. 铁道学报, 1992, 14（4）: 49-57.

[98] 林柏梁, 朱松年. 优化编组计划的非线性 0-1 规划模型及模拟退火算法[J]. 铁道学报, 1994, 16（2）: 61-66.

[99] 曹家明, 朱松年. 铁路网上技术直达列车编组计划优化的二次 0-1 规划法[J]. 铁道学报, 1993, 15（2）: 65-72.

[100] 苗邦均, 李致中. 技术直达列车最优方案的算法[J]. 铁道运输与经济, 1979, 1（1）: 139-161.

[101] 杨明伦, 蔡树英. 单组技术直达列车编组计划的树形筛选计算法[J]. 铁道运输与经济, 1981, 3（3）: 42-47.

[102] 吴汉琳. 装车地直达列车组织方案的研究[J]. 铁道学报, 1987, 9（4）: 17-26.

[103] 何邦模, 刘春煌, 张理丹. 选择单组技术直达列车编组计划的分析计算法[J]. 铁道学报, 1990, 14（3）: 28-38.

[104] 黄民, 薛秀懿, 刘卫华. 始发直达列车开行方案的优化[J]. 中国铁道科学, 1990, 11（2）: 99-106.

[105] 查伟雄, 黄孝章, 秦作睿. 直线方向列车编组计划有利去向模型及其多项式算法[J]. 北方交通大学学报, 1996. 20（6）: 641-644.

[106] 查伟雄, 秦作睿. 路网上列车编组计划的有利去向模型及其网络

流算法[J]. 铁道学报，1998，20（2）：12-19.

[107] 闫海峰，彭其渊，殷勇. 集装箱班列编组计划优化模型研究[J]. 铁道学报，2003，25（5）：14-18.

[108] 杨时刚，史峰，李致中. 制定列车编组计划的人工神经网络方法[J]. 长沙铁道学院学报，2002，20（3）：79-84.

[109] Jean Francois Cordeau, Paolo Toth, Daniele Vigo. A survey of optimization models for train routing and scheduling [J]. Transportation Science, 1998, 32（4）: 380-404.

[110] Lawrence D Bodin, Bruce L Golden, Allan D Schuster, et al. A Model for the blocking of trains [J]. Transportation Research（Part B）, 1980, 14（1-2）: 115-120.

[111] Arjang A Assad. Analysis of rail classification policies [J]. INFOR, 1983, 21（4）: 293-314.

[112] Newton H N, Barnhart C, Vance P H. Constructing railroad blocking plans to minimize handling costs [J]. Transportation Science, 1998, 32（4）: 330-345.

[113] Barnhart C, Jin H, Vance P H. Railroad blocking: a network design application [J]. Operational Research, 2000, 48（4）: 603-614.

[114] Ravindra K Ahuja, Krishna C Jha, Liu Jian. Solving real-life railroad blocking problems [J]. Interfaces, 2007, 37（5）: 404-419.

[115] Masoud Yaghini, Amir Foroughi, Behnam Nadjari. Solving railroad blocking problem using ant colony optimization algorithm [J]. Applied Mathematical Modelling, 2011, 35（12）: 5579-5591.

[116] Teodor Gabriel Crainic, Jacques A Ferland, Jean Marc Rousseau. A tactical planning model for rail freight transportation [J]. Transportation Science, 1984, 18（2）: 165-184.

[117] Ali E Haghani. Formulation and solution of a combined train routing and makeup, and empty car distribution model [J]. Transportation Research（Part B）, 1989, 23（6）: 433-452.

[118] Mark H Keaton. Designing optimal railroad operating plans：

Lagrangian relaxation and heuristic approaches [J]. Transportation Research (Part B), 1989, 23 (6): 415-431.

[119] Mark H Keaton. Designing railroad operating plans: a dual adjustment method for implementing lagrangian relaxation [J]. Transportation Science, 1992, 26 (4): 263-279.

[120] David R Martinelli, Hualiang Teng. Optimization of railway operations using neural networks [J]. Transportation Research (Part C), 1996, 4 (1): 33-49.

[121] Angel Marin, Javier Salmeron. Tactical design of rail freight networks part I: exact and heuristic methods [J]. European Journal of Operational Research, 1996, 90 (1): 26-44.

[122] Angel Marin, Javier Salmeron. Tactical design of rail freight networks part II: local search methods with statistical analysis [J]. European Journal of Operational Research, 1996, 94 (1): 43-53.

[123] Krishna C. Jha, Ravindra K. Ahuja, Guveng Sahin. New approaches for solving the block-to-train assignment problem [J]. Networks, 2008, 51 (1): 48-62.

[124] Masoud Yaghini, Mohsen Momeni, Mohammadreza Sarmadi. An improved local branching approach for train formation planning [J]. Applied Mathematical Modelling, 2012, 37 (4): 2300-2307.

[125] Masoud Yaghini, Mohsen Momeni, Mohammadreza Sarmadi. Solving train formation problem using simulated annealing algorithm in a simplex framework [J]. Journal of Advanced Transportation, 2013, 37 (4): 2300-2307.

[126] Huntley C L, Brown D E, Sappington D E, et al. Freight routing and scheduling at CSX transportation [J]. Interfaces, 1995, 25(3): 58-71.

[127] Michael Francis Gorman. An application of genetic and tabu searches to the freight railroad operating plan problem [J]. Annals of Operations Research, 1998, 78: 51-69.

[128] T Godwin, Ram Gopalan, T T Narendran. Freight train routing and

scheduling in a passenger rail network: computational complexity and the stepwise dispatching heuristic [J]. Asia-Pacific Journal of Operational Research, 2007, 24(4): 499-533.

[129] M A Shafia, S J Sadjadi, A Jamili. Robust train formation planning [J]. Proceedings of the Institution of Mechanical Engineers (Part F), 2010, 224(2): 75-90.

[130] 刑文训, 谢金星. 现代优化计算方法[M]. 第二版. 北京: 清华大学出版社, 2005.

[131] 谢金星. 网络优化[M]. 北京: 清华大学出版社, 2009.

[132] Raf Jans. Classification of Dantzig-Wolfe reformulations for binary mixed integer programming problems [J]. European Journal of Operational Research, 2010, 204(2): 251-254.

[133] François Vanderbeck, Martin W. P. Savelsbergh. A generic view of Dantzig-Wolfe decomposition in mixed integer programming [J]. Operations Research Letters, 2006, 34(3): 296-306.

[134] 朱道立. 大系统优化理论和应用[M]. 上海: 上海交通大学出版社, 1987.

[135] Ravindra K. Ahuja, Magnanti Thomas. L., Orlin James. B. Network flows: theory algorithms and applications [M]. New Jerse: Prentice Hall, 1993.

[136] AM Geoffrion. Generalized benders decomposition [J]. Journal of Optimization Theory and Applications. 1972, 10(4): 237-260.

[137] Alysson M. Costa. A survey on benders decomposition applied to fixed-charge network design problems [J]. Computers & Operations Research, 2005, 32(6): 1429-1450.

[138] 毛保华, 张国伍. 编组站出发策略系统分析[J]. 铁道学报, 1987, 9(2): 38-44.

[139] 李夏苗, 邹毅峰, 胡思继. 技术站列车出发策略的经济性分析[J]. 中国铁道科学, 2001, 22(2): 79-87.

[140] Ravindra K Ahuja, Claudio B Cunha, Guveng Sahin. Network models in railroad planning and scheduling [J]. Tutorials in Operations

Research, 2005: 54-101.

[141] Phil Ireland, Rod Case, John Fallis, et al. The Canadian Pacific Railway transforms operations research by using models to develop its operating plans [J]. Interfaces, 2004, 34 (1): 5-14.

[142] Natale Papola, Francesco Filippi, Guido Gentile, et al. Schedule-based modeling of transportation networks theory and applications [M]. In: Nigel H. M. Wilson, Agostino Nuzzolo. Schedule-based modeling of transportation networks: theory and applications. Berlin: Springer, 2009.

[143] Nemani A K, Ravindra K Ahuja. OR models in freight railroad industry [M]. Wiley Encyclopedia of Operations Research and Management Science, 2011.

[144] Bussieck MR, Winter T, Zimmermann UT. Discrete optimization in public rail transport [J]. Mathematical Programming, 1997, 79(1-3): 415-444.

[145] Ouorou A, Mahey P, Vial J Ph. A survey of algorithms for convex multicommodity flow problems [J]. Management Science, 2000, 46 (1): 126-147.

[146] Gorman M F, Crook K, Sellers D. North American freight rail industry real-time optimized equipment distribution systems: State of the practice [J]. Transportation Research (Part C), 2011, 19 (1): 103-114.

[147] 戴时. 铁路货运组织[M]. 北京：中国铁道出版社, 2008.

[148] 成都铁路局. 成都铁路局货物列车编组计划[Z]. 成都：成都铁路局, 2010.

[149] 王慈光. 运输模型及优化[M]. 2版. 成都：西南交通大学出版社, 2010.

[150] 彭其渊, 闫海峰, 魏德勇. 集装箱班列运输组织[M]. 成都：四川科学技术出版社, 2005.

[151] 胡思继. 列车运行组织及通过能力理论[M]. 北京：中国铁道出版社, 1993.

参考文献

[152] 李海鹰，杨肇夏. 中国铁路货物运输组织模式改革研究[C]//可持续发展的中国交通——2005 全国博士生学术论坛（交通运输工程学科）论文集（上册）. 中国北京，2005-07-01，2005：240-244.

[153] 史峰，李致中. 集结耗费的计算公式[J]. 铁道学报，1992，14（4）：35-41.

[154] 何世伟，宋瑞，杨浩，等. 列车提速对编组站运营工作的影响研究[J]. 铁道学报，2000，22（5）：6-12.

[155] 朱晓立，李夏苗. 提速干线上编组站到解系统匹配与协调关系的研究[J]. 中国铁道科学，2004，25（4）：112-115.

[156] 朱晓立，李夏苗. 提速干线编组站出发子系统内部匹配与协调关系[J]. 中国铁道科学，2006，27（5）：118-121.

[157] 刘旭，谭立刚，杨浩，等. 编组站通过能力和改编能力模拟计算系统的研究[J]. 铁道学报，2002，24（5）：11-15.

[158] 邓永录，梁之舜. 随机点过程及其应用[M]. 北京：科学出版社，1992.

[159] 王慈光. 描述简单货车集结过程的群论模型[J]. 铁道学报，1994，16（3）：66-77.

[160] 何平. 数理统计与多元统计[M]. 成都：西南交通大学出版社，2007.

[161] Richard A Groeneveld, Glen Meeden. Measuring skewness and kurtosis [J]. The Statistician, 1984, 33 (4): 391-399.

[162] 闫海峰. 铁路结点站集装箱班列集结过程[J]. 西南交通大学学报，2006，41（5）：620-625.

[163] 燕娟，郎茂祥，朱亮. 我国铁路双层集装箱列车运输组织研究[J]. 铁道货运，2006，6：39-41.

[164] 王如义，王慈光，景云，等. 定点发车模式中最小编成辆数的研究[J]. 铁道运输与经济，2009，31（8）：85-88.

[165] 王如义，王慈光. 编组站自编始发货物列车定点发车模式的适应性研究[J]. 北京工业大学学报，2011，37（4）：541-546.

[166] 崔园园. 编组站货车集结仿真研究[D]. 北京：北京交通大学，2011.

[167] 刘晨，孙晚华. 放宽条件定点集结模式下编组站车列解体顺序优化研究[J]. 铁道学报，2012，34（2）：1-7.

[168] 汪波，魏玉光，杨浩，等. 编组站货物列车定点集结模式下发车时刻表的编制[J]. 中国铁道科学，2008，29（2）：126-130.

[169] 王国玉，韩调，刘春煌. 固定车底循环直达运输有利性的探讨[J]. 铁道运输与经济，1982，4（4）：1-7.

[170] 王如义，王慈光，张展杰，等. 编组站始发欠轴货物列车在途中补轴的有利性研究[J]. 中国铁路，2009，5：47-50.

[171] 韦有双，杨湘龙，王飞. 虚拟现实技术与系统仿真[M]. 北京：国防工业出版社，2004.

[172] 刘勇，王德才，冯正超. 离散事件系统仿真建模与仿真策略[J]. 西南师范大学学报（自然科学版），2005，30（6）：1019-1025.

[173] 牛惠民. 车流波动条件下铁路枢纽编组站作业分工的优化[J]. 铁道学报，2003，25（1）：3-8.

[174] 张伯敏. 灰色模型与铁路车流预测控制[J]. 上海交通大学学报，2000，34（增刊）：49-51.

[175] 查伟雄，熊桂林. 铁路旅客OD矩阵推算模型及算法设计[J]. 系统工程，2004，22（12）：82-86.

[176] 邓聚龙. 灰理论基础[M]. 武汉：华中科技大学出版社，2002.

[177] 刘思峰，党耀国，方志耕. 灰色系统理论及其应用[M]. 北京：科学出版社，2004.

[178] 张于心，张国伍，毛保华. 提高哈尔滨枢纽综合能力的网络系统分析[J]. 铁道科技动态，1988，11：17-20.

[179] 张于心. 提高哈尔滨铁路枢纽综合能力的研究[J]. 铁道运输与经济，1989，12（3）：23-25.

[180] 王慈光. 货车集结参数的研究[J]. 铁道运输与经济，2006，28（7）：83-85.

[181] 何邦模，王国玉，陈元龙等. 关于车辆集结参数的研究[J]. 铁道运输与经济，1992，14（4）：59-66.

[182] 李夏苗. 货车无改编通过技术站节省时间的研究[J]. 长沙铁道学院学报，1993，11（2）：36-40.

[183] 钱名军. 技术站列车编组计划要素计算方法的商榷[J]. 兰州交通大学学报，2007，26（3）：48-50.

参考文献

[184] 谢金宝,韩瑛,王兴芳,等.货车无改编通过技术站节省时间的计算[J].兰州交通大学学报,2012,31(1):1-4.

[185] Zhu Endong, Teodor Gabriel Crainic, Michel Gendreau. Integrated service network design in rail freight transportation [R]. Canada, Montreal:CIRRELT-2009-45.

[186] 王伟,刘军,李海鹰.具有时效性的铁路快捷货物运输服务设计[J].物流技术.2009,28(2):103-105.

[187] 刘其斌,马桂贞.铁路车站及枢纽[M].北京:中国铁道出版社,1999.

[188] 陈伯羽.铁路编组场线路固定使用方案优选方法研究[J].铁道科学与工程学报,2006,3(6):80-82.

[189] 孙玉明,李红璇.编制编组站调车场线路固定使用方案的探讨[J].铁道运输与经济,2003,25(12):20-21.

[190] M Minoux. Network synthesis and optimum network design problems: models, solution methods and applications [J]. Networks, 1989, 19: 313-360.

[191] Teodor Gabriel Crainic. Service network design in freight transportation[J]. European Journal of Operational Research, 2000, 122(2):272-288.

[192] Nicole Wieberneit. Service network design for freight transportation: a review [J]. OR Spectrum, 2008, 30(1):77-112.

[193] 沈睿.铁路行包快运服务网络设计理论与方法研究[D].北京:北京交通大学,2006.

[194] 杨希流.关于铁路列车编组计划优化问题的探讨[J].铁道运输与经济,2009,31(10):11-13.

[195] 林柏梁,彭辉,任保国.铁路网上带权重的车流径路优化方法[J].北方交通大学学报.1996,20(6):645-650.

[196] 林柏梁,朱松年,陈竹生等.路网上车流径路优化的0-1规划模型及其合理径路集生成集法[J].铁道学报.1997,19(1):7-12.

[197] 王保华,何世伟,宋瑞,等.综合运输体系下快捷货运网络流量分配优化模型及算法[J].铁道学报.2009,31(2):12-16.

[198] 王保华，何世伟，宋瑞，等. 快捷货运动态服务网络设计优化模型及其算法[J]. 铁道学报. 2009，31（5）：17-22.

[199] 刘澜，许乃星. 紧急状态下铁路旅客运输径路优化[J]. 中国铁道科学，2010，31（4）：125-130.

[200] Sible Alumur, Bahar Y Kara. Network hub location problems: the state of the art [J]. European Journal of Operational Research，2008，190（1）：1-21.

[201] 林柏梁，徐忠义，黄民，等. 编组站布局规划模型[J]. 铁道学报，2002，24（3）：5-8.

[202] 史峰，方琪根，黎新华，等. 技术站布局的双层规划优化方法[J]. 铁道学报，2003，25（2）：1-4.